Weltlage

Felicitas von Aretin/Bernd Wannenmacher (Hrsg.)

Weltlage

Der 11. September, die Politik
und die Kulturen

Leske + Budrich, Opladen 2002

Gedruckt auf alterungsbeständigem und säurefreiem Papier

Die Deutsche Bibliothek – CIP-Einheitsaufnahme
Ein Titeldatensatz für die Publikation ist bei
Der Deutschen Bibliothek erhältlich

ISBN 978-3-8100-3418-2   ISBN 978-3-322-95043-7 (eBook)
DOI 10.1007/978-3-322-95043-7

Satz: Leske + Budrich, Opladen

Inhalt

Die Krise des religiösen und politischen Denkens

Auswirkungen des 11. September

Auswirkungen der Anschläge auf die Vereinigten Staaten

**Die Auswirkungen der Anschläge auf die internationale
Staatengemeinschaft**

Der 11. September und der öffentliche Diskurs

Grußwort

Universitäten sind Zukunftsstätten der Gesellschaft. Ihre Forscherinnen und Forscher liefern eine Bandbreite unterschiedlichster Kenntnisse, die eine Gesellschaft braucht, um ihre Vergangenheit und Gegenwart zu verstehen und die richtigen Weichen für die Zukunft zu stellen.

Dies zeigte auch der 11. September 2001. Von den Islamwissenschaftlern zu den Juristen, von Nordamerika-Spezialisten hin zu den Psychologen waren Wissenschaftlerinnen und Wissenschaftler der Freien Universität ständige Interviewpartner in Funk, Fernsehen und Print-Medien – regional wie überregional. Bereits wenige Tage nach dem Attentat organisierte die Pressestelle der Freien Universität Berlin deshalb ein Expertenforum, was von den Medien begeistert aufgenommen wurde, bot es doch die Gelegenheit mit Experten unterschiedlichster Fachrichtungen über die Auswirkungen des 11. September zu informieren.

Aus der positiven Reaktion entstand die Idee für vorliegendes Buch. Denn wie kaum eine andere deutsche Hochschule vereint die Freie Universität die ganze Vielfalt der Islam-, Politikwissenschaften und der Nordamerika-Studien. Die meisten Autorinnen und Autoren des Buches arbeiten deshalb an der Freien Universität, die Mehrzahl von ihnen haben die islamische Welt oder die Vereinigten Staaten intensiv kennen gelernt. Da eine Universität jedoch nicht jedes Fachgebiet abdecken kann, haben wir uns bemüht, exquisite Fachleute außerhalb der Freien Universität für unser Projekt zu begeistern. Ihre Bereitschaft, unser Vorhaben zu unterstützen gilt unser ausdrücklicher Dank.

Im Gegensatz zu vielen aktuellen Veröffentlichungen, versucht dieser Sammelband, die Ursachen und Auswirkungen des 11. September aus verschiedenen Fachrichtungen zu analysieren. Islamwissenschaftler kommen dabei ebenso zu Wort wie Juristen, Amerikanisten, Psychologen, Theologen oder Wirtschaftswissenschaftler. Damit zeigt das Buch wie wichtig für eine Universität gerade auch der interdisziplinäre Dialog ist.

Von entscheidender Bedeutung für den Perspektivenwechsel war den Herausgebern, dass auch Autoren aus muslimischen Ländern oder Muslime selbst für das Buch gewonnen werden konnten. Das Buch möchte dabei keine fertigen Antworten liefern, sondern dazu anregen, selbst weiter zu lesen oder sich in ein Spezialthema zu vertiefen. Dazu dienen unsere ausführlichen Literatur- und Internetangaben.

Insgesamt ist die Entstehungsgeschichte des Buches ein hervorragendes Beispiel, um zu zeigen, wie wichtig Universitäten in der heutigen Gesellschaft sind, um Hintergründe zu analysieren und damit zu einem verbesserten Verständnis der *Weltlage* beizutragen.

Univ.-Prof. *Dr. Dieter Lenzen*
Erster Vizepräsident der Freien Universität

Vorwort

Die Terroranschläge vom 11. September 2001 trafen den Nerv der Großmacht Amerika und der westlichen Welt. Millionen Zuschauer rund um den
Globus wurden Zeuge, wie zwei vollgetankte Passagierflugzeuge – gleich einer Hollywood-Apokalypse – in die Zwillingstürme des World Trade Centers
rasten. Quasi aus den afghanischen Berghöhlen heraus schien es der fundamentalistischen Terrororganisation Al Qida gelungen zu sein, ein minutiös
und technisch perfekt geplantes Verbrechen zu begehen, das Amerika im eigenen Land schlug. Dafür erklärte Amerika keinem Land, sondern der Einzelperson Usama bin Ladin den Krieg. Als oberstes Kriegsziel gilt das Auffinden des Anführers der Al Qida-Organisation, wofür die Vereinigten
Staaten mit Rückendeckung der westlichen Welt eines der ärmsten Länder
der Erde bombardieren und damit das Taliban-Regime scheinbar zerschlagen
konnten. Andere arabische Staaten, wie Saudi-Arabien oder Pakistan, wurden
nicht in das Visier genommen, obgleich das eine Land Heimatland der meisten Flugzeugterroristen ist, während in Pakistans Koranschulen die Gotteskrieger, die Taliban, ausgebildet wurden.

Gleichzeitig sind die Terroranschläge von New York Zeichen einer tiefen Krisenstimmung in der arabischen Welt, in der die Lebensbedingungen
des Einzelnen von seiner Herkunft bestimmt sind, der Gegensatz zwischen
Arm und Reich eklatant ist und in der es keine einzige funktionierende
Demokratie gibt. Der Westen, vor allem die USA, hat dabei jahrelang fundamentalistische Kräfte im Kampf gegen den Kommunismus unterstützt,
die er heute – wie die Taliban – bekämpft. Anderen muslimischen Ländern
wie Afghanistan schenkte die Weltöffentlichkeit jahrelang keinerlei Aufmerksamkeit und bot kaum Hilfe. Für die arabische Welt erscheint das
Verhalten des Westens deshalb vielfach verlogen und alleine von eigenen
wirtschaftlichen Vorteilen bestimmt. Eine wichtige Rolle für das unterschiedlich komplizierte Verhältnis zwischen einzelnen arabischen Ländern
und den Vereinigten Staaten spielen der Golfkrieg und der nach wie vor
nicht gelöste Kosovo-Konflikt, die Auseinandersetzungen zwischen Indien
und Pakistan im Kaschmirkonflikt, nicht zuletzt aber das Palästina-
Problem. Gerade die Rolle des Westens im Palästina-Konflikt hat viele
Muslime in ihrer Verbitterung verstärkt. Eine einfache Antwort, warum es
zu den Anschlägen am 11. September kam, warum sich junge Männer aus

arabischen Mittelklassefamilien zum Selbstmord entschlossen und warum ein saudi-arabischer Multimillionär sich in die afghanische Höhlenwelt zurückzieht, um Geld für einen der größten Terroranschläge gegen Amerika zu sammeln, lässt sich nicht finden. Die Antworten sind vielschichtig und kompliziert und verlangen danach, die richtigen Fragen zu stellen und unterschiedliche Perspektiven zuzulassen.

Auf Grund seiner Fragestellung teilt sich das Buch in zwei Teile: Im ersten Teil werden die Hintergründe des 11. September untersucht, im zweiten die Auswirkungen. So konnten die präzise geplanten Anschläge nur gelingen, weil die Terrororganisation von bin Ladin von einigen arabischen Staaten aktiv unterstützt wurde. Von alters her hat Afghanistan auf Grund seiner geopolitischen Lage die Begehrlichkeiten anderer Staaten geweckt. Saudi-Arabien kommt, als Heimatland Usama bin Ladins, eine besondere Rolle zu. Die Tatsache, dass fünfzehn der 19 Attentäter vom 11. September saudische Oppositionelle sind, veranlasst den ehemaligen FU-Islamwissenschafter *Guido Steinberg,* die Hintergründe der Attentate in der durchaus ambivalenten saudi-arabischen Politik der Königsfamilie Saud zu untersuchen.

Eine ebenso ambivalente Politik betreibt ferner Pakistan, wie *Markus Daechsel* (School of Oriental and African Studies, University of London, sowie University of East London) nachweist: Während die Mehrheit der sozialschwachen Bevölkerung Pakistans eine fundamentalistische Politik gutheißt, vertritt die Regierung derzeit einen pro-amerikanischen Kurs, obgleich der pakistanische Geheimdienst die Taliban mit ausgebildet hat.

Seit der Bombardierung Afghanistans rückt das Land in den Blick der Weltöffentlichkeit. Afghanistan gehört seit der willkürlichen Bildung des Vielvölkerstaates vor rund hundert Jahren durch die Kolonialmächte Großbritannien und Russland als Pufferstaat zu den rückständigsten Ländern der Erde. In seinem Beitrag erläutert der FU-Wissenschaftler *Fred Scholz* (Zentrum für Entwicklungsländer-Forschung) die religiösen, kulturellen und politischen Hintergründe Afghanistans, die den seit über zwanzig Jahren tobenden Bürgerkrieg verstehen helfen.

Die Terroranschläge vom 11. September sind ohne einen übersteigerten Haß der arabischen Welt auf den Westen nicht zu verstehen. Anschaulich schildert der in Kairo geborene FU-Islamwissenschaftler *Amr Hamzawy,* anhand von Beiträgen arabischer Intellektueller in Zeitungen und Aufsätzen aus den neunziger Jahren, die tief verwurzelte Angst der arabischen Welt vor der Globalisierung, die als Bedrohung der eigenen Identität wahrgenommen wird.

Der FU-Islamwissenschaftler *Stephan Rosiny* widmet sich in seinem Beitrag der Bedeutung des Heiligen Krieges *Dschihad* im Islam, dessen Bedeutung von arabischen Gelehrten kontrovers diskutiert wird. Dabei weist Rosiny nach, dass der Autoritätsverlust regimetreuer Theologen einen *Freizeitgelehrten* wie Usama bin Ladin begünstigt, der sein Leben dem Propheten Muhammad nachgestaltet.

Eine andere Perspektive wählt der katholische Theologe Michael Bongardt (FU), der in seinem Artikel der Bedeutung des vielfach erwähnten Wortes Apokalypse nachgeht und fragt, was der Terrorakt des 11. Septembers mit der Apokalypse, folglich mit Religion, zu tun hat.

Im zweiten Teil des Buches werden die Auswirkungen des 11. September für die Weltpolitik untersucht. Dabei steht zunächst Amerika als hauptsächlich betroffenes Land im Blickpunkt des Interesses. Der FU-Amerikanist *Manfred Berg*, der jahrelang am Deutsch-Historischen Institut in Washington tätig war, relativiert die Ereignisse des 11. September, in dem er sie in eine Reihe anderer historischer Begebenheiten stellt, die die Freiheit Amerikas ebenfalls bedrohten. Berg konstatiert, das die amerikanische Gesellschaft erstaunlich gelassen auf den 11. September und die anschließenden Milzbrandanschläge reagierte. Die Mehrheit der Amerikaner werde ihre freiheitlichen Traditionen nicht dem Terrorismus opfern.

Deutlich kritischer bewertet der FU-Amerikanist *Andreas Etges* die augenblickliche Situation der amerikanischen Sicherheitspolitik. Anhand einer Reihe von innenpolitischen Maßnahmen macht Etges eine deutliche Macht- und Kompetenzverlagerung zugunsten des amerikanischen Präsidenten aus, die die offene Gesellschaft auf Dauer bedrohen könnte.

Der 11. September, so heißt es, habe die Welt auf Dauer verändert. In der Tat ist der Terrorismus mit den Selbstmordanschlägen in eine völlig neue Form übergegangen, für die sich der Begriff *neuer globaler Terrorismus* gebildet hat. So gehen die Anschläge auf ein global agierendes Terrornetzwerk einzelner Personen zurück, das durch gezielte Mordaktionen maximalen Schaden verursachen und sich gegen die gesamte westliche Welt richten will. Im Zeichen des neuen globalen Terrors werden keine Kriege mehr geführt, vielmehr wird das eigene Leben in Form von Selbstmordattentaten eingesetzt. *Klaus Zimmermann und Tilman Brück* (Deutsches Institut für Wirtschaftsforschung) untersuchen in ihrem Aufsatz daher die ökonomischen Konsequenzen des neuen Terrors.

Andreas von Arnauld und Ulf Marzik (Fachbereich Rechtswissenschaft der Freien Universität Berlin) fragen, welche Gegenreaktionen auf den globalen Terrorismus das allgemeine Völkerrecht, der NATO-Vertrag und die UNO-Charta erlauben, beziehungsweise inwieweit neue Rechtsformen gefunden werden müssen.

Der Informatiker *Hannes Federrath* untersucht, inwieweit das Cyberspace vor terroristischen Attacken geschützt wäre.

Eine andere Perspektive bietet ein Interview mit der FU-Psychiaterin *Isabella Heuser*, die die psychischen Auswirkungen für die Hinterbliebenen und Helfer des 11. Septembers beschreibt und erklärt, was in sogenannten Trittbrettfahrern vorgeht, die die allgemeine Hysterie zu Milzbrandattacken nutzten.

Die öffentliche Stimmung in der westlichen und arabischen Welt spiegelt sich in der Meinung der Intellektuellen, die sich unmittelbar nach den Anschlägen in Zeitungsartikeln zu Wort meldeten und teilweise eine heftige nationale Debatte auslösten. In Deutschland reizte die Frage nach einer Beteiligung deutscher Truppen nicht nur Bundeskanzler Schröder zur Vertrauensfrage, sondern auch manchen Intellektuellen zur Polemik, wie *Klaus Grabowski* (Universität Hohenheim) beschreibt.

Irritiert von den Reaktionen in der westlichen Welt zeigt sich auch *Murad Wolfgang Hofmann*, der als ehemaliger deutscher Botschafter zum Islam übergetreten ist. Eindrücklich warnt Hofmann davor, sich durch den Terrorismus der Fundamentalisten von der multikulturellen Gesellschaft zu verabschieden. Sein Artikel endet mit den Worten *Der 11. September wird noch lange mit uns sein* – ein Satz, dem wenig hinzuzufügen ist.

So bleibt uns, allen Autorinnen und Autoren nachdrücklich zu danken. Fast ohne Ausnahme waren alle Befragten bereit, innerhalb kürzester Zeit einen Beitrag zu schreiben, Wochenenden zu opfern und die wenigen freien Stunden zur Verfügung zu stellen, die ihnen als nachgefragten Experten blieb. Ein besonderer Dank gilt dem Institut für Islamwissenschaften und hier insbesondere *Guido Steinberg* – der uns als Nichtislamwissenschaftler – bei allen aufkommenden Fragen auf das beste und schnell beraten hat.

Berlin, im Januar 2002   *Felicitas von Aretin*
                                                            Bernd Wannenmacher

Die Hintergründe des 11. September

Krisenherd Nahost

Friedemann Büttner

Der Kampf gegen die ungerechte Gesellschaftsordnung: Fundamentalistische Bewegungen der Gegenwart*

Unter der Überschrift „*Der religiöse Wahn*" verkündete der SPIEGEL auf seiner Titelseite vom 8. Oktober 2001 „*Die Rückkehr des Mittelalters*". Kreuz, Davidstern und Halbmond, die Symbole der drei großen monotheistischen Offenbarungsreligionen, verbinden sich da zum Hintergrund eines Titelbildes, auf dem, im Uhrzeigersinn um die brennenden Türme des World Trade Center drapiert, eine Hexenverbrennung, ein Kreuzritter, der Mörder des israelischen Ministerpräsidenten Rabin und ein Porträt Usama bin Ladens den Leser einstimmen. Fundamentalismus, Islamismus und Dschihad bilden zentrale Reizworte in der Vielzahl der Artikel, mit denen der SPIEGEL versuchte, seinen Beitrag zur Verarbeitung der Ereignisse vom 11. September zu leisten.

In der von den Ereignissen ausgelösten wortreichen Sprachlosigkeit der ersten Tage sind von den Medien mit diesen Reizworten viele Klischees bedient worden – auch wenn seitdem die Analysen und Hintergrundberichte eine Breite und substantielle Tiefe gewannen wie noch bei keinem Ereignis zuvor, bei dem sich Religion, Politik und Gewalt zu einem solchen Knäuel von Motiven und Handlungen verbunden haben. Je mehr Spuren in Richtung Usama bin Laden wiesen, desto deutlicher wurde, dass für die „*Wahnsinnstat*" ein kühl berechnender Kopf mit klaren politischen Zielen verantwortlich war. Diese Ziele wurden zwar religiös interpretiert und mit verbrecherischen Mitteln verfolgt, die wiederum mit religiösen Argumenten gerechtfertigt wurden, blieben aber in der Richtung politisch und für seine muslimischen

---

* Der Beitrag ist die bearbeitete Fassung eines Vortrags, der am 20. November 2001 an der Freien Universität Berlin im Rahmen der Ringvorlesung „Nach dem 11. September" gehalten wurde.

Adressaten gut nachvollziehbar: Usama bin Laden hatte den USA den Krieg erklärt, weil er die amerikanische Regierung für eine zutiefst ungerechte Politik im Nahen und Mittleren Osten verantwortlich machte. Denn während von den Amerikanern die Sanktionen gegenüber dem Irak mit großer Konsequenz und wiederholten Bombardements durchgesetzt würden, könne Israel mit seiner Schutzmacht USA im Rücken praktisch jede Resolution missachten, mit der UN-Gremien und andere internationale Organisationen von Israel die Beachtung von Völkerrechtsnormen verlangen. Zum zweiten würden die USA den Islam entehren, indem sie ein Jahrzehnt nach dem Ende des Krieges zur Befreiung Kuwaits immer noch große Truppenkontingente auf dem geheiligten Boden der arabischen Halbinsel unterhalten. Und schließlich würden die USA überall in der islamischen Welt autoritäre und korrupte Regime stützen, die muslimische Vorstellungen von einer wohlgeordneten, gerechten Gesellschaft mit Füßen treten. Diese Ziele brachten Bin Laden sehr viel Zustimmung ein – auch unter jener breiten Mehrheit der Menschen in islamisch geprägten Ländern, die den Terror verabscheuen und die Anschläge in den USA verurteilten.

Viele, die neben ihrer Abscheu eine gewisse Genugtuung darüber empfanden, dass die Anschläge die *„arrogante Weltmacht"* USA gedemütigt haben, gehören zum Milieu fundamentalistischer Bewegungen. Solchen Bewegungen entstammen zudem viele derjenigen, die Bin Laden als Helden feierten oder früher bereit gewesen waren, sich in sein terroristisches Netzwerk ziehen zu lassen. Auch Bin Laden selbst wurde immer wieder als islamischer Fundamentalist bezeichnet. Das deutet auf eine enge Verbindung zwischen religiösem Fundamentalismus und terroristischer Gewalt hin, wie sie schon seit längerem zwischen fundamentalistischen Bewegungen und gewaltbereiten oder terroristischen Gruppen zu beobachten war – etwa bei der „Islamischen Widerstandsbewegung" *Hamas* in Palästina, bei der *Hizbollah*, der „Partei Gottes", im Libanon oder bei der „Islamischen Heilsfront" (FIS) in Algerien. Gerade diese drei Organisationen sind wiederum Flügel bzw. Ableger von Organisationen und Parteien, die sich mit engagierter sozialer Arbeit – etwa mit eigenen Krankenhäusern, Sozialstationen, Bildungseinrichtungen oder auch durch das Angebot von preisgünstigen Lebensmitteln und anderen Gütern des Massenbedarfs – um die Verbesserungen der Lebensbedingungen ihrer Mitmenschen in Bereichen bemüht haben bzw. bemühen, in denen der Staat versagt oder aus denen er sich zurückgezogen hat.

Dem komplexen Phänomen des Fundamentalismus zwischen irrationaler Weltsicht und rationaler Politik, zwischen sozialem Engagement und terroristischer Gewalt, will ich mich in mehreren Schritten nähern: Die Anfänge des Fundamentalismus in den USA und die Frage, inwieweit sich der Begriff auf muslimische Bewegungen übertragen lässt, sollen vor allem im Hinblick auf das Verhältnis von Fundamentalismus und Moderne diskutiert werden. Mit dem Ziel, islamischen Fundamentalismus vom Traditionalismus abzugrenzen, wird im nächsten Schritt das islamistische Verständnis von Religion und

Politik dargestellt. Daran schließt sich eine Typologie fundamentalistischer Haltungen von Formen eines politisierten Traditionalismus über Stufen zunehmender Radikalisierung bis hin zu einem revolutionären Fundamentalismus.

1 Fundamentalismus = Irrationalität + Gewaltbereitschaft?

Irrationalität und, häufig damit verbunden, Gewaltbereitschaft sind für die Medien wie für einen Teil der wissenschaftlichen Literatur die hervorstechenden Charakteristika von Fundamentalisten. Die Irrationalität wird dabei als Ausdruck der massiven Probleme verstanden, die Fundamentalisten im Umgang mit der Moderne, insbesondere mit Aufklärung und Säkularismus haben. Für Thomas Meyer zeigt sich im Fundamentalismus *„die eigentliche Dialektik der Moderne selbst.* Er ist die im Modernisierungsprozeß erzeugte und in seinen Krisenperioden stets neu belebte Versuchung der Regression in die Geborgenheit und Unmündigkeit ..., wenn die Verheißungen der Modernisierung zu ihren Zumutungen und Kosten für viele in unerträglichen Widerspruch geraten" (Meyer 1989, 18). Die Suche nach sicheren Fundamenten und darauf gegründeter Glaubensgewissheit mag dann als Sehnsucht „zurück ins Mittelalter" – im Sinne einer „heilen Welt" – erscheinen.

Von den Handlungsalternativen, die sich für Fundamentalisten ergeben, ist die eine, sich aus der falschen Ordnung der Gesellschaft in weltabgewandte Gemeinschaften zurückzuziehen. Ganz auf sich zentriert, leben diese Gemeinschaften nicht unbedingt gewaltfrei – aber wenn es zur Gewaltanwendung kommt, richtet sie sich nur gegen eigene Mitglieder, bis hin zur Möglichkeit eines kollektiven Selbstmords, wenn die Welt, aus der sie geflohen sind, die Gläubigen nicht für sich sein lässt. Die andere Handlungsalternative besteht darin, die ungerechte Ordnung der Gesellschaft ändern zu wollen, sie unter Umständen bis zur Zerstörung zu bekämpfen, um der gottgewollten „wahren" Ordnung zum Durchbruch zu verhelfen. Da hieraus jene Gewaltbereitschaft resultiert, mit der radikale Fundamentalisten ihre Zielsetzungen verfolgen, reduziert sich in unseren Medien der Fundamentalismus häufig auf genau die entsprechende Mischung aus religiös verbrämter Irrationalität und Gewaltbereitschaft: Die zahllosen Hinrichtungen nach der Revolution in Iran 1979, der mörderische Bürgerkrieg in Algerien, wo das Militär 1992 mit einem Staatsstreich den sicheren Wahlsieg der Islamischen Heilsfront (FIS) vereitelt hatte, oder die blutigeren Auseinandersetzungen zwischen dem Regime und radikalen Islamisten in Ägypten Mitte der 90er Jahre unterstreichen eine solche Wahrnehmung ebenso wie der von rechtsradikalen Protestanten verübte Terroranschlag in

Oklahoma und die Mordanschläge protestantischer Fundamentalisten auf
Abtreibungsärzte oder schließlich die religiös-politischen Motive, mit de-
nen der Mörder des israelischen Ministerpräsidenten Yitzhak Rabin seine
Tat rechtfertigte.

Eine solche Herangehensweise wird dem Problem nur zum Teil gerecht,
weil der Fundamentalismus in seinen Entstehungsbedingungen und Erscheinungsformen so nicht hinreichend zu erfassen ist. Denn anders als in plakati-
ven Buch- und Aufsatztiteln, in denen „Radikale Christen, Moslems und Juden im Kampf gegen die Moderne" (Marty/Appleby 1996; vgl. Kepel 1991)
stehen und sich damit als „Die Internationale der Unvernunft" (Meyer 1989)
zeigen, machen gelassenere Untersuchungen deutlich, dass sich, wie schon
die ursprüngliche protestantische Bewegung in den USA, auch spätere fundamentalistische Bewegungen nicht gegen die Moderne schlechthin wenden,
sondern sich gegen bestimmte soziale, geistige und vor allem ethische Auswirkungen und Begleiterscheinungen von Modernisierungsprozessen wehren.
Zudem führen die meisten Fundamentalisten ihren Kampf für eine gerechtere
Gesellschaftsordnung mit vorbildlicher Lebensführung und mit Überzeu-
gungsarbeit, das heißt: mit friedlichen Mitteln.

2. Protestantischer Fundamentalismus in den USA

Der Begriff „Fundamentalismus" geht zurück auf eine 1910 bis 1915 in den
USA erschienene Schriftenreihe mit dem Titel *The Fundamentals. A Testi-
mony to the Truth*. In ihr setzten sich Theologen verschiedener protestantischer Bekenntnisse bzw. Kirchen mit Grundsatzfragen ihres Religionsver-
ständnisses auseinander, wobei das einende Band ihr Festhalten an bestimmten unaufgebbaren Grundlagen *(fundamentals)* als gemeinsamen Glaubens-
fundamenten war. Das Wichtigste dieser Fundamente war der Glaube an die
Unfehlbarkeit der Bibel als verbalinspiriertes Wort Gottes.

Die Autoren der Schriftenreihe, die der späteren Bewegung ihren Namen
vorgab, versuchten in einer gesellschaftlichen Umbruchsituation, den wesentlichen Kern ihres Wertesystems zu erhalten. Der Anlass war die fort-
schreitende Erschütterung evangelikaler Wert- und Ordnungsvorstellungen
im Gefolge des rapiden sozialen Wandels, der nach dem amerikanischen
Bürgerkrieg (1861–65) eingesetzt hatte: Vor allem im Nordosten der USA
hatten rasche Urbanisierung und Industrialisierung sowie Einwanderungs-
wellen nicht-protestantischer Bevölkerungsgruppen aus Süd- und Osteuropa
zunehmend den Charakter der protestantisch geprägten, überwiegend agrari-
schen Gesellschaft verändert. Wissenschaftliche Erkenntnisse, besonders
Charles Darwins Evolutionstheorie, aber auch die historisch-philologische
Bibelkritik, stellten das traditionelle christliche Weltbild in Frage.

Der Erste Weltkrieg beschleunigte diese Prozesse und verschärfte die politischen und sozialen Seiten der Transformation zur Industriegesellschaft: Arbeitskonflikte und ungekanntes Massenelend, dazu die – für die „Fundamentalisten" nicht minder gravierende – mobilitätsbedingte Auflösung überkommener Familienstrukturen und die Ausbreitung neuer, als Ausdruck moralischen Verfalls gewerteter Formen liberalen Denkens und freizügiger Lebensgestaltung. Als Reaktion auf diese Prozesse wandelte sich der Fundamentalismus nach dem Ersten Weltkrieg von einer theologischen Debatte innerhalb der protestantischen Bekenntnisse zu einer konfessionsübergreifenden sozialen und politischen Protestbewegung.

An ihrem Literalismus, mit dem Fundamentalisten die Bibel wortwörtlich zu verstehen suchten und mit dem sie sich gegen abweichende wissenschaftliche Erkenntnisse stemmten, scheiterten sie sehr bald als politische Bewegung. Zwar hatten Fundamentalisten in mehreren Staaten vor allem des mittleren Westens durchsetzen können, dass an den Schulen die Evolutionstheorie von Charles Darwin nicht gelehrt werden durfte oder zumindest nur gleichberechtigt neben dem Schöpfungsbericht der Bibel (eine Regelung, die erst in allerjüngster Zeit wieder im Staat Kansas gesetzlich verankert wurde!). Auch den Prozess gegen einen jungen Lehrer im Staat Tennessee, der die Darwinsche Evolutionstheorie trotz Verbots unterrichtet hatte, gewannen die Fundamentalisten 1925 noch. Die Kläger wurden jedoch während des Prozesses derart als borniere Hinterwäldler vorgeführt, dass sich die fundamentalistische Bewegung danach aus der Politik zurückziehen musste. Mit diesem sog. „Affenprozess" war der Fundamentalismus in seiner naiv literalistischen Form der Lächerlichkeit preisgegeben worden. Einige aus aufgeklärt rationalistischer Perspektive besonders absurde Argumentationsfiguren prägten jahrzehntelang das vorherrschende Bild des Fundamentalismus als einer irrationalen, für die gesellschaftliche und politische Entwicklung letztlich irrelevanten Angelegenheit.

Die Rückkehr der Fundamentalisten in die Politik begann mit dem wachsenden Einfluss der religiös-konservativ geprägten Südstaaten in der amerikanischen Politik Ende der 70er Jahre des vorigen Jahrhunderts. Der Rundfunk und später vor allem das Fernsehen hatten „Megakirchen" entstehen lassen, die sich als weit verzweigte Netzwerke um einzelne Prediger bildeten. Mit ihrem „Televangelismus" wussten diese Prediger und Kirchen große Zahlen von Menschen als Spender an sich zu binden, die auf ein persönliches Bekehrungserlebnis hofften bzw. nach der damit verbundenen „Gnade der persönlichen Wiedergeburt" Rat auf dem weiteren Weg zum Heil suchten. Mit dem Baptisten Jimmy Carter wurde 1976 erstmals ein „wiedergeborener Christ" in das Amt des US-Präsidenten gewählt, in dem der Demokrat Carter dann allerdings sehr zum Leidwesen seiner baptistischen Wähler Religion und Politik klar trennte. 1979 organisierten sich führende Fundamentalisten mit dem baptistischen Fernsehprediger Jerry Falwell als Vorsitzendem in der *„Moral Majority"* als einer nicht parteigebundenen politischen Organisation. Einige Jahre später gründete der Televangelist Pat Robertson, der sich 1988 um die Präsidentschaftskandidatur der Republikaner bewarb, die „Christian Coalition", die bis heute wichtigste Organisation der Neuen Christlichen Rechten, deren politischer Einfluss unter den wiedergeborenen Christen Ronald Reagan und George Bush unübersehbar war.

3. Islamischer Fundamentalismus als „alternative Moderne"

Der Begriff „Fundamentalismus" kann ohne starke Ausweitung und ohne einen damit verbundenen Substanzverlust auf den islamischen Fall übertragen werden. Sowohl in den Entstehungsbedingungen als auch in den Inhalten und Formen der Reaktion finden sich hinreichende Parallelen: In der islamisch geprägten Welt waren es die Konfrontation mit der überlegenen wirtschaftlichen und militärischen Macht Europas sowie die mit der kolonialen Durchdringung verbundenen politischen, wirtschaftlichen und sozialen Veränderungen, die hier die Gelehrten, die Ulema (´ulama), zwangen, seit langem unbefragte Deutungsmuster erneut zu reflektieren. Als Theologen, Juristen und Lehrer waren die Ulema die wichtigsten Vertreter der gebildeten Schichten in den städtischen Zentren. Eher und anders als die aktiven Träger des Wandels unter den Bürokraten, Händlern, Großgrundbesitzern und den Angehörigen neuer Berufe wie Anwälten und Journalisten bekamen die Ulema die Brüche und Gefahren zu spüren, die eine Übernahme der säkular geprägten Moderne Europas für das religiös geprägte Weltbild in ihren Gesellschaften mit sich bringen würde.

Was unter diesen Gelehrten als theologische, juristische und politische Reformdebatte Ende des 19. Jahrhunderts begann, wurde dann zum Ansatzpunkt für eine soziale Protestbewegung. Und die wichtigsten Repräsentanten dieser Bewegung kamen ebenso aus gebildeten Schichten wie in Nordamerika, wo die Gründer und Träger der fundamentalistischen Bewegung Theologen und Intellektuelle in den großen Städten des Nordostens waren.

Als soziale Bewegung begann der islamische Fundamentalismus 1928, als der Volksschullehrer und theologische Laie Hasan al-Banna (1906-1949) in Ägypten die Gemeinschaft der Muslimbrüder gründete. Al-Banna wollte eine Modernisierung der Gesellschaft, die wissenschaftlich-technischen Fortschritt nach westlichem Muster mit einer grundlegenden ethischen Erneuerung aus der islamischen Tradition verbindet. Ohne dass Details ausformuliert waren, ging es ihm und späteren Muslimbrüdern immer auch um einen Staat, in dem alle gesellschaftlichen Bereiche nach den Buchstaben oder zumindest aus dem Geist des Koran geregelt sein sollten. Wenn der Westen scharf abgelehnt wurde, richtete sich das nicht gegen jegliche Modernisierung, sondern gegen mit ihr verbundene Strukturen und Werte: gegen den

Kolonialismus als politische Struktur, gegen die durch ihn begründeten Ausbeutungsverhältnisse als sozio-ökonomische Dimension und gegen den mit der Modernisierung im Westen verbundenen Säkularismus als geistig-kulturellen Begründungszusammenhang.

Mit der Industrialisierung als wichtigstem Motor von Modernisierung hatten die Muslimbrüder keine Schwierigkeiten. So wie Mitglieder der ägyptischen Nationalbewegung im Aufbau einer nationalen Industrie einen wichtigen Hebel in der Auseinandersetzung mit der britischen Kolonialmacht sahen, gründeten die Muslimbrüder in den 30er Jahren und vor allem nach dem Zweiten Weltkrieg Industriebetriebe und andere Wirtschaftsunternehmen. Hier verstanden sie sich als muslimischer Flügel der nationalen Bourgeoisie, wobei ihre Unternehmen zugleich Modellcharakter für die Gemeinschaft haben sollten, indem beispielsweise die Arbeiter Anteilseigner waren. Auch in den Krankenhäusern, Sozialstationen und Bildungseinrichtungen, die von Muslimbrüdern bis zum Verbot ihrer Organisation 1954 betrieben und seit ihrer Duldung in den 70er und 80er Jahren erneut eingerichtet wurden, verbanden und verbinden sie, soweit verfügbar bzw. finanzierbar, neueste Technologien mit sozialethischen Zielsetzungen, die sie aus ihrem Islamverständnis herleiten.

Dezent gekleidete – und das heißt in diesem Kontext: mehr oder weniger tief verschleierte – Frauen am Computer oder am Elektronenmikroskop haben für Muslimbrüder und -schwestern nichts Widersprüchliches. Den Widerspruch schafft erst der westliche Betrachter, der ein solches Bild aus einer entsprechenden Erwartungshaltung heraus kommentiert. Allerdings ist es nicht einfach, Modernisierungsprozesse mit überkommenen Normen der Lebensführung bruchlos in Einklang zu bringen, indem man beispielsweise Frauen erlaubt – oder auch sie zwingt – am Arbeitsplatz ein Kopftuch zu tragen. Das zugrunde liegende Problem hat der Begründer des heutigen Saudi-Arabien, König Abdul-Aziz Ibn Saud (1882-1953), auf die viel zitierte Formel gebracht: „*Wir wollen Europas Gaben, aber nicht seinen Geist.*"

In dieser Formel drückt sich der Wunsch aus, wissenschaftlichen und technischen Fortschritt losgelöst von seinem aufklärerisch säkularen Entstehungszusammenhang übernehmen zu wollen, also – in der Begrifflichkeit von Habermas – gesellschaftliche Modernisierung von der kulturellen Moderne zu trennen (vgl. Büttner 1999, S. 126-129). Modernisierung wird in diesem Sinne als ein sich selbst tragender, wertneutraler Prozess verstanden, der sich aus der (kapitalistischen) Verwertung von technischen Erfindungen ergibt, die Produktivität menschlicher Arbeit erhöht und damit Instrumente zur Verbesserung der Lebensbedingungen bereitstellt. Die kulturelle Moderne wird demgegenüber als davon getrenntes, geistig-kulturelles Phänomen abgelehnt, weil Aufklärung und Säkularismus das Wertesystem der Fundamentalisten bedrohen: Dies gilt insbesondere für die Vorstellung von einem autonomen Individuum, das sich in den Augen der Fundamentalisten an die Stelle Gottes setzt, wenn es die Ergebnisse der Modernisierung sich selbst zuschreibt oder sie als Teil eines allgemeinen menschlichen Fortschritts im moralischen Sinne begreift.

Fundamentalismus ist also eine Reaktion auf die Moderne, aber nicht in der Weise, dass „die" Moderne schlechthin bekämpft wird, sondern eher als ein Versuch, durch das Festhalten an einem aus der religiösen Tradition begründeten neuen Welt- und Moralverständnis so etwas wie eine „alternative Moderne" zu begründen. Damit relativiert sich auch, was sich zunächst als „irrational" darstellen mochte – etwa das „Mit der Moderne [modernen Technologien] gegen die Moderne" von fundamentalistischen Fernsehpredigern. Dies wird noch deutlicher, wenn wir den Begriff „rational" nicht verengt für aufklärerische Positionen reservieren, sondern ihn so verstehen wie etwa Max Weber in der „Protestantischen Ethik": In einem solchen Verständnis von Rationalität ist Fundamentalismus als eine der möglichen Haltungen zu sehen, mit denen Menschen auf den psychischen und sozialen Druck von gesellschaftlichen Modernisierungs- bzw. Säkularisierungsprozessen reagieren. Es handelt sich weniger um eine irrationale als vielmehr um eine interessengeleitete wertrationale Position in einem Gruppenkonflikt, bei dem es um Fragen der richtigen Lebensführung, der sozialen Beziehungen und der institutionalisierten Werte geht (vgl. Riesebrodt 1990, S. 27).

Die weiterführende Frage, wie denn eine solche Trennung der Modernisierung von ihrem säkularen und aufklärerischen Entstehungszusammenhang im Westen aussehen könnte, kann hier nicht diskutiert werden. Japan mit seiner rasanten Modernisierung während der Meji-Restauration und Israel mit dem in vielen gesellschaftlichen Bereichen dominierenden Einfluss der Religiösen liefern jedoch zwei besonders auffallende Beispiele dafür, dass äußerst erfolgreiche Modernisierung ohne volle Säkularisierung von Staat und Gesellschaft möglich ist. Entsprechende Modernisierungsversuche islamisch-fundamentalistischer Bewegungen sollten darum nicht von vornherein zum Scheitern verurteilt sein – zumindest soweit es prinzipiell die Steuerungskapazität staatlicher und gesellschaftlicher Institutionen in Modernisierungsprozessen betrifft.

4. Das Islamverständnis der „islami(sti)schen Alternative"

„Der Islam ist die Lösung!", lautet die Wahlkampfparole, wo immer sich islamistische Parteien oder Bewegungen im politischen Leben artikulieren können. Dabei ist der Ansatzpunkt stets eine fundamentale Kritik an den ungerechten gesellschaftlichen Verhältnissen im jeweiligen Land, für die die Regierungen bzw. die herrschenden Eliten nicht zuletzt deswegen verantwortlich gemacht werden, weil sie sich an westlichen säkularistischen Modellen orientieren. Gegen diese falsche, vom gottgewollten Weg abweichende

Ordnung wird ein fundamentalistisch interpretierter Islam als Lösungsrahmen für *alle* gesellschaftlichen Probleme angeboten, als umfassende Alternative, die denjenigen, die sich ihr verschreiben, nicht nur eine Verbesserung der materiellen Lebensbedingungen verspricht, sondern ihnen auch Hoffnung und Sinn vermittelt. Solche Parteien bzw. Bewegungen sind ideologisch überfrachtet und können ihre hohen Ansprüche kaum erfüllen. Aber als Strategien im Umgang mit der Moderne können sie – wie etwa das Beispiel der Islamischen Republik Iran zeigt – pragmatisch als Träger von Modernisierungsprozessen zweckrational und zugleich als Bewegungen, die ihren Anhängern eine „authentische" Gemeinschaft versprechen und ihnen Orientierung in der Welt ermöglichen, – im definierten Sinne – wertrational sein.

Diese „islamische Alternative" geht davon aus, dass Religion und Politik eine untrennbare Einheit zu bilden haben, wie sie in der Errichtung eines „islamischen Staates" zum Ausdruck käme. Entsprechend lehnen islamische Fundamentalisten säkularistische Modelle entschieden ab, denn für sie kann es nur einen sinnstiftenden Begründungszusammenhang für alle Bezüge geben, in denen der Mensch lebt. Diese Forderung nach Einheit der sinnstiftenden und handlungsleitenden Bezüge wird aus dem in der islamischen Theologie zentralen Prinzip der Einheit Gottes, dem *tauhid*, abgeleitet. Der Forderung liegt ein Islamverständnis zugrunde, nach dem der Islam

- als Religion die Bedingungen für eine sinnhafte Existenz des Einzelnen und der Gemeinschaft unter Gott setzt,
- als Rechtssystem die Ordnung der sozialen und rechtlichen Beziehungen unter den Menschen festlegt, also Sozialordnung und Recht begründet,
- als Ideologie die Gesellschaft politisch integrieren und mobilisieren und schließlich auch
- wirtschaftliche Entwicklung und die politischen Strukturen vorgeben kann.

Der Islam ist nach dieser Auffassung weit mehr als eine Religion, die den Menschen an den transzendenten Grund seiner Existenz bindet, der die Grundprinzipien der Ethik vorgibt und darauf aufbauende Rechtsbestimmungen enthält; der Islam wird begriffen als „Religion und Staat" (*din wa-daula*) im Sinne eines allumfassenden Systems.

Die ersten beiden der vier Funktionen – Religion als Glaubensbindung und als Rechtssystem – waren die klassischen Funktionen des Islam als einer dem Judentum sehr ähnlichen, stark gesetzesförmigen Religion. Die beiden anderen Funktionen sind neu, wobei besonders die letzte in der Regel außerordentlich vage bleibt, so dass man von den Proklamationen her kaum sagen kann, wie der islamische Staat konkret aussehen soll. Das hat beispielsweise in Iran zu jahrelangen Auseinandersetzungen bei dem Versuch geführt, eine funktionierende Verfassungsstruktur zu errichten. Zwar haben sich bei der Formulierung eines Verfassungstextes relativ schnell die Islamisten mit ihrem Prinzip einer „Herrschaft des obersten Rechtsgelehrten" (*welayat-e faqih*) gegen andere Positionen durchsetzten können; unter den Islamisten gab es jedoch so unterschiedliche Interessen und als Ausfluss davon so unterschiedliche Auslegungen dieses Prinzips, dass das Zusammenspiel der Institutionen in der Islamischen Republik nie reibungslos funktionierte.

Ideologisierung und Politisierung sind die neuen Elemente des fundamentalistischen Islamverständnisses. Sie sind über die Jahre so akzeptiert worden, dass ein solches Islamverständnis weit über fundamentalistische Bewegungen hinaus verbreitet ist und heute selbst Kritiker des Fundamentalismus die Formel „Der Islam ist Religion und Staat" für einen grundlegenden Glaubenssatz halten, obwohl das arabische Wort *daula* weder im Koran noch in der frühen Tradition in einer Bedeutung auftaucht, die auch nur entfernt etwas mit „Staat" zu tun hätte. So wird ein Teil dessen, was Fundamentalisten erfunden oder zumindest zu einem Kernbestandteil ihrer Doktrin gemacht haben, im Prozess der Reaktionen auf Wandel und Modernisierung selbst ein Teil der Tradition – wobei solch „erfundene" Traditionen die Unterscheidung zwischen Traditionalismus und Fundamentalismus erschweren.

5. Traditionalismus und Fundamentalismus

Die traditionalistische Orientierung am Modell der ursprünglichen, den Gläubigen als vollkommen erscheinenden Gemeinde zu trennen von der fundamentalistischen Orientierung an der „islamischen Alternative", erweist sich als schwierig, weil sich Traditionalisten wie Fundamentalisten auf dieselben Texte und Überlieferungen beziehen und fließende Übergänge und Überschneidungen eine klare Unterscheidung erschweren. Tradition befindet sich selbst in einem ständigen Wandlungsprozess. Die Umdeutung von Traditionsbeständen zur Anpassung an veränderte Bedingungen oder die Erfindung von Traditionen sind darum für sich noch keine hinreichenden Kriterien für Fundamentalismus. Erst die Umbiegung von Elementen der Tradition in eine Ideologie und die mit der Ideologisierung einhergehende Politisierung kennzeichnen die Grenze zum islamischen Fundamentalismus.

Der Impuls, in einer Krise auf die Fundamente (*usul*, wörtl. Wurzeln, Grundlagen) der Religion, also auf den Koran und die Praxis (*sunna*) Muhammads und seiner Gefährten, zurückzugehen, war schon lange vor dem modernen Fundamentalismus da. Das macht es Fundamentalisten leicht, sich als bloße Traditionalisten zu geben. Die Begriffe sollten jedoch geschieden werden, auch wenn – oder gerade weil – „Fundamentalismus" (*usuliya*) im arabischen Sprachgebrauch heute so vieldeutig benutzt wird, dass Fundamentalisten einander sogar die Bezeichnung streitig machen können: Mustafa Mahmud beispielsweise, ein moderat-islamistischer Fernsehprediger in Ägypten, der in seinem Koran-festen Eifer für die Sache Gottes wie auch in seiner Geschäftstüchtigkeit viel Ähnlichkeit mit protestantischen Fernsehpredigern in den USA hat, grenzte sich klar von jenen engstirnigen und gewaltbereiten Islamisten ab, an die wir gemeinhin zuerst denken, wenn von Fundamentalisten die Rede ist: Weil sie kaum eine Ahnung vom Islam hätten, dürften sie sich nicht Fundamentalisten nennen, denn nicht sie, sondern er, Mustafa Mahmud, und jeder gute Muslim, der seine Religion kennt und ernst nimmt, seien die wahren Fundamentalisten.

Auch wenn Mahmud hier die Bezeichnung „Fundamentalist" für sich in Anspruch nimmt, weist ihn seine Kritik eher als „Traditionalisten" aus. Von einem traditionellen Gelehrten aber unterscheidet er sich durch die Gegenstände, auf die er sich in seinen ungezählten Abhandlungen und Traktätchen bezieht, und durch eine Art von „politisiertem Traditionalismus" oder auch „traditionalem Islamismus", mit dem er zwischen Traditionalismus und Fundamentalismus hin und her schwankt.

6. Radikaler Fundamentalismus: Die Neuschöpfung der Tradition

„Politisierter Traditionalismus" bzw. „traditionaler Islamismus" markiert als Grenzfall das eine Ende eines Kontinuums von Ausdrucksformen, das sich, mit wachsender Radikalisierung von Ideologie und Handeln, bis zum „revolutionären Fundamentalismus" von messianischen und terroristischen Gruppen erstreckt. Radikalisierung meint in diesem Kontext den immer freieren – oder besser: willkürlicheren – Umgang mit der Tradition, bis hin zu deren weitgehender Neuformulierung im Interesse ideologischer und politischer Ziele.

Die Radikalisierung des Fundamentalismus begann innerhalb der Muslimbruderschaft Ägyptens bei denen, die ab 1954 unter Präsident Gamal Abdel Nasser verfolgt wurden und sich in den Gefängnissen fragen mussten, ob eine Gesellschaft, die fromme Muslime nur wegen ihrer Überzeugungen jahrelang gefangen hält und foltert, noch islamisch ist. Während die Mehrheit zwischen ungerechter Herrschaft und einer im Prinzip guten, zumindest reformierbaren muslimischen Gesellschaft unterschied, sah eine Minderheit – im Anschluss an ihren 1966 hingerichteten Vordenker Saiyid Qutb (geb. 1906) – die ägyptische Gesellschaft im Zustand der *dschahiliya*, der (religiösen) Unwissenheit, wie sie in vorislamischer Zeit herrschte.

Nachdem Präsident Anwar al-Sadat Anfang der 70er Jahre die Muslimbrüder aus den Gefängnissen entlassen hatte, bildete sich um Qutbs Interpretation, teils als Abspaltungen von der Bruderschaft, teils als Neugründungen vor allem an den Universitäten, eine kaum überschaubare Vielfalt von Gruppen, deren gemeinsame Grundposition hier nur sehr vereinfacht zusammengefasst werden kann: Da die bestehende Gesellschaft als heidnisch erfahren wird, muss man sie nicht nur wegen ihres Unglaubens verurteilen (*takfir*), sondern – nach dem Vorbild von Muhammads Emigration (*hidschra*) von Mekka nach Medina – auch aus ihr ausziehen, um die (wahre) „islamische Gemeinschaft" (*al-dschama'a al-islamiya*) neu zu begründen. Aus dieser Gemeinschaft heraus gilt es, die ungläubige Gesellschaft und den ungerechten Herrscher zu bekämpfen. Dieser Kampf, arabisch: „das Sich-Abmühen [auf dem Pfade Gottes]" (*dschihad*) kann – wie beim Dschihad in der klassisch-islamischen Tradition – zwei Formen annehmen: sich zu bemühen, die anderen durch vorbildliche Lebensführung zu überzeugen, oder aber sie mit Gewalt zu bekriegen. Die Namen, unter denen die radikalen Gruppen Ägyptens bekannt wurden, sind zugleich Programm: „Verdammung [der Gesellschaft als ungläubig] und Auszug [aus ihr]" (*al-Takfir wa'l-Hidschra*), „Die Islamische Gemeinschaft" (*al-Dschama'a al-Islamiya*), „Der Heilige Krieg" (*al-Dschihad*).

Die Verdammung der bestehenden Verhältnisse und die Vorstellungen davon, wie die islamische Alternative auszusehen hat, begründen diese Fundamentalisten aus *ihrem* Verständnis von Koran und *sunna*. Mit selektivem Bezug auf diese oder jene Stelle im Koran oder auf eine andere Quelle der Tradition werden die Vorstellungen von der „wahren islamischen Gemeinschaft" belegt, wobei sie den Koran als unmittelbar geoffenbartes Wort Gottes verstehen, in ihrem „wort-wörtlichen" Verständnis aber durchaus zwischen wörtlicher und nichtwörtlicher Interpretation schwanken. Darin ähneln sie protestantischen Fundamentalisten. Doch unterscheiden sich beide darin, wie sie die Natur des Textes verstehen: Denn während für Protestanten der Text der Bibel von Gott „nur" verbal inspiriert ist, gilt Muslimen der Koran als unmittelbar geoffenbartes Wort Gottes, das in einer Urschrift, der „Mutter des Buches", von Anbeginn bei Gott aufbewahrt war. Das kann erhebliche Auswirkungen auf den jeweiligen Wahrheitsanspruch haben: Denn wenn Gott zu den Menschen spricht, muss er meinen, was er sagt. Also hat die daran geknüpfte Überzeugung eine gewisse Logik, der Koran als geoffenbartes Wort Gottes könne nur eindeutig sein und dulde deswegen keine unterschiedlichen Interpretationen. Der Glaube an die Irrtums- bzw. Widerspruchsfreiheit des Textes bekommt dadurch einen Akzent, der die Auseinandersetzung mit Fundamentalisten besonders erschwert. Denn wenn es logisch nur eine Wahrheit geben kann, kann derjenige, der sie „erkannt hat", also: besitzt, seinen Wahrheitsanspruch mit entsprechenden Zitaten aus dem Koran absolut setzen.

Seit der Frühzeit des Islam hat es unterschiedliche Interpretationen des Koran gegeben, und zu verschiedenen Zeiten haben sich aus angebbaren sozialen und politischen Gründen bestimmte Interpretationen als verbindlich durchgesetzt. Allein schon diese Feststellung des ägyptischen Literatur- und Islamwissenschaftlers Nasr Hamid Abu Zaid genügte seinen fundamentalistischen Gegnern in den 90er Jahren, ihm Apostasie, Abfall vom wahren Glauben, vorzuwerfen und vor Gericht die Zwangsscheidung von seiner Frau durchzusetzen, weil eine Muslima nicht mit einem Ungläubigen verheiratet sein darf.

So sehr sie einerseits auf der buchstabengetreuen Erfüllung der koranischen Gebote bestehen, so wenig zögern radikale Islamisten andererseits, immer wenn es ihnen nötig scheint, Argumente zu erfinden, die sich nicht aus den kanonischen Quellen schöpfen lassen. An der subjektiven Frömmigkeit solch fundamentalistischer Interpreten soll hier nicht gezweifelt werden, doch was sie mit ihren selektiven Interpretationen betreiben, ist eben Ideologisierung – und in der Praxis zugleich Politisierung – der Religion.

7. Revolutionärer Fundamentalismus: Die Erlösung der Geschichte

Wie weit sich radikale Fundamentalisten von der Tradition entfernen können bzw. neue „Traditionen" erfinden, mag das Geschichtsverständnis radikaler ägyptischer Fundamentalisten illustrieren, die nur den Koran und die Praxis der Urgemeinde als Leitbild gelten lassen wollen. Dieses Leitbild ist bei den Radikaleren von ihnen völlig abgelöst vom überlieferten Modell der vorbildlich geordneten Urgemeinde: Hatte sich diese Überlieferung entwickelt als eine Art *summa*, als Summe all dessen, was Menschen zu verschiedenen Zeiten als gottgewollt erfahren und immer neu interpretiert haben, überspringen radikale Fundamentalisten die Geschichte – ja, verurteilen zum Teil die 1400 Jahre seit der Offenbarung als einen einzigen Irrweg. Sie wollen keineswegs „zurück ins Mittelalter". Ihr Modell ist vielmehr eine – zwar in der Offenbarung vorgezeichnete und in der Urgemeinde vorgelebte, aber auch in ihr nicht vollendete, sondern erst noch zu verwirklichende – „ewige" Ordnung unter der „Herrschaft Gottes" bzw. „Souveränität Gottes" (das arabische Wort *hakimiya* hat beide Bedeutungen). Wir haben es also nicht mit einem konservativen Traum zur Bewahrung oder Wiederherstellung einer verklärten Vergangenheit zu tun, sondern mit einem revolutionären Traum zur Erlösung der Zukunft.

Fundamentalisten werden gemeinhin als konservativ oder auch als reaktionär bezeichnet. Das mag in den USA berechtigt sein. Bezeichnungen wie „konservativ" und „reaktionär" verdecken jedoch den revolutionären Charakter, den fundamentalistische Bewegungen annehmen, wenn sie sich radikal gegen die etablierte gesellschaftliche und politische Ordnung stellen, wie Fundamentalisten in Ägypten und Algerien, oder wenn sie versuchen, eine neue islamische Verfassung an deren Stelle zu setzen, wie in Iran. Gerade Iran ist da ein gutes Beispiel, denn auch die Schwierigkeiten und Widersprüche, in die die Geistlichkeit bei dem Versuch geriet, die politische und soziale Ordnung umzugestalten, ändert nichts am revolutionären Charakter ihres Unternehmens.

Radikale Kritik an den bestehenden gesellschaftlichen Verhältnissen und, darin impliziert, eine von revolutionärem Willen getragene *Zukunfts*orientierung kennzeichnen die revolutionäre Variante des Fundamentalismus. Wenn darum die Fixierung dieser Fundamentalisten auf ihre Vorstellungen von der wahren (Ur-)Gemeinde gelegentlich als *„rückwärtsgewandte Utopie"* bezeichnet wird, geht auch diese Bezeichnung am Problem vorbei, weil die Verbindung mit der heilsgeschichtlichen Dimension außer Acht bleibt. Schließlich haben die Muslime einst den halben Erdkreis erobert in der Erwartung, dass ihr Siegeszug bzw. der Triumph des Islam in der Welt Teil eines göttlichen Heilsplanes ist.

Ideologisch verengte Interpretationen der sozialen und politischen Realität und der unbedingte Wille, die falsche Ordnung zu zerschlagen, um der wahren zum Sieg zu verhelfen, können sich mit der religiösen Heilsgewissheit zu einer Weltsicht verbinden, die wegen ihres polarisierenden Charakters manichäisch wirkt. Angesichts solch brisanter Mischung kann es nicht überraschen, dass radikale Fundamentalisten im Kampf gegen die „Mächte der Finsternis" auch Gewalt und Terror rechtfertigen: sei es konkret wie in den Gerichtsverfahren nach dem Attentat auf den „ungerechten Pharao" Anwar al-Sadat 1981, nach Mordanschlägen auf Politiker und Intellektuelle bzw. nach Anschlägen auf Touristen oder sei es als mythisch überhöhter Kampf gegen die „zionistische Weltverschwörung" und gegen den „Großen Satan" USA.

8. Fundamentalisten zwischen terroristischer Gewalt und pragmatischer Anpassung

Der Impuls, sich an den Fundamenten der religiösen Tradition zu orientieren, rührt aus dem Wunsch nach Glaubensgewissheit und Nähe zu Gott. Aus diesem Impuls folgt aber nicht eine bestimmte, für jeden mehr oder weniger gleiche Umgangsweise mit den Fundamenten. Der Gelehrte geht als Theologe und Jurist anders damit um als der einfache Gläubige in seiner Alltagspraxis oder der Mystiker in seiner Bruderschaft. Die Vielfalt der religiösen Symbole und Praktiken, die sich dadurch mit großen Unterschieden von Generation zu Generation und von Ort zu Ort herausgebildet haben, belegt die Offenheit, mit der Muslime immer wieder die für ihre spezifische gesellschaftliche Situation und für ihre Zeit geeigneten Antworten gesucht haben. Auch heute lebt und praktiziert die Mehrzahl der gläubigen Muslime solch prinzipiell offene Umgangsweisen mit den Grundlagen ihrer Religion, wobei das Spektrum der Haltungen von überzeugten Säkularisten, die die Religion aus der Politik heraushalten wollen, bis zu Traditionalisten reicht, bei denen sich dann die Grenzen zu Fundamentalisten verwischen.

Die Grenze zwischen dem Impuls, sich an den Grundlagen zu orientieren, und einer fundamentalistischen Interpretation dieser Grundlagen ist jedoch scharf zu ziehen: Islamischer Fundamentalismus, so wie er hier bestimmt wurde, ideologisiert und politisiert religiöse Symbole und Traditionsbestände. Radikale Fundamentalisten treten – ähnlich wie die Avantgarde totalitärer Ideologien – mit dem Anspruch auf, die absolute Wahrheit zu besitzen, und dulden dementsprechend neben der eigenen keine andere Interpretation der Realität. Bei allen Variationen von einer Bewegung zur anderen liegt hier eine der Ursachen für den tendenziell totalitären Charakter der angestrebten Ordnung.

Je verbohrter aber die Führer solch fundamentalistischer Bewegungen mit ihrer als sicher gewussten Wahrheit umgehen und je radikaler – bzw. im angestrebten politischen System totalitärer – damit ihre Bewegungen werden, desto häufiger kommt es zu Auseinandersetzungen um die „reine" Lehre, wie um die konkrete Macht innerhalb der Bewegung. In den dadurch bedingten Zersplitterungen liegt zugleich eine politische Chance, nämlich gemäßigte Mehrheitsfaktionen in das politische System zu integrieren und darüber gewaltbereite Radikale ins Abseits zu drängen. In Afghanistan wurde eine solche Chance nach dem Abzug der Sowjets 1988 nicht genutzt: Denn in dem daraufhin beginnenden Bürgerkrieg zwischen verschiedenen Faktionen verschärften die jeweiligen Bundesgenossen im Ausland nur die Gegensätze – bis schließlich, von Pakistan, Saudi-Arabien und den USA bzw. der CIA aufgebaut und von der amerikanischen Ölgesellschaft UNICAL finanziell unterstützt, die Taliban das Land eroberten und das schlimmste aller denkbaren fundamentalistischen Regime errichteten.

Wo immer aber muslimische Fundamentalisten in halbwegs offenen Wahlen antreten konnten, haben sie nur um die 20 Prozent der Stimmen bekommen – selbst in Algerien, wo der FIS nur aufgrund des Wahlsystems im zweiten Wahlgang die absolute Mehrheit der Parlamentssitze gewonnen hätte, bekamen sie nicht mehr. Wo Fundamentalisten aber mit gewaltsamer Repression von der Partizipation ausgeschlossen wurden bzw. werden, wächst die Gewaltbereitschaft und verschwimmt die Grenze zu gemäßigten Fundamentalisten, unter denen sich ein breites Umfeld von Symphatisanten für Radikale oder auch Terroristen herausbilden mag. Dies gilt in gewisser Weise auch für Palästina, wo in den Monaten nach dem 11. September sowohl der von Israel ausgeübte Druck wie auch die zunächst zaghaften Versuche der Palästinensischen Autonomiebehörde, den Terror der Hamas und des Islamischen Dschihad zu beenden, diesen Organisationen vor allem erst einmal neue Rekruten für ihren „Heiligen Krieg" zugetrieben haben.

Literatur

Bielefeld, Heiner; Heitmeyer, Wilhelm (Hrsg.) (1998): Politisierte Religion. Ursachen und Erscheinungsformen des modernen Fundamentalismus, Frankfurt a.M.: Suhrkamp.

Büttner, Friedemann (1999): Islamischer Fundamentalismus – eine Herausforderung für den Westen?, in: Heiner Marré u.a. (Hrsg.): Fundamentalismus als Herausforderung an Staat, Kirche und Gesellschaft, Münster: Aschendorff, S. 104-162 (Essener Gespräche zum Thema Staat und Kirche 33).

Kepel, Gilles (1991): Die Rache Gottes. Radikale Moslems, Christen und Juden auf dem Vormarsch, München/Zürich: Piper.

Marty, Martin E.; Appleby, R. Scott (1996): Herausforderung Fundamentalismus. Radikale Christen, Moslems und Juden im Kampf gegen die Moderne, Frankfurt/New York: Campus.

Marty, Martin E.; Appleby, R. Scott (Eds.) (1991-1995): The Fundamentalism Project. A study conducted by The American Academy of Arts and Sciences, 5 vols., Chicago/London: The University of Chicago Press.

Meyer, Thomas (Hrsg.) (1989): Fundamentalismus in der modernen Welt. Die Internationale der Unvernunft, Frankfurt a.M.: Suhrkamp.

Riesebrodt, Martin (1990): Fundamentalismus als patriarchalische Protestbewegung. Amerikanische Protestanten (1910-28) und iranische Schiiten (1961-79) im Vergleich. Tübingen: J.C.B. Mohr (Paul Siebeck).

Tibi, Bassam (2000): Fundamentalismus im Islam. Eine Gefahr für den Weltfrieden? Darmstadt: Wissenschaftliche Buchgesellschaft.

Guido Steinberg

Saudi-Arabien und die Attentate des 11. September 2001

Seit den Attentaten des 11. September 2001 befinden sich die amerikanisch-saudi-arabischen Beziehungen in einer Krise. Diese verschärft sich, je deutlicher wird, wie viele wichtige Spuren der Attentäter und ihrer mutmaßlichen Auftraggeber – allen voran Usama Bin Ladins – nach Saudi-Arabien führen und wie wenig kooperationsbereit sich die Königsfamilie Saud im Kampf gegen internationale Terrornetzwerke zeigt. Saudi-Arabien scheint tief in die Ereignisse des 11. Septembers verstrickt. Dabei ist das Land neben Ägypten und Israel einer der drei wichtigsten Verbündeten der USA im Vorderen Orient, gleichzeitig wie Ägypten aber wichtigstes Ursprungsland des islamistischen Terrorismus. Die gegenwärtige Krise ist damit das Ergebnis einer seit den 1950er Jahren zutiefst widersprüchlichen saudi-arabischen Politik.
Einerseits baut die saudische Herrscherfamilie auf ihr Bündnis mit den USA. Im Konfliktfall stehen amerikanische Truppen bereit, das Königreich und sein Öl gegen jeden Angreifer zu verteidigen. Andererseits benutzt die Familie Saud eine radikal-puritanische Interpretation des Islam, die *Wahhabiya*, als legitimitätsstiftendes Element der Innenpolitik und versuchte, diese Interpretation seit den 60er Jahren unter den Muslimen weltweit zu verbreiten. Dabei beachtete das saudische Regime nicht, dass seine pro-westliche Außenpolitik mit den xenophoben Grundlinien dieser Ideologie nicht zu vereinbaren ist. Mit dem amerikanischen Truppenaufmarsch 1990/91 trat dieser Widerspruch offen zu Tage und führte zur Entstehung einer islamistischen Oppositionsbewegung, die vor allem diesen Widerspruch kritisierte. Durch breit angelegte religiöse Erziehungsprogramme hat das saudische Regime dabei an der Schaffung dieser Opposition selbst einen großen Anteil. Die Tatsache, dass 15 der 19 Attentäter vom 11. September und ihr mutmaßlicher Auftraggeber Usama Bin Ladin saudische Oppositionelle waren beziehungsweise sind, verlangt nach einer Untersuchung der saudi-arabischen Politik im Hinblick auf die Attentate.

1   Saudi-Arabien, Afghanistan und Usama Bin Ladin

Das Scheitern der saudi-arabischen Afghanistanpolitik ist der aktuelle Beleg
für die Ambivalenz saudi-arabischer Politik. Seit den 80er Jahren förderte
Saudi-Arabien den Kampf der afghanischen Mujahidin gegen die sowjetischen Truppen, die 1979 in das Land am Hindukusch einmarschiert waren. In
den 60er Jahren hatte die saudi-arabische Regierung begonnen, islamische
und islamistische Persönlichkeiten und Bewegungen im Nahen Osten und
Afrika massiv zu unterstützen, hauptsächlich im Rahmen der 1962 gegrün-
deten Islamischen Weltliga (*Rabitat al-Alam al-Islami*). Mit dem Ölboom der
70er Jahre und den gestiegenen Staatseinnahmen wurde daraus eine zielge-
richtete Politik mit der Absicht, Saudi-Arabien eine Führungsstellung in der
arabischen und islamischen Welt zu sichern. Der damalige König Faisal war
die hoch angesehene Symbolfigur dieser Politik. Als in Afghanistan der
Kampf gegen die Sowjets begann, begriffen die Planer in Riyad schnell, welche Chance sich ihnen in Afghanistan bot. Hier konnten sie den Muslimen in
aller Welt demonstrieren, dass Saudi-Arabien seinen bislang eher theoreti-
schen Führungsanspruch auch aktiv durchsetzen wollte. Zum anderen konnten sie islamische Eiferer, die im Saudi-Arabien der 70er Jahre immer mehr
zu einem Problem wurden, im *„Heiligen Krieg"* beschäftigen. Zugleich
dienten sie sich den USA als verlässlicher Bündnispartner an, da diese die
Mujahidin ebenfalls unterstützten. Die USA lieferten Waffen und logistische
Hilfe, die Pakistanis Ausbildungscamps und Operationsbasen und die Saudis
das Geld.

Der damalige Geheimdienstchef Turki b. Faisal, ein Sohn des 1975 verstorbenen König Faisal, steuerte die saudische Politik gegenüber Afghanistan
und Pakistan von 1977 bis zum August 2001. In der saudi-arabischen Außenpolitik setzte sich – vermutlich aus familienpolitischen Gründen – seit den
frühen 80er Jahren eine Aufgabenteilung durch, die an dem eigentlichen Außenminister Saud b. Faisal vorbeilief. Kronprinz Abdallah war für die Beziehungen zu Syrien und dem Iraker Botschafter in Washington, Bandar b. Sultan, war für die Beziehungen zu den USA zuständig. Die fehlende zentrale
Kontrolle der auswärtigen Politik führte häufig zu widersprüchlichen Ergeb-
nissen und letzten Endes zum Scheitern der saudi-arabischen Afghanistanpolitik.

Als die Mujahidin nach dem Abzug der sowjetischen Truppen und dem
Sturz des Regimes Mohammad Najibullahs das Land 1992 in einen Bürgerkrieg stürzten, führten die USA, Pakistan und Saudi-Arabien ihre bisherige
Politik fort – nur mit einem neuen Partner. Sie ließen die Verbündeten von
einst fallen und förderten stattdessen die Taliban, eine Miliz von afghanischen Flüchtlingen in Pakistan, die das Land unter ihre Kontrolle bringen
wollten. Denn nur unter einer stabilen Regierung konnten die USA hoffen,
das Land als Transitstrecke für Gas- und Öllieferungen aus Zentralasien an

den Indischen Ozean nutzen zu können. Die Pläne der US-Ölgesellschaft UNOCAL mit ihrem saudi-arabischen Partner Delta für eine Gaspipeline von Turkmenistan über Afghanistan nach Pakistan waren bereits weit gediehen, als im Winter 1997/98 deutlich wurde, dass die Taliban sich als Partner nicht eigneten. Als die USA 1998 ihre Pipeline-Pläne aufgaben und sich von den Taliban distanzierten, führten ihre saudi-arabischen Verbündeten die bisherige Politik fort.

Dabei war Usama Bin Ladin schon 1996 aus dem Sudan nach Afghanistan geflüchtet und stand unter dem Schutz der Taliban. Dies scheint die saudi-arabische Regierung jedoch nicht zu einer grundlegenden Revision ihrer Afghanistanpolitik bewogen zu haben. Offenbar hielt man Bin Ladin für nicht hinreichend gefährlich und/oder war froh, dass er in sicherer Entfernung wenig Schaden anrichten konnte. Im Laufe der nächsten Jahre entwikkelte sich Bin Ladin jedoch zunehmend zu einer Bedrohung für die innere Sicherheit Saudi-Arabiens. Die saudische Herrscherfamilie machte ihn schon 1995 und 1996 für Attentate in Saudi-Arabien verantwortlich. Dabei ist zumindest im zweiten Fall fraglich, ob nicht oppositionelle Schiiten die eigentlichen Urheber waren. Darüber hinaus scheinen einflussreiche Persönlichkeiten in Saudi-Arabien ihre schützende Hand über Bin Ladin zu halten. Bis heute verstummen die Gerüchte nicht, dass Geheimdienstminister Turki b. Faisal Bin Ladin im Jahre 1991 die Flucht aus Saudi-Arabien ermöglicht hat und beide befreundet seien. Auch Turkis gute Beziehungen zu den Taliban waren nie ein Geheimnis. Deshalb ist es möglich, dass Turki eine Afghanistanpolitik führte, die nicht mit den Interessen Saudi-Arabiens beziehungsweise der Gesamtfamilie übereinstimmte.

Seit Bin Ladins Rolle als Förderer des internationalen Terrorismus deutlicher wurde und die USA verstärkte Bemühungen unternahmen, ihn gefangen zu nehmen, wurde die saudische Position immer schwieriger. Da die von ihnen unterstützten Taliban mit Bin Ladin einen der gefährlichsten saudi-arabischen Oppositionellen beherbergten, kann die Afghanistanpolitik der vergangenen zwei Jahrzehnte nur als gescheitert gelten. Die Unterstützung, die Bin Ladin und seine Netzwerke von Privatleuten aus Saudi-Arabien erhalten, trübt die ohnehin gespannten saudisch-amerikanischen Beziehungen. Erst kurz vor den Anschlägen von New York und Washington entschlossen sich der 80-jährige König Fahd sowie seine Brüder und Neffen zu handeln. Ende August entließ der König Turki b. Faisal und ersetzte ihn durch seinen eigenen Halbbruder, Nawaf b. Abdalaziz. Viele Beobachter werteten diesen Schritt als Ankündigung einer neuen Afghanistanpolitik und einer härteren Gangart gegenüber islamistischen Bewegungen. Der Geheimdienst unter Turki hatte neben den Taliban auch andere islamistische Gruppierungen, unter anderem in Usbekistan, gestützt und sich amerikanischen Gesuchen um geheimdienstliche Zusammenarbeit in mehreren Fällen verweigert. Möglicherweise musste Turki auch deshalb gehen, weil der Geheimdienst nicht in der Lage war, periodisch auftretende Bombenanschläge im Heimatland zu verhindern.

2   Wahhabiya und saudi-arabische Außenpolitik

Nachdem irakische Truppen am 2. August 1990 in Kuwait einmarschiert waren, machte sich in Riyad Panik breit. Zu groß war die Angst der Herrscherfamilie, Saddam Husain könne die Gelegenheit nutzen und anschließend die ölreiche saudi-arabische Ostprovinz besetzen. Dies hätte den Zerfall des Königreichs einleiten können. Am 9. August verkündete König Fahd deshalb, dass er die amerikanische Regierung gebeten habe, Truppen zum Schutz vor einem irakischen Angriff in Saudi-Arabien zu stationieren. Er kalkulierte damit ein, dass diese Entscheidung das Königreich vor eine Zerreißprobe stellen würde.

Um die Hintergründe des Konflikts verstehen zu können, ist ein Überblick über die in Saudi-Arabien herrschende Islam-Interpretation, die Wahhabiya, notwendig. Die Wahhabiya entstand im 18. Jahrhundert in Zentralarabien (arab. Najd) in der Nähe des heutigen Riyad. Angeführt wurde diese Bewegung von ihrem Namensgeber, dem Religionsgelehrten Muhammad b. Abdalwahhab (ca. 1704-1792). Nach anfänglichen Misserfolgen verbündete er sich 1745 mit einem lokalen Herrscher namens Muhammad b. Saud, worauf die wahhabitisch-saudische Allianz in wenigen Jahrzehnten fast die gesamte Halbinsel eroberte. Aus dieser Keimzelle entstand der heutige saudiarabische Staat, weiterhin getragen vom Bündnis zwischen wahhabitischen Gelehrten und der Herrscherfamilie Saud.

Die Ideologie der Wahhabiya ist von einer deutlichen Unterscheidung in Gläubige und Ungläubige geprägt. Als gläubig gilt den Wahhabiten nicht der gewöhnliche Muslim, sondern derjenige, der die Verhaltensvorschriften der Wahhabiya minutiös befolgt und ihre theologischen Ansichten vorbehaltlos übernimmt. Die Wahhabiten wollten eine Gesellschaft (wieder-) aufbauen, die sich an dem frühen Islam in Medina orientierte. So errichteten sie im Najd des 18. und 19. Jahrhunderts ein puritanisches Gemeinwesen, in dem Rauchen, Musizieren und das Tragen seidener Kleidung verboten waren. Außerdem wurde das fünfmalige Gebet in der Gemeinschaft verpflichtend. Eine Religionspolizei sorgte dafür, dass alle Vorschriften eingehalten wurden. Nach außen lieferte die Wahhabiya das ideologische Rüstzeug für die Expansion des saudischen Staates. Alle Nicht-Wahhabiten wurden als Ungläubige angesehen, die im *jihad* bekämpft wurden. Da die meisten Nachbarregionen Zentralarabiens zu den Provinzen des Osmanischen Reiches gehörten, sahen die Wahhabiten die Osmanen – und die Schiiten – als die Ungläubigen par excellence an. Während die Schiiten noch heute verhasst sind, nehmen Amerikaner, Juden und in geringerem Maße auch Europäer mittlerweile die Stelle der Osmanen ein.

In Saudi-Arabien ließen sich pro-westliche außenpolitische Orientierung und islamische Innenpolitik jedoch nur vereinbaren, solange das Bündnis mit den USA nicht offenkundig wurde. Deshalb verwahrte sich die saudische

Regierung vor 1990 gegen Forderungen der USA nach einem Stützpunkt im Lande. Die saudische Regierung bevorzugte die amerikanische Präsenz *„hinter dem Horizont"*, also im Indischen Ozean und seinen Anrainerstaaten, um Proteste radikaler Wahhabiten zu vermeiden. Spätestens als im Golfkrieg Hunderttausende amerikanische Soldaten und Soldatinnen im Lande aufmarschierten, war dieses Konzept gescheitert.

3 Islamistische Opposition in Saudi-Arabien

Radikale Prediger protestierten 1990/91 gegen die amerikanische Präsenz in Saudi-Arabien. Sie interpretierten den Hilferuf an die USA als Bankrotterklärung der Familie Saud, der es trotz märchenhaften Ölreichtums in 40 Jahren nicht gelungen war, eine effektive Landesverteidigung aufzubauen. Immer öfter und immer offener wandten sich junge Islamisten gegen die verbreitete Korruption, die Prunksucht der Herrscher und Anzeichen einer angeblichen Verwestlichung sowie gegen die amerikanische Truppenpräsenz. Vor allem junge Studenten der Religionswissenschaften schlossen sich der Opposition an, was deutlich macht, wie sehr die drei Islamischen Universitäten in Mekka, Medina und Riyad zu Brutstätten der radikalen Wahhabiya geworden waren. Gleichzeitig gelang es den Islamisten, der Regierung nahe stehende Gelehrte zu überzeugen, Reformen einzufordern. Dies geschah zunächst im „Memorandum des Guten Rates" (*Mudhakkirat an-Nasiha*) im Juli 1992. Darin wird eine umfassende Islamisierung des Staates unter der Kontrolle wahhabitischer Gelehrter gefordert. Außerdem befürwortet das Memorandum die Einrichtung einer saudi-arabischen Armee, die stark genug sein muss, das Land zu verteidigen. Die militärische Zusammenarbeit mit nicht-muslimischen Kräften soll nach Auffassung der Verfasser des Memorandums aufgekündigt werden.

Die saudische Regierung weigerte sich, den Inhalt des Memorandums auch nur zu diskutieren, und ließ einige der Rädelsführer kurzzeitig verhaften. König Fahd wies die Mitglieder des höchsten religiösen Gremiums des Landes, des „Komitees der führenden Gelehrten" (*Hay'at Kibar al-Ulama*) an, das Memorandum zu verurteilen, was zu einem heftigen Konflikt zwischen ihm und mehreren führenden Gelehrten führte. In Folge wurden sieben entlassen und durch der Regierung loyale Geistliche ersetzt. Für die saudi-arabische Opposition wurde das Memorandum des Guten Rats zu einer programmatischen Grundsatzerklärung, deren Inhalte von allen sunnitischen Gruppierungen akzeptiert werden.

Die rücksichtslose Vorgehensweise des Regimes war ohne Präzedenzfall und zeigte, dass die Herrscherfamilie keinen Widerstand mehr dulden würde. Ein Teil der Islamisten zog sich in die innere Emigration zurück. Andere begannen, die Politik des Regimes noch heftiger zu geißeln. Es waren vor allem populäre islamistische Prediger, die der Regierung die größten Probleme bereiteten. Gelehrte wie Safar al-Hawali und Salman al-Awda entstammten den mittleren Rängen des geistlichen Establishments und hatten seit August 1990 die Politik der Herrscherfamilie kritisiert, wenn auch häufig nur indirekt. Ihre Forderungen entsprachen denen des Memorandums des Guten Rats. Vor allem griffen die beiden das Bündnis des saudischen Staates mit den amerikanischen „Ungläubigen" an. Da die Gelehrten zu den wahhabitischen Geistlichen gehören, die traditionell die Allianz mit dem Königshaus getragen haben, wog ihre Kritik besonders schwer. Ihre Bücher und Audiokassetten ihrer Predigten fanden große Resonanz unter den tief religiösen Bewohnern des Najd. Sie verbreiteten sich in Windeseile, und in Awdas Heimatort Buraida im Najd brachen Unruhen aus. Damit bildete sich erstmals eine Opposition in derjenigen Region, aus der die Familie Saud stammte und wo seit jeher viele ihrer loyalsten Unterstützer leben. Deshalb ließ die Regierung Hawali und Awda im Jahre 1994 verhaften. Erst als die Krisenstimmung etwas abgeebbt war, wurden beide 1999 wieder freigelassen.

Muhammad al-Mas'ari, ein Physikprofessor, und Sa'd al-Faqih, ein Mediziner, sind neben Usama Bin Ladin bis heute die prominentesten saudischen Oppositionellen im Exil. Seit 1994 versuchen sie aus dem Londoner Exil, im Rahmen des *„Committee for the Defence of Legitimate Rights"* (CDLR), die saudi-arabische Bevölkerung per Fax und E-mail gegen die Herrschaft der Familie Saud zu mobilisieren. Beide Führer überwarfen sich allerdings 1996, so dass ihre politischen Bemühungen letztlich fruchtlos blieben. Faqih spaltete sich mit dem *„Movement for Islamic Reform in Arabia"* (MIRA) ab, dessen Ziele, Strategie und Ideologie sich nicht wesentlich von denen des CDLR unterschieden, das heute jedoch als wichtiger gilt als das CDLR.

In Saudi-Arabien scheinen die islamistischen Prediger die Entwicklung weitaus intensiver geprägt zu haben als die Exiloppositionellen. Vor allem Hawali gewinnt durch seine Predigten und Veröffentlichungen mittlerweile international an Ansehen. Besonders populär sind seine Veröffentlichungen zum Palästinakonflikt. Hawalis Thesen finden sich unter anderem in Usama Bin Ladins Verlautbarungen wieder. Erst aufgrund der Verhaftung Awdas und Hawalis soll sich Bin Ladin 1994 im Übrigen zum bewaffneten Kampf entschieden haben. Tatsächlich ist seit 1994 eine Radikalisierung einiger Teile der saudi-arabischen Opposition festzustellen. In seinen Schriften weist Hawali die eigentümliche Hierarchie der Feindbilder auf, die Bin Ladins Verlautbarungen charakterisieren. So geht es Hawali zunächst um den säkularisierten Westen insgesamt, dann die USA, Israel sowie die Juden, arabische Regime und schließlich die saudi-arabische Regierung. Letztere betrachtet er als Teil eines Netzwerkes von Gegnern, gegen die die wahren Muslime vorgehen müssten. Mit dieser Argumentation hebt sich Hawali von vielen militanten Islamisten ab. Zwar waren antiwestliche Parolen seit jeher verbreitet und Terrorakte trafen auch Amerikaner und Europäer, wenn sie sich im Nahen Osten aufhielten. Dennoch trugen Gruppierungen wie die libanesische *Hizbullah* den Terror nie bis nach New York. Obwohl Hawali nicht direkt zu Gewaltakten aufruft, ist er einer der geistigen Väter des Strategiewechsels islamistischer Terroristen, die seit dem Anschlag auf das World Trade Center 1993 verstärkt gegen westliche Ziele auch in den USA vorgehen. Bislang konnten Hawali allerdings keine Kontakte zu den Terrornetzwerken Bin Ladins nachgewiesen werden.

Usama Bin Ladin ist somit ein saudi-arabischer Oppositioneller, auch wenn die jüngsten Ereignisse eher auf die transnationalen Aspekte seiner Ideologie hinweisen. Als sich die Familie Saud 1990 entschloss, die Amerikaner zu Hilfe zu rufen, ging Bin Ladin – der gerade aus Afghanistan zurückgekehrt war – in die propagandistische Offensive. Er opponierte gegen die Entscheidung, amerikanische Truppen zu rufen. Da er das Regime weitaus kompromissloser angriff als Hawali und Awda, musste Bin Ladin 1991 das Land fluchtartig verlassen. Einige hundert seiner Unterstützer blieben in Saudi-Arabien. Sie sollen – laut saudi-arabischer Regierung – für die zwei Bombenanschläge in Riyad und Khobar 1995 und 1996 verantwortlich gewesen sein, bei denen 24 Amerikaner starben. Mittlerweile soll die saudische Regierung mehrere hundert „arabische Afghanen", das heißt Araber, die auf der Seite der Afghanen gegen die sowjetischen Besatzungstruppen gekämpft hatten, inhaftiert haben. Damit möchte die Regierung eine Fortsetzung der Anschlagsserie verhindern. Wenn auch noch nicht klar ist, wer für den erneuten Bombenanschlag von Khobar vom 6. Oktober 2001 verantwortlich ist, scheint diese Politik im Großen und Ganzen erfolgreich gewesen zu sein.

4 Usama Bin Ladins Ideologie

So wie die neue islamistische Opposition ist auch Bin Ladin ein Produkt der widersprüchlichen Politik der Familie Saud. Er ist in Saudi-Arabien aufgewachsen und auch wenn ihm das Regime 1994 seine Staatsangehörigkeit aberkannte, gilt er als Saudi. Schon die saudische Afghanistanpolitik zeigte zudem, dass die Herrscherfamilie nicht mit letzter Konsequenz gegen ihn vorging. Bin Ladin hat immer noch mächtige Freunde und Unterstützer in Saudi-Arabien und die Hinweise mehren sich, dass diese seine Terrornetzwerke finanziell und vielleicht auch organisatorisch unterstützt haben.

Auch die Ideologie Bin Ladins weist auf enge Verbindungen in sein Heimatland hin. Diesbezügliche Informationen wirken bisher oft fragmentarisch und bergen Widersprüche. Dennoch sind Grundlinien seiner Ideologie zu erkennen, die deutliche wahhabitische Einflüsse aufweisen. Andererseits wurde er während seiner Aufenthalte in Afghanistan, im Jemen und Sudan und durch seine Kontakte zu anderen islamistischen Führern auch durch diese beeinflusst. Vor allem der Ägypter Ayman az-Zawahiri, seit Beginn der 90er

Jahre Führer der ägyptischen JGhad-Gruppe, wird oft als der eigentliche Ideologe der Gruppierung um Bin Ladin bezeichnet. Er soll dafür verantwortlich sein, dass Usama Bin Ladin seit der zweiten Hälfte der 90er Jahre vor allem die USA ins Visier nahm. Mir scheint es jedoch eher so, als habe auch Safar al-Hawali in diesem Prozess eine bedeutende Rolle gespielt.

Bin Ladin vertritt die für die Wahhabiya typische strenge Unterscheidung zwischen Gläubigen und Ungläubigen und ist der Ansicht, Ungläubige dürften getötet werden. Trotzdem weist ihn dies allein nicht unbedingt als einen Wahhabiten aus. Denn auch militante islamistische Bewegungen in Ägypten, Algerien oder Syrien haben sich diesen Aspekt zu Eigen gemacht, so dass man ihn heute als übereinstimmendes Charakteristikum dieser Gruppierungen bezeichnen kann. Einen deutlichen Hinweis auf Bin Ladins Bindung an die Wahhabiya und Saudi-Arabien enthalten seine Äußerungen zur amerikanischen Präsenz im Lande, die in seinen Verlautbarungen eine prominente Stellung einnehmen. Er übernimmt hier – teilweise wörtlich – Aussagen gleich gesinnter saudischer Islamisten. Diese teilen die Vorstellung, dass das gesamte saudi-arabische Staatsgebiet seit der Reform Muhammad b. Abdalwahhabs heilig sei und durch die Anwesenheit von „Ungläubigen" entweiht werde. Andere Muslime akzeptieren diese Auffassung nur für die Heiligen Stätten Mekka und Medina.

Bis 1998 verfügte Bin Ladin über eine Organisation, das *„Advice and Reform Committee"* (ARC), das von dem Geschäftsmann Khaled al-Fawwaz geleitet wurde, einem seiner Gefolgsleute in London. Fawwaz war – was seine öffentlichen Aktivitäten angeht – hauptsächlich mit Pressearbeit Bin Ladins befasst. Es ist auffällig, dass sich diese Texte fast ausschließlich mit Saudi-Arabien beschäftigen. Ständig wiederkehrende Beschwerden sind, dass die königliche Familie sich von den Grundsätzen des sunnitischen Islam wie von Muhammad b. Abdalwahhab interpretiert, abgewandt habe und nicht in der Lage sei, die Landesverteidigung zu organisieren. Außerdem verschwende sie die Öleinnahmen und vertraue auf den Schutz durch Nichtmuslime. Alle diese Aspekte weisen Bin Ladin als Teil der saudi-arabischen islamistischen Opposition aus.

5   Ein Aufstand der Peripherie?

Saudi-Arabien ist bis heute ein zutiefst gespaltenes Land. Zu groß sind die kulturellen, religiösen und ökonomischen Unterschiede zwischen den einzelnen Regionen des Königreichs. In der ölreichen Ostprovinz, im stark urban geprägten Hijaz mit den Städten Mekka, Medina und Jiddah und im eher am Jemen und an Ostafrika orientierten Asir, haben sich bis heute Ressentiments gegen die saudisch-wahhabitischen Eroberer von einst gehalten. Da dieses

Thema in Saudi-Arabien als Tabu gilt, kann man das Ausmaß der Ablehnung nur erahnen. Lediglich von den Schiiten der Ostprovinz ist bekannt, dass sie die saudisch-wahhabitische Herrschaft ablehnen – wurden sie doch jahrzehntelang von den Wahhabiten unterdrückt. Bislang wurden sie als die gefährlichste Oppositions-Bewegung in Saudi-Arabien angesehen. Doch die meisten Attentäter des 11. September stammten aus Asir im Südwesten des Landes nahe der Grenze zum Jemen und den Nachbarregionen des Hijaz. Diese Gegend wurde erst in den 20er Jahren des vergangenen Jahrhunderts in den saudi-arabischen Staatsverband integriert. Seit der saudische Staat im 18. Jahrhundert entstanden war, hatten seine Herrscher die Kontrolle über diese Region nur sporadisch ausgeübt. Zu unzugänglich waren die hohen Gebirgszüge des Landesinneren, zu feindselig das feuchtheiße Klima in der Küstenebene. Während die Familie Saud ihre Hausmacht im Najd rund um Riyad hatte, blieben die Bewohner Asirs den Eindringlingen fremd.

Im Asir nahmen die Menschen das Leben leichter als im Najd. Musik und Tanz waren weit verbreitet, Feste wurden gefeiert und mystische Orden bestimmten das vielfältige religiöse Leben. Die meisten Frauen bewegten sich im öffentlichen Raum unverschleiert, sogar unter Männern. Viele trugen bunte Kleider. All dies war im puritanischen Najd undenkbar, wo Frauen selten auf der Straße anzutreffen sind, und wenn, dann nur tief verschleiert.

Als die Wahhabiten unter der Führung des Gründers des modernen Saudi-Arabien, Ibn Saud (ca. 1880-1953), Asir eroberten, versuchten sie diese angeblich unislamischen Sitten auszurotten – mit begrenztem Erfolg. Unter der Bevölkerung der Provinz schuf diese Politik nicht unbeträchtliche Ressentiments, die sich bis heute erhalten haben. Verstärkt wurden sie, da die saudi-arabische Regierung jahrzehntelang kein besonderes Interesse an der sozio-ökonomischen Entwicklung der Provinz zeigte. Auch wenn sie in den vergangenen Jahren vor allem den Ausbau des Tourismus fördert, fühlen sich viele Asiris bis heute benachteiligt. Dies galt vermutlich auch für die Attentäter.

Die saudi-arabischen Attentäter stammten, im Gegensatz zu ihren Komplizen aus Hamburg, vermutlich aus eher bescheidenen Verhältnissen. Außerdem ist die saudi-arabische Gesellschaft bis heute stark tribal geprägt, das heißt, es ist immer noch wichtig, zu welchem Stamm und zu welcher Sippe eine Person gehört. In Asir ist die Bevölkerung seit jeher stark tribal strukturiert, obwohl sie in Städten und Dörfern lebt. Auch im Najd leben viele Stammesangehörige in Städten. Ihr Stammesbewusstsein und das der erst vor kurzem angesiedelter Beduinen hält sich bis heute. Unter den Stämmen des Najd gibt es zudem eine informelle Hierarchie. Als bedeutendster Stamm werden meist die Anaza genannt, so dass es nicht weiter erstaunt, dass die saudische Herrscherfamilie beansprucht, von ihnen abzustammen. Seit jeher behaupten die Eliten der saudischen Städte, einem der edlen Stämme anzugehören, während Angehörige der Opposition dies bestreiten. Dennoch sind sich alle Najdis einig, dass nur Stämme aus Zentralarabien als edel anzusehen sind. Stämme aus dem Asir gelten als minderwertig. Selten wurde dies so

deutlich wie Mitte der 90er Jahre, als Kronprinz Abdallah vor einem na-
jdischen Auditorium die Frage gestellt haben soll: *„Wollt Ihr denn von einem
Ghamidi regiert werden?"*

Die Al Ghamid sind ein Stamm, der an der Grenze zwischen Najd, der
Provinz Hijaz und Asir angesiedelt ist, dort wo das Küstengebirge zur Ebene
Zentralarabiens abfällt. Obwohl diese Gegend schon früh von der Wahhabiya
beeinflusst wurde, gelten ihre Bewohner nicht als Najdis und somit als Bürger zweiter Klasse. Aussagen wie die des Kronprinzen verfestigen diesen
Eindruck. In seiner Rede spielt er auf die Rolle des oben erwähnten oppositionellen Predigers Safar al-Hawali an, der zu den Ghamid gehört.

Bisher interpretierten Beobachter die islamistische Opposition als vorwiegend religiös motiviert und gegen die pro-westliche Außenpolitik des Regimes
gerichtet. Auch die seit Mitte der 80er Jahre anhaltende Wirtschaftskrise, die
zusammen mit dem ungeheuren Bevölkerungswachstum in Saudi-Arabien die
Zukunftschancen einer Generation von Schul- und Universitätsabgängern bedroht, wird als wichtiger Konfliktfaktor benannt. Zudem weisen Experten darauf hin, dass es sich um einen Machtkampf zwischen den führenden und weniger einflussreichen Gelehrten der religionspolitischen Hierarchie handelt. Offensichtlich geht es in diesem Konflikt um Versuche von Außenseitergruppen
in der saudischen Gesellschaft, ihre Stellung zu verbessern. So ist es auffällig,
dass Safar al-Hawali erst dann in Haft genommen wurde, als er 1994 vor Ver-
sammlungen der Stämme Ghamid und Zahran gesprochen hatte. Offensichtlich
fürchtete das saudische Regime, dass Hawali sich zu einem Vertreter der Opposition der Ghamid und anderer unterprivilegierter Stämme und damit zum
potenziellen Führer einer Revolte aller nicht-najdischen Bevölkerungsteile auf-
schwingen könnte. Zumindest die Angst vor einer regionalen Revolte scheint
nach den Anschlägen vom 11. September gerechtfertigt zu sein. Denn mindestens drei der Attentäter gehörten dem Stamm der Ghamid an und weitere den
Bani Shihr, Nachbarn der Ghamid, die in der Hierarchie der Stämme ähnlich
niedrig angesiedelt sind. Für wie gefährlich die Familie Saud tribale und regionale Bruchlinien in der saudischen Gesellschaft hält, zeigt sich an ihrer Reaktion auf diese bislang vollständig tabuisierten Themen.

Eine Unklarheit bleibt: Wenn es kulturelle Barrieren zwischen den Bewohnern des Asir und denen des Najd gibt, warum werden einige zu besonders radikalen Wahhabiten, wie beispielsweise Safar al-Hawali, und warum
schließen sich andere einer Person wie Usama Bin Ladin an, der sich ideologisch stark an der radikalen Wahhabiya orientiert? Innerhalb der saudischen
Opposition versuchen immer wieder Personen aus der Peripherie, durch die
Hinwendung zur radikalen Wahhabiya gesellschaftliche Anerkennung zu erlangen. Bin Ladin, der aus dem Hadramaut im Südjemen stammt, ist nur ein
Beispiel für diesen Trend. Außenseiter wenden sich dabei oft der Religion zu,
weil diese das Gleichheitsprinzip aller Muslime gegenüber tribalen und regionalen Bindungen betont hat. Da eine Anerkennung trotzdem ausbleibt,
schließen sich viele der Opposition der radikalen Wahhabiten an.

Um die Hinwendung der Asiris zur Wahhabiya zu verstehen, hilft nur ein Rückblick in die Geschichte. Im östlichen Bergland von Asir gibt es – trotz aller kulturellen Unterschiede zum Najd – Affinitäten zur Wahhabiya, was sich die saudischen Herrscher nach der Eroberung zunutze machten. Seit Beginn der 1940er Jahre starteten wahhabitische Gelehrte ein breit angelegtes Erziehungsprogramm in der Provinz Asir. In religiös geprägten Schulen vermittelten sie der einheimischen männlichen Jugend das Weltbild der Wahhabiya und hatten Erfolg. Möglicherweise ließen sich die wahhabitischen Gelehrten aufgrund dieser Erfahrung für ihre späteren Erziehungsprogramme in anderen islamisch geprägten Ländern inspirieren, wo sie bis heute groß angelegte und kostenintensive Missionskampagnen durchführen. Hier zeigt sich die Widersprüchlichkeit saudischer Religionspolitik nur zu deutlich: Die Regierung fördert die Verbreitung wahhabitisch orientierter Erziehungsprogramme und beachtet nicht, dass ihre pro-westliche Außenpolitik mit dieser Ideologie unvereinbar ist. Die Religionsschüler im In- und Ausland sehen diesen Widerspruch deutlich und werden so zu Gegnern des saudischen Regimes.

In Asir machte sich der Erfolg der „Wahhabisierung" dadurch bemerkbar, dass besonders aus den östlichen Teilen der Provinz bedeutende wahhabitische Religionsgelehrte kamen. Da sie aber nicht aus dem Najd stammten, blieb ihnen häufig eine gesellschaftliche Anerkennung versagt. Ein Gelehrter aus dem Stamm der Ghamid bleibt ein Ghamidi, auch wenn es sich wie bei Hawali um einen hoch gebildeten und populären Gelehrten handelt. Möglicherweise liegt hier eine Erklärung für die Opposition der Attentäter gegen das saudi-arabische Regime: Trotz vorbildlicher religiöser Überzeugung blieben sie Außenseiter in ihrer Gesellschaft, so dass sie sich am Ende gegen diese stellten.

6   Die USA und Saudi-Arabien nach den Anschlägen

Da die Widersprüchlichkeit saudi-arabischer Politik auf mehreren Ebenen große Probleme für das Regime geschaffen hat, versucht es, den Widerspruch aufzulösen, indem es Unabhängigkeit von den USA beweist. Deshalb verschlechtern sich die saudisch-amerikanischen Beziehungen zusehends, besonders seit dem 11. September 2001.

Seit Beginn der amerikanischen Planungen für den Militärschlag gegen Afghanistan weigert sich die saudi-arabische Regierung, die Genehmigung für Luftangriffe von ihrem Territorium zu geben. Zurzeit sind etwa 13.000 Mann amerikanisches Militärpersonal im Lande stationiert, die meisten von ihnen auf der Prince-Sultan-Luftwaffenbasis nahe bei Riyad. Von diesem Standort aus überwachen amerikanische Flugzeuge die Einhaltung des Flugverbots für irakische Flugzeuge südlich des 33. Breitengrades. Da hier bereits vor dem 11. September eine große Zahl amerikanischer Flugzeuge stationiert war, wäre es folgerichtig gewesen, einen Teil der Angriffe auch von hier zu fliegen. Stattdessen musste das amerikanische Militär zunächst auf seegestützte Flugzeuge und auf die im türkischen Incirlik, in den USA und in Diego Garcia stationierten Geschwader zurückgreifen und damit einen herben Zeitverlust hinnehmen.

Im Verlauf der 90er Jahre hatten sich amerikanische Sicherheitsbehörden öfters über die mangelnde Kooperationsbereitschaft ihrer saudi-arabischen Kollegen beklagt. Zu ernsthaften Verstimmungen führte diese Politik besonders nach dem 11. September, als deutlich wurde, dass die meisten Attentäter aus Saudi-Arabien stammten, die saudi-arabischen Behörden aber keine amerikanischen Ermittlungen in Asir zuließen. Vielmehr führten sie die Untersuchungen selbst, so dass der Eindruck entstand, die Herrscherfamilie wolle verdecken, dass die Anwerbung der Attentäter und organisatorische Vorbereitungen auf saudischem Boden stattgefunden hatten. Dieser Eindruck wurde durch die Beobachtung verfestigt, dass die meisten saudi-arabischen Attentäter das Land erst innerhalb der vergangenen zwei Jahre verlassen hatten.

Seit Oktober 2001 ist bekannt, dass die Herrscherfamilie debattiert, die Amerikaner zu einem vollständigen Abzug aus dem Königreich aufzufordern. Bisher scheint in dieser Frage kein Konsens zu herrschen. Die Kritik der saudi-arabischen Regierung an der amerikanischen Politik wird seit dem Beginn der Luftschläge in Afghanistan jedoch immer heftiger. Außerdem werfen die USA den Saudis vor, die Finanzquellen Bin Ladins nicht konsequent aufzudecken.

Als Resultat dieses Streites ist eine ernsthafte Beschädigung der saudi-arabisch-amerikanischen Beziehungen abzusehen. Es bleibt zu klären, warum die saudi-arabische Führung bereit ist, dies in Kauf zu nehmen. Während sie 1990 amerikanische Hilfe zum Schutz vor einem Angriff des Iraks benötigte, glaubt sie zurzeit offenbar, auf diesen Schutz verzichten zu können und/oder die innere Opposition beschwichtigen zu müssen. Dies hat regional- wie innenpolitische Gründe.

Seit 1990 hat sich die regionale Situation grundlegend verändert. Damals standen irakische Truppen auf kuwaitischem Territorium an der saudi-arabischen Grenze und drohten, die saudi-arabische Ostprovinz zu überrennen. Heute ist der Irak nur mittelfristig eine Bedrohung und aufgrund der Überwachung der Flugverbotszonen durch die Amerikaner militärisch kaum handlungsfähig. Da die amerikanische Präsenz im Lande innenpolitische Probleme schafft, befürworten Teile der Herrscherfamilie, vor allem Kronprinz Abdallah, der seit 1995 für seinen todkranken Bruder Fahd die Geschäfte führt, einen amerikanischen Abzug. In diesem Fall wären die Amerikaner gezwungen, die Flugverbotszone im Südirak von Flugzeugträgern aus zu überwachen.

Die zweite regionale Bedrohung, Iran, ist ebenfalls nicht mehr der Feind, der er 1990 war. Damals wirkten noch die Ereignisse des Ersten Golfkrieges nach, als Saudi-Arabien den Irak unterstützte und Ayatollah Khomeini versuchte, die Islamische Revolution auf die Arabische Halbinsel zu exportieren. Seitdem Abdallah 1995 die Amtsgeschäfte des Königs übernommen hat, arbeitete er an einer Verbesserung der saudischen Beziehungen zum Iran, wo nun trotz aller innenpolitischen Konflikte gemäßigtere Kräfte herrschen als noch kurz nach dem Tode des Revolutionsführers. Tatsächlich hat sich das bilaterale Verhältnis erheblich verbessert.

Der außenpolitische Umschwung geht offensichtlich auf die neue Führung unter Kronprinz Abdallah zurück. Obwohl auch er die Beziehungen zu den USA nicht generell gefährden will, nimmt er eine Verschlechterung der Atmosphäre billigend in Kauf, um die innenpolitische Opposition zu beschwichtigen. Allgemein gilt Abdallah als religiös und sozial konservativer als sein Halbbruder Fahd und propagierte seit jeher eine stärker an arabischer und muslimischer Solidarität orientierte Außenpolitik. Als er 1995 die Macht faktisch übernommen hatte, begann er umgehend, seine Vorstellungen in die Tat umzusetzen. Sollte er trotz seines fortgeschrittenen Alters noch König werden, könnten sich die Beziehungen Saudi-Arabiens zu den USA weiter verschlechtern. In der Innenpolitik ist er jedoch wie sonst keiner seiner Brüder in der Lage, die religiöse Opposition zur Kooperation mit dem Regime zu bewegen, um somit einen Umsturz zumindest mittelfristig zu vermeiden.

Literatur

Fandy, Mamoun (1999): Saudi Arabia and the Politics of Dissent. London.

Fürtig, Henner (1995): Demokratie in Saudi-Arabien? Die Al Sa'ud und die Folgen des Zweiten Golfkriegs. Berlin.

Pohly, Michael; Durán, Khalid (2001): Osama bin Laden und der internationale Terrorismus. München.

Steinberg, Guido (2001): Der nächste Machtwechsel im Nahen Osten? Thronfolge und Opposition in Saudi-Arabien. In: Konrad-Adenauer Stiftung/Auslandsinformationen 6/01, S. 22-45 (S.30) (www.kas.de).

Steinberg, Guido (2002): Religion und Staat in Saudi-Arabien: Die wahhabitischen Gelehrten und Ibn Saud, 1902-1953. Würzburg: Ergon 2002 (in Vorb.).

Teitelbaum, Joshua (2000): Holier than Thou. Saudi Arabia's Islamic Opposition. Washington.

Internetseiten:

Movement for Islamic Reform in Arabia (MIRA) (www.miraserve.com)

Amnesty International Report 1999: Saudi Arabia (www.amnesty.org)

Obaid, Nawaf E.: The Power of Saudi Arabia's Islamic Leaders, in: Middle East Forum (http://www.meforum.org/meq/sept99/saudipower.shtml)

The Day of Wrath. Is the Intifadha of Rajab only the Beginning? By Safar Ibn Abd Al Rahman Al-Hawali. (http://home.swbell.net/jhaidar/)

World Islamic Front Statement. Jihad against Jews and Crusaders, 23 February 1998, in: http://www.fas.org/irp/world/para/docs/980223-fatwa.htm . Der arabische Text findet sich ebenfalls im Internet. (http://www.library.cornell.edu/colldev/mideast/fatw2.htm)

Usama b. Muhammad Bin Ladin

Usama b. Muhammad Bin Ladin wurde laut eigenen Angaben 1957/58 in Riyad als einer der jüngeren von angeblich 52 Söhnen des saudi-arabischen Bauunternehmers Muhammad b. Awad Bin Ladin geboren. Kurz nach seiner Geburt erfolgte der Umzug nach Medina. Bin Laden verbrachte die folgenden Jahrzehnte in der Provinz Hijaz in den Städten Mekka, Jidda und Medina. Sein Vater stammte aus dem Hadramawt im heutigen Südjemen und war als junger Mann vor 1928 in den Hijaz emigriert. Muhammad Bin Ladin begann seine Karriere als Maurer, gründete eine kleine Baufirma und bekam durch intensive Lobbyarbeit am Hofe des damaligen Königs Ibn Saud (reg. 1902-1953) lukrative öffentliche Aufträge. Seine Firma wurde zur größten Baufirma in Saudi-Arabien; er selbst einer der reichsten Männer des Landes.

Informationen zur Kinder- und Jugendzeit Bin Ladins sind knapp. Er studierte Wirtschaftswissenschaften an der Universität Jidda und arbeitete früh in der Firma seines Vaters. In einigen Quellen wird behauptet, er habe Hoch- und Tiefbau studiert. Erst seit Anfang der 80er Jahre lässt sich sein politischer Werdegang verfolgen. 1980 hielt er sich zum ersten Mal in Pakistan auf, um der dortigen Jamaat-e Islami, der bedeutendsten islamistischen Gruppierung im Lande, Spenden für den Kampf gegen die Sowjets in Afghanistan zu überreichen. Er soll damals die Bekanntschaft des palästinensischen Islamisten Abdallah Azzam gemacht haben, der nach der sowjetischen Invasion im Dezember 1979 begonnen hatte, weltweit Kämpfer für den Heiligen Krieg (*jihad*) in Afghanistan zu rekrutieren. In den nächsten Jahren bewegte Bin Ladin sich zwischen Saudi-Arabien und Pakistan, beschaffte Geld für die afghanischen Mujahidin und begann, junge Araber für den Kampf in Afghanistan zu rekrutieren und ihre Ausbildung zu organisieren. Seit 1984 hielt er sich regelmäßig in Afghanistan auf. Bis heute ist umstritten, inwieweit er an Kämpfen gegen die Sowjets teilnahm. Unter militanten Islamisten gründet sich sein Ruhm unter anderem auf die angebliche Teilnahme an zwei kleinen Schlachten. Doch hauptsächlich kümmerte er sich um die Logistik, beschaffte Geld und organisierte die Ausbildung und Anreise von Arabern für den bewaffneten Kampf.

Nach dem Rückzug der Sowjets 1988 kehrte auch Usama Bin Ladin in sein Heimatland zurück. Er wusste nach dem Sieg gegen die Sowjetunion einige hundert saudiarabische Afghanistan-Veteranen hinter sich, so dass er das saudische Regime öffentlich für seine pro-westliche Politik kritisierte. Als die Herrscherfamilie im Laufe der Golfkrise 1990 amerikanische Soldaten zum Schutz vor einem irakischen Angriff ins Land rief, eskalierte der Konflikt. Bin Ladin protestierte heftig gegen den Aufmarsch von „*Ungläubigen*". 1991 konnte er sich seiner Verhaftung nur durch Flucht entziehen. Über den Jemen rettete er sich in den Sudan, der unter der Führung eines islamistisch orientierten Regimes und seiner grauen Eminenz Hasan at-Turabi zu einem Refugium für Gleichgesinnte aus der gesamten Region geworden war. Hier begann die Karriere des Usama Bin Ladin als Financier des islamistischen Terrorismus. Die sudanesische Regierung ließ ihm zunächst alle Freiheiten, seine Organisation auszubauen und künftige Terroristen in Trainingscamps auszubilden. Zum terroristischen Kampf scheint er erst nach 1994 übergegangen zu sein, als die saudische Regierung ihm nahe stehende oppositionelle Prediger verhaften ließ. 1995/96 machte ihn die saudi-arabische Regierung für Bombenattentate auf amerikanische Einrichtungen in Riyad und al-Khobar verantwortlich.

Auf Druck der USA veranlasste die sudanesische Regierung Bin Ladin 1996, das Land zu verlassen. Er kehrte nach Afghanistan zurück, wo er sich 1997 den Taliban anschloss, als sich deren Sieg im Bürgerkrieg abzeichnete. Im Februar 1998 veröffentlichte Bin Ladin gemeinsam mit islamistischen Militanten aus Ägypten, Pakistan und Bangladesh einen Aufruf unter dem Namen „*Islamische Weltfront für den Jihad gegen Juden und*

Kreuzzügler", in dem sie die Muslime aufforderten, Amerikaner zu töten, wo immer sie sie anträfen. Während er sich in seinen Verlautbarungen bisher darauf beschränkt hatte, das saudi-arabische Regime anzugreifen, wurden jetzt auch der Irak und der israelisch-palästinensische Konflikt zu wichtigen Themen. Im August desselben Jahres machten ihn die USA als den Auftraggeber für die Attentate auf die amerikanischen Botschaften in Daressalam und Nairobi aus. Seither ist er der meistgesuchte Terrorist der Welt. Auch wenn bis heute der breiten Öffentlichkeit keine Beweise dafür vorliegen, dass Usama Bin Ladin und seine Verbündeten die Auftraggeber der Attentate des 11. September waren, ist davon auszugehen, dass die Einsatzbefehle aus seiner Umgebung kamen.

Die „arabischen Afghanen"

Als „arabische Afghanen" (arab. *„al-arab al-afghan"*) wurden zunächst arabische Staatsbürger bezeichnet, die bis 1992 gemeinsam mit den afghanischen Mujahidin gegen die sowjetischen Besatzungstruppen und anschließend gegen das Regime Mohammed Najibullah kämpften. Nachdem die Mujahidin die Macht übernommen hatten, wurde die Bezeichnung auch für die immer noch nach Afghanistan kommenden Araber (und in geringer Zahl auch für militante Islamisten anderer Länder) benutzt, die sich dort in Camps für terroristische oder Guerilla-Einsätze in ihren Heimatländern ausbilden ließen.

Seit den frühen 80er Jahren kamen Araber über Pakistan nach Afghanistan, vor allem aus Saudi-Arabien, Ägypten, Jemen und Algerien, um sich am Kampf gegen die Sowjetunion zu beteiligen. Die meisten von ihnen wollten sich aus religiösen Gründen am Heiligen Krieg gegen die kommunistischen *„Ungläubigen"* beteiligen, andere kamen als Söldner. Die pakistanische Stadt Peschawar wurde ihre Einsatzbasis und Rückzugszone, wo sie auf Einsätze vorbreitet wurden. Ihre Ausbilder waren zumeist Pakistanis, aber auch Araber und Amerikaner. Vor 1988 waren es sehr wenige, erst im letzten Jahr der sowjetischen Besatzung kam eine größere Zahl nach Afghanistan. Sie kämpften bis 1992 gegen das Regime von Mohammed Najibullah. Anfang der 90er Jahre sollen sich mehr als 20.000 arabische Freiwillige in den Camps auf beiden Seiten der pakistanisch-afghanischen Grenze aufgehalten haben, andere Quellen sprechen von knapp 15.000 Arabern, die bis 1992 hier ausgebildet worden sein sollen.

Nach 1992 kehrten die meisten Araber in ihre Heimatländer zurück. Seitdem bedrohten sie die innenpolitische Stabilität in mehreren Staaten und nahmen als Söldner und Freiwillige an mehreren Kriegen teil, beispielsweise in Bosnien, im Kosovo, in Tschetschenien, Tadschikistan, Aserbeidschan, auf den Philippinen und im Kaschmir. Viele schlossen sich Terrororganisationen wie *gihad* und *gama'a* in Ägypten oder den Groupes Islamiques Armées (GIA) in Algerien an, übernahmen deren Führung oder die Führung von unabhängigen Zellen. Persönlichkeiten wie Usama Bin Ladin gründeten mit al-Qa'ida neue Organisationen.

Zunächst beteiligten sich die Veteranen an Kämpfen gegen die Regime ihrer Heimatländer, besonders in Algerien und Ägypten, aber auch an Attentaten weltweit, die Usama Bin Ladin zugeschrieben werden. Viele der Afghanistan-Rückkehrer der 90er Jahre hatten am eigentlichen Krieg nicht mehr teilgenommen. Stattdessen bauten Bin Ladin und seine Gesinnungsgenossen bis zu zwei Dutzend Ausbildungscamps für Terroristen auf, in denen sie jedes Jahr eine vierstellige Zahl von militanten Islamisten aus der arabischen Welt ausbildeten, die meisten wiederum aus Saudi-Arabien, Ägypten, Jemen und Algerien, aber auch Tschetschenen, Uiguren aus China und Pakistanis. Viele von ihnen wurden zudem an der Front gegen die Nordallianz im Kampf erprobt. Nachdem die USA bereits nach den Anschlägen vom August 1998 in Nairobi und Daressalam fünf der Lager zerstörten, sind sie während der letzten Luftschläge vollständig zerstört worden.

Ayman az-Zawahiri

Der Ägypter Ayman az-Zawahiri wurde am 9. Juni 1951 als Spross einer berühmten und reichen ägyptischen Familie geboren. Sein Großvater war ein international bekannter Gelehrter der Azhar-Universität, der ältesten und angesehensten Universität der islamischen Welt. Zawahiri studierte Medizin und wurde Kinderarzt, war aber darüber hinaus auch literarisch und religiös gebildet.

Schon in frühester Jugend hatte er Kontakte zur Muslimbruderschaft, der ältesten islamistischen Vereinigung in der islamischen Welt. Seit 1954 sahen sich deren Mitglieder einer brutalen Verfolgung durch das Regime Nasser ausgesetzt, die 1966 in der Hinrichtung ihres wichtigsten militanten Ideologen, Sayyid Qutb (1906-1966), gipfelte. Viele jugendliche Islamisten radikalisierten sich infolge dieser Erfahrung und wandten sich von der reformorientierten Muslimbruderschaft ab. 1973 gründeten einige von ihnen die Gruppe „al-gihad". Ihr Ziel war ein gewaltsamer Umsturz. Zu diesem Zweck verübten sie zunächst Anschläge auf Repräsentanten des ägyptischen Staates. Als der gihad 1981 den ägyptischen Präsidenten Anwar as-Sadat ermordete, war Zawahiri Mitglied der Gruppe. Er wurde gefasst und anschließend wegen „Verschwörung" angeklagt. Obwohl freigesprochen, wurde er wegen unerlaubtem Waffenbesitz zu drei Jahren Gefängnisstrafe verurteilt. Schon damals wurde ersichtlich, dass er unter seinen Gesinnungsgenossen eine besondere Stellung einnahm.

Der gihad operierte auch in den folgenden Jahren, stand aber in Konkurrenz zur gama'a al-islamiya („islamische Gruppe"). Führer der gama'a war der blinde Gelehrte Umar Abdarrahman. Die genaue Abgrenzung beider Gruppen ist oft kaum möglich und auch Zawahiri wird immer wieder als Kopf einer Gruppe namens „Tala'i' al-fath" (Avantgarde der Eroberung) genannt, die in den 90er Jahren Attentate verübte. Bis Ende der 90er Jahre beschränkte sich der gihad auf Attentate auf hohe Regierungsvertreter, während die gama'a auch gezielt Zivilisten angriff.

1984 verließ Zawahiri das Gefängnis und gründete eine Privatklinik. Schon 1985 reiste er nach Pakistan, um als Arzt für den Roten Halbmond zu arbeiten. 1986 kehrte er kurz nach Ägypten zurück. In den späten 80er Jahren scheint er das erste Mal mit Bin Ladin zusammengetroffen zu sein. Beide waren Anhänger des Palästinensers Abdallah Azzam. Zawahiri arbeitete in einem Hospital, das Azzam in Peschawar eingerichtet hatte.

In den frühen 90er Jahren befand sich Zawahiri auf der Flucht, arbeitete gleichzeitig jedoch an einem Neuaufbau der Gihad-Gruppe. 1991 erteilten ihm die dänischen Behörden Asyl und 1993 angeblich auch die Schweiz. Mindestens einmal hielt er sich in den USA auf, um Spenden einzutreiben. 1993 befand er sich bei Bin Ladin im Sudan. Seine Bemühungen um die Reorganisation des Gihads waren erfolgreich. Zwei Anschläge auf hochrangige ägyptische Minister und der Anschlag auf die ägyptische Botschaft in Islamabad 1995 gingen auf sein Konto.

1997 kehrte Zawahiri nach Afghanistan zurück und schloss das Bündnis zwischen Bin Ladins qa'ida und dem gihad. Bisher hatten diese Gruppierungen im nationalen Rahmen gehandelt und ihre eigenen Regime bekämpft. Zawahiri war der Vordenker des Strategiewechsels hin zu einer Internationalisierung – sowohl der Organisation als auch der Anschläge. Programmatische Grundlage des Strategiewechsels war der Aufruf der "Islamischem Weltfront für den Jihad gegen Juden und Kreuzzügler" von 1998. Viele Mitglieder des Gihads kritisierten diesen Schritt und die damit verbundene Internationalisierung der Ziele, so dass sich die Gruppe spaltete. Obwohl Zawahiri nur noch wenige Gefolgsleute hatte, minderte dies nicht die Effektivität seiner Organisation.

Das FBI bezeichnet Zawahiri als einen der Drahtzieher der Anschläge auf die amerikanischen Botschaften in Daressalam und Nairobi im August 1998. Auch der Ägypter Mohammed Atta, einer der führenden Attentäter des 11. Septembers, gilt als Mitglied des *gihads*. Während Zawahiri in den Medien nach dem 11. September oft als Stellvertreter Bin Ladins bezeichnet wurde, ist er wahrscheinlich der wichtigere der beiden Partner. Zawahiri verfügt über eine lange Erfahrung im terroristischen Kampf, kennt den Westen genau und ist breiter gebildet als Bin Ladin. Auch organisatorisch kann er eine weitaus größere Erfahrung aufweisen, so dass angenommen werden muss, er sei der eigentliche Organisator der Attentate des 11. Septembers.

Markus Daechsel

Zwischen anti-amerikanischer Schwärmerei und schleichender Islamisierung: Religion und Politik in Pakistan

Pakistan ist so tiefgreifend wie kaum ein anderes Land in der geschichtlichen Ironie gefangen, die in den Ereignissen des 11. September 2001 und im Krieg in Afghanistan zum Vorschein kommt.

Über Jahrzehnte hatte der Westen den islamischen Fundamentalismus als Verbündeten gegen den Kommunismus für eigene Zwecke eingespannt. Seit dem Zusammenbruch der Sowjetunion wurden aus den einstweiligen Bundesgenossen jedoch erbitterte Feinde. So war es der pakistanische Militärdiktator Zia ul-Haq, der mit maßgeblicher Unterstützung der Reagan-Administration die Grundlage für die islamisch-politischen Kräfte schuf, die sich nun die Vernichtung der USA zum Ziel gesetzt haben. In den 80er Jahren war Zias Regime das wichtigste Verbindungsglied zwischen dem Westen und dem afghanischen Widerstand gegen die Sowjetunion. Damals erschienen Usama Bin Ladin und seine Gefolgsleute zum ersten Mal auf der politischen Bühne. Mit Rückendeckung der USA stärkte Zia den politischen Islam. So wurden in ganz Pakistan islamische Rechtsschulen gegründet, aus denen später die Taliban hervorgingen.

Heute verlangen die USA von einem anderen pakistanischen Militärdiktator, Pervez Musharraf, dass er die Geister der Vergangenheit wieder austreibt. Viel Spielraum hat er dabei nicht. Pakistan ist ein bevölkerungsreiches muslimisches Land mit Nuklearwaffen und einer erstklassigen Armee. Es ist nicht auszudenken, wie die USA in der gegenwärtigen Lage reagieren würden, sollte Pakistan ins Lager der islamischen Opposition wechseln, wie dies von westlichen Medien befürchtet wird. Seit dem schnellen Zusammenbruch der Taliban und den von Musharraf initiierten Säuberungswellen ist diese Angst in den Hintergrund getreten. Aber die grundlegende Frage bleibt: Kann Pakistan den Zusammenstoß zwischen den Geistern des Kalten Krieges und der Neuen Weltordnung überleben? Dieser Beitrag zielt darauf ab, einige der langfristigen Entwicklungen offen zu legen, die die Zukunft des Landes beeinflussen werden. Ein Hauptanliegen ist es dabei, auf die wichtigsten ideologischen Strukturen hinzuweisen, die sich nicht in die derzeit geltende Ge-

gensatzpaare wie „moderat" = „pro-westlich" = „säkular" und „fundamentalistisch" = „anti-westlich" = „religiös" einordnen lassen.

1   Der 11. September, Afghanistan und der pakistanische Nationalismus: eine Bestandsaufnahme

Die meisten Pakistanis reagierten auf die Ereignisse des 11. Septembers und
der darauf folgenden Monate mit einer Mischung aus Furcht und Entrüstung.
Präsident Musharraf konnte seine Unterstützung für die USA nur verkaufen,
indem er immer wieder betonte, Pakistan selbst aus der Schusslinie zu bringen. Dies wurde von der Bevölkerung als wichtiger erachtet, als die mit
Misstrauen aufgenommenen finanziellen Versprechungen, die Musharraf den
USA als Gegenleistung für seine strategische Hilfe abtrotzen konnte.

Angst vor Bombardierung oder die politische Trägheit der meisten Pakistanis hinderte die Bevölkerung an groß angelegten Protestkundgebungen.
Dennoch ist die weite Mehrheit der Bevölkerung, wie Umfragen belegen,
eindeutig anti-amerikanisch gestimmt. Dieser Grundtenor erklärt die Solida-
ritätsbezeugungen für die Taliban – eine religiöse und politische Gemeinschaft, die vielen Pakistanis unter anderen internationalen Begebenheiten
nicht geheuer wäre. Kaum ein Pakistani befürwortet die Machtübernahme der
Taliban in Pakistan, außer den Mitgliedern der religiösen Rechtsschulen und
einiger paschtunischer Stämme an der afghanischen Grenze, die seit langer
Zeit im täglichen Leben strengsten religiösen Gepflogenheiten folgen. Afghanistan hat in Pakistan einen eher schlechten Ruf und wird in erster Linie
mit bettelnden Flüchtlingen und einer Heroin- und Kalaschnikov-Kultur in
Verbindung gebracht. All dies wirft die Frage auf, warum der Anti-Amerikanismus in Pakistan so stark verbreitet ist und warum er selbst moderate
Durchschnittsbürger zu Sympathisanten Mulla Omars und Bin Ladins macht.

Die Ereignisse des 11. Septembers werden in Pakistan völlig anders interpretiert, als von den meisten Menschen im Westen. Die meisten Pakistani
leugnen, dass Usama Bin Ladin oder ein anderer Muslim hinter den Anschlägen steckt. Viele glauben an den Mythos der jüdischen Verschwörung. Die
wenig überzeugenden „Beweisstücke", die das FBI unter politischem Druck
nach den Anschlägen präsentierte – das arabische Flughandbuch im Koffer-
raum eines Autos am Flugplatz, das angebliche Testament der Selbstmord-
piloten etc. – werden als Beweis dafür genommen, dass der Anschlag ein
Werk des Mossad oder des CIA war, um die islamische Welt zu verunglimp-
fen. Die Bevölkerung Pakistans versteht nicht, dass sich die Supermacht USA
als Opfer stilisiert. Obwohl im World Trade Center auch einige hundert Pakistanis starben, deren Schicksale im Staatsfernsehen mit viel Emotionalität

präsentiert wurden, sind es die Bilder von afghanischen Flüchtlingen, die Nachrichten von zerstörten Dörfern und bombardierten Bussen, die die stärksten Gefühlsregungen auslösen.

Pakistan sieht sich als die muslimische Nation *par excellence*, die sowohl Vorreiter als auch Beschützer der gesamten islamischen Welt ist. Der Besitz der „islamischen" Atombombe ist mit großem Stolz verbunden, der von einer großen Mehrheit der Bevölkerung geteilt wird. Mittelstreckenwaffen werden in der Volkskunst, in den farbenfrohen Bemalungen auf Lastwagen, Rikschas und auf Ladenschildern gefeiert. Diesem Stolz steht eine tiefe Unsicherheit gegenüber. Trotz seiner Atomwaffen ist Pakistan nicht in der Lage, den Kaschmirkonflikt gegen Indien zu seinen Gunsten zu entscheiden. Die wirtschaftliche Lage ist schlecht und es besteht für viele kein Zweifel daran, dass die eigentliche Regierung Pakistans in der US-Botschaft ansässig ist. Sowohl in der Elite als auch in ärmeren Bevölkerungsschichten träumen viele von Emigration. In den Großstädten werden angebliche „Antragsformulare" für die US-Visa-Lotterie mit großem Profit an den Mann oder an die Frau gebracht.[1]

Der Zwiespalt zwischen dem Anspruch, eine islamische Groß- und Atommacht zu sein und der täglich erfahrenen Unzulänglichkeit des Landes wird in eine Weltsicht eingepasst, die Muslime als Opfer von westlich-jüdischer Unterdrückung sieht. Das Massaker von Srebrenica, bei dem die UNO tatenlos zusah, wird mit dem Leiden des palästinensischen Volkes, dem russischen Gemetzel in Tschetschenien und der indischen Unterdrückung in Kaschmir zu einer einheitlichen Geschichtsversion verwoben. Überall auf der Welt, so erscheint es in Pakistan, werden Muslime gehasst und unterdrückt. Westliche Ideale von Freiheit und Selbstbestimmung gelten für sie nicht, was am deutlichsten in der unbestreitbar parteiischen Behandlung Israels durch die USA zum Ausdruck kommt. Die reale Erfahrung mit Fremden- und neuerdings auch Islamfeindlichkeit, mit der pakistanische Gastarbeiter in Großbritannien konfrontiert werden, spielt ebenfalls eine wichtige Rolle.

Der pakistanische Nationalismus gründet auf zwei Ideen: „Muslim-sein" gilt als identitätsstiftender als Sprache oder regionale Herkunft. Warum sollten die verschiedenen lokalen Konflikte in Bosnien, Palästina, Tschetschenien und Kaschmir sonst als Teil der gleichen Geschichte betrachtet werden? Außerdem wird angenommen, dass die Gemeinschaft der Muslime im Mittelpunkt des Weltgeschehens steht. Aus welchem anderen Grund sollten sich christliche und jüdische Kreise bemühen, ausgerechnet die Muslime zu unterdrücken? Nur wenn den Muslimen eine besondere geschichtliche Rolle zugesprochen wird, machen Verschwörungstheorien – wie die zum 11. September – Sinn. Damit wird die wahrgenommene politische Schwäche der islamischen Welt nach dem Motto „*Viel Feind, viel Ehr*" in Stärke umgedeutet.

---

1   Die USA verlost jedes Jahr eine Quote an Einreisevisen. Man kann sich dazu formlos bewerben. Das Formular ist überflüssig und Betrug.

Es passt nahtlos in dieses Bild, dass die weltweiten Bombardierungswünsche der USA ausschließlich muslimische Ziele umfassen, während wenige Anzeichen vorliegen, dass der Westen die Leidensgeschichte der Muslime – in Palästina oder Kaschmir – in Zukunft ernst nehmen wird.

Die Verbindung von Opfermentalität mit ausgeprägtem Nationalstolz ist keine muslimische oder pakistanische Eigenart, sondern dient vielen Nationalisten überall in der Welt dazu, sich politisch zu legitimieren. Der Anti-Amerikanismus in Pakistan ist nicht unbedingt im engen Sinne religiös motiviert. Viele Muslime schöpfen aus der Zugehörigkeit zur islamischen Welt und der Religionsgemeinschaft emotionale Wärme, auch wenn sie nicht fünfmal am Tag beten oder ein Kopftuch tragen. Auch wer sich selbst nicht als aktiver Muslim bezeichnet, wird – so die gängige Vorstellung – von anderen verfolgt und unterdrückt und damit als Opfer identifiziert. Die Verneinung jeglicher muslimischer Beteiligung an den Angriffen des 11. Septembers hat eine zentrale Bedeutung: sie ist direkter Ausdruck der Passivität, des Opfergedankens, der die pakistanisch-muslimische Identität bestimmt.

In vielen Fällen ersetzt der muslimische Nationalismus sogar die fehlende religiöse Praxis – so wie eine Parteinahme für Israel unter säkularen Juden für die Identitätsbildung oft wichtiger ist als unter orthodoxen. Der muslimische Nationalismus ist stark an der Außenpolitik und an den Geschehnissen außerhalb von Pakistan orientiert, daher spricht die Schwärmerei für die muslimische Nation Menschen an, die verschiedene Vorstellungen in der Innenpolitik vertreten. Es ist deshalb irreführend, zwischen moderaten liberalen Muslimen und fanatischen Fundamentalisten auf der Grundlage ihrer außenpolitischen Rhetorik zu unterscheiden.

2   Die Entwicklung des pakistanischen Nationalismus zwischen Fundamentalismus und „Islamtümelei"

Die starke Außenorientierung der pakistanischen Identität und ein emotionaler Umgang mit dem Islam, den man „Islamtümelei" nennen könnte, haben lange historische Wurzeln.

Bevor 1947 der Staat Pakistan als Ausdruck der islamischen Glaubensgemeinschaft in Südasien gegründet wurde, hatte die muslimische Gemeinde in der Region eine Form, die im Rahmen moderner Nationalstaatsvorstellungen kaum politisch zu fassen war.

Über die Jahrhunderte bildeten sich zwei deutlich unterscheidbare kulturelle Traditionen des südasiatischen (indischen) Islams aus: auf der einen Seite eine städtische Hochkultur, die auf das Engste mit anderen Teilen der weltweiten muslimischen Gemeinschaft (der *Umma*), vor allem mit dem Iran und Zentralasien, verbunden war. Kunst und Architektur waren von einem internationalen indo-persischen Stil geprägt, während viele Mitglieder der Elite ihre Herkunft in die Länder des Nahen Ostens zurückverfolgten und dorthin wirtschaftliche und intellektuelle Kontakte unterhielten. Auf der anderen Seite stand ein von der Mystik geprägter ländlicher Islam, der auf lokalen kulturellen Traditionen aufbaute und sich in einer der vielen Sprachen Indiens artikulierte.

Obwohl es immer Verbindungen zwischen diesen beiden Gruppen gegeben hatte, wurde die Ausbildung einer einheitlichen muslimischen Religionsgemeinschaft erst unter britischer Kolonialherrschaft zu einem vorrangigen politischen Ziel. Die Briten sahen Indien als ein Schlachtfeld von einander verfeindeten Religionsgemeinschaften an und wollten diesen religiösen Konflikt für eigene Zwecke ausnutzen. Dies bedeutete, staatliche Ressourcen aufgrund von Zugehörigkeit zu einer der großen Volksgruppen zu vergeben. Die zahlenmäßige Stärke der Volksgruppen entschied darüber, wie viel staatliche Aufträge, Positionen in der Bürokratie, politische Ämter, Ausbildungsplätze jede Volksgruppe erhielt.

Die Muslime, die über Jahrhunderte große Teile Indiens beherrscht hatten, befanden sich damit auf einmal in der Lage, dass sie als Minderheit gegenüber den Hindus in eine untergeordnete politische Rolle gedrängt wurden. Die muslimischen Eliten sahen es in dieser Situation als unerlässlich an, dass sich die muslimische Religionsgemeinschaft politisch einheitlich präsentierte. Es galt, Hoch- und Volkskultur im Namen des Islam zu einer Einheit zu verschmelzen. Andere Religionsgemeinschaften und kulturelle Gruppen durchliefen ähnliche Konsolidierungsprozesse, während auf politischer und sozialer Ebene der Konflikt zwischen den einzelnen Gruppen heftiger wurde. Die bewusste Vereinheitlichung von innen wurde damit durch feindliche Identifizierung von außen unterstützt.

Die alten Eliten der indo-persischen Hochkultur, ergänzt durch neue Mittel- und Beamtenklassen, prägten den Charakter der politischen Kultur. Neben einer Geringschätzung von Volksmystik und Lokalsprachen kam besonders die Betonung von pan-islamischen Verbindungen zur Geltung. Man denke dabei nur an die „Kalifats-Bewegung" der 20er Jahre: Ausgerechnet die Muslime Indiens sahen es als ihre Aufgabe an, den osmanischen Kalifen und Sultan im fernen Istanbul durch eine Volkserhebung vor den Briten zu schützen – ein Anliegen, das weder in der Türkei noch im arabischen Raum ein nennenswertes Echo fand.

Die politischen Konflikte des frühen 20. Jahrhunderts vereinheitlichten die islamische Religionsgemeinschaft und grenzten sie in solchem Maße von anderen Religionsgemeinschaften ab, dass es für viele ihrer Mitglieder angemessen erschien, von einer muslimischen „Nation" in Indien zu sprechen. Die indischen Muslime waren damit nicht mehr ohne weiteres in einen überkonfessionellen indischen Nationalstaat einzugliedern. Andererseits lebte diese „Nation" aber weiterhin über das gesamte Gebiet Indiens verstreut, was eine eigenständige Staatenbildung verhinderte. Überdies waren sich indische

Muslime nach wie vor nicht sicher, wie sie ihre übernationalen Verbindungen mit anderen Teilen der *Umma* und ihre lokalen Verbindungen zu den Regionen Indiens unter einen Hut bringen sollten.

Im Laufe der 40er Jahre formierte sich mit der *Muslim League* eine politische Massenbewegung, die ein „*Pakistan*"(wörtlich: ein Land der Reinen) forderte. Muhammad Ali Jinnah, der „*Große Führer*" (*Qaid-e-Azam*) der Bewegung, vermied es, die zukünftige Staatsform, die Grenzen oder den genauen Status dieses ‚Pakistan' in Bezug auf Indien zu definieren. Es ist davon auszugehen, dass er auf einen mit Indien konföderierten Säkularstaat hinarbeitete, der aber aus verschiedenen Gründen nie Wirklichkeit wurde (Jalal 1985).

Stattdessen kam es zu einer blutigen und höchst unzureichenden Lösung der Frage, wie eine religiöse Nation, die überall in Indien ansässig war, eigenständige politische Souveränität erlangen könnte. In den Gebieten im Nord-Osten und Nord-Westen des Landes, wo Muslime die Mehrheit ausmachten, wurde ein von Indien unabhängiger Separatstaat gegründet. Das Resultat war die größte Vertreibungswelle in der modernen Geschichte und ethnische Säuberungen der brutalsten Form.

In ideologischer Hinsicht war die Gründung Pakistans in oft wenig durchdachte Formen des muslimischen Separatismus eingebettet. Jinnah scheute sich nicht, sowohl religiös-konservative als auch sozialistisch-antiklerikale Floskeln zu benutzen, je nachdem was sein Publikum von ihm erwartete. In der *Muslim League* standen Säkularisten, die den Islam vor allem als gemeinsame Kultur und nicht als religiöse Praxis verstanden, Schulter an Schulter mit puritanischen Moralisten, romantischen Nostalgikern, faschistoiden Träumern von einer zukünftigen islamischen Weltherrschaft und engstirnigen Rechtsgelehrten. Für viele war „*Pakistan*" nicht als eine politische Vorstellung zu fassen, sondern ein Traumgebilde: Ein Zustand, in dem Muslime wieder mächtig sein und in dem Wohlstand und Gerechtigkeit für alle herrschen würden. Mangelnde Klarheit darüber, wie Pakistan aussehen sollte, wurde durch einen oft fanatischen Blut- und Religions-Aktivismus wettgemacht (Daechsel 2001).

Die wichtigste Inspirationsfigur dieser Melange aus Sentimentalismus, Nostalgie und Radikalismus war der Poet und Philosoph Muhammad Iqbal (1876-1938). Es ist unmöglich, seine Gedichte – genau wie die Bewegung selbst – im politischen Spektrum einzuordnen. Seine Träume von einer besseren Gesellschaft waren oft progressiv und demokratisch, seine Verherrlichung der islamischen Vergangenheit jedoch allzu oft zutiefst reaktionär – zwei Pole, die von einer Nietzscheschen Lebensphilosophie nur notdürftig zusammengehalten wurden (Smith 1946).

Nach der Staatsgründung erschien eine weitere Denkrichtung in Pakistan, die sich im Laufe der 50er und 60er Jahre immer mehr zu einer klassischen „*fundamentalistischen*" Position entwickelte. Ihr geistiger Vater war Abul Ala Maududi (1903-1979), ein orthodoxer Journalist, der bezeichnenderweise in einem US-Marinekrankenhaus starb. Maududi argumentierte, dass wahrer Islam nur durch einen völligen politischen und religiösen Neubeginn möglich sei – durch die Gründung einer neuen puritanischen *Umma*, die so weit wie möglich der ursprünglichen Gemeinde zur Zeit des Propheten glich. Maududis Gruppe, die er *Jamaat-e-Islami* („Islamische Gemeinschaft") nannte, entwickelte sich im Laufe der Zeit von einer religiösen Sekte zu einer politischen Partei und ist heute die am besten organisierte islamistische Kraft in Pakistan.

Das einzig wirklich Neue in Maududis Denken war indes eine konsequente Ablehnung jeglicher Zusammenarbeit mit anderen Muslimen, die als weniger strenggläubig eingestuft wurden. Dies wurde in der Realität umso weniger relevant, je mehr die Jamaat im Laufe der Jahre ins politische Leben eingegliedert wurde. Die anderen Forderungen der Jamaat – Einführung der *Scharia* so weit wie möglich, Ausrufung eines islamischen Staates, Glorifizierung der islamischen Frühzeit etc. – wurden von vielen Mitgliedern der Pakistan-Bewegung geteilt, besonders von den rechtsgerichteten Erben Iqbals, den studentischen *„Möchtegern-Faschisten"* und den muslimischen Rechtsgelehrten.

Islamische Rhetorik und utopische Politikvorstellungen waren in Pakistan nach der Unabhängigkeit im politischen Spektrum weit verbreitet, was die Ausbildung einer klar säkularistischen Position erheblich erschwerte. Wer immer von der pakistanischen Nation ausging, musste dem Islam eine führende Rolle zuweisen, da die Nation auf nichts anderem als der Zugehörigkeit zur muslimischen Religionsgemeinschaft gegründet war. Selbst wer mit dem Islam mehr eine Zivilisation, Kultur und Geschichte verband, befand sich auf politischem Terrain, das für radikalere Forderungen durchlässig war. Die *Jamaat-e-Islami* und andere Anhänger eines puritanischen und politischen Islams konnten relativ erfolgreich argumentieren, dass Pakistan im Namen des Islams gegründet worden war, und folglich nur in der Form eines streng islamischen Staates bestehen konnte. Es half der kulturell-säkularen Position in diesem Zusammenhang wenig, dass Jinnah und andere Führer der Nationalbewegung mit Begriffen wie *Scharia* oder *Umma* achtlos um sich geworfen, und sie damit legitimiert hatten. Was überzeugten Säkularisten ohne ideologische Alternative heute übrig bleibt, ist ein blinder Hass auf die *„fundamentalistischen Mullahs"*, der sich durch eine gleichzeitige Verherrlichung von islamtümelnden Figuren wie Iqbal ständig selbst verwässert. Man kann zwar dagegen polemisieren, dass die eigene Frau oder Tochter ein Kopftuch zu tragen habe oder Alkohol verboten sei – als muslimischer Romantiker muss man jedoch zugestehen, dass die *Scharia* an sich eine wertvolle politische Tradition ist, die man nur nach modernen und progressiven Gesichtspunkten auszulegen habe.

Die einzige Möglichkeit, einen nicht-religiösen Nationalismus zu konstruieren, ist die Betonung der alten Volkskulturen, die auf Regionalsprachen aufbauen, z.B. auf Punjabi, Sindi oder Paschto. Solch ein Nationalismus ist im Vielvölkerstaat Pakistan jedoch nicht dazu geeignet, die bestehende pakistanische Nation als Ganze zu begreifen.[2] Ein auf Sprache und Boden basierender Säkularismus wird oft gleichbedeutend mit staatsfeindlichem Separatismus begriffen, was durch den traumatischen Verlust Ost-Pakistans im Jahr 1970 noch unterstrichen wurde. Dort wurde im Laufe der 50er und 60er Jahre eine auf der bengalischen Sprache basierenden regionale Identität politisiert, was schließlich zur Forderung nach einem separaten Bangladesch führte.

Es bleibt festzuhalten, dass in Pakistan keine strenge Trennung zwischen einem säkularen Nationalismus und einem wie auch immer gearteten Fundamentalismus möglich ist, wie sie zum Beispiel in vielen Teilen des Nahen Ostens vorherrscht. Was anderswo klar identifizierbare fundamentalistische Forderungen sind, kursiert in Pakistan in Form von „Islamtümelei" mit erschreckender Beliebigkeit quer durch das politische Spektrum.

3   Islam als Strategie des Machterhalts

Diese Unbestimmtheit hat etwas damit zu tun, dass Pakistan ein Land mit extremen sozialen Unterschieden ist. Dies erleichtert es der herrschenden Elite auf der einen Seite radikalen islamischen Ideologien das Wort zu reden, auf der anderen Seite deren Durchsetzung jedoch von der eigenen Haustür fern zu halten.

Die herrschende Schicht ist in drei Gruppen gegliedert, die sich mit Misstrauen beäugen, im Zweifelsfalle jedoch zur Zusammenarbeit bereit sind: eine bürokratisch-militärische Elite, die sich kulturell stärker als andere Gruppen Pakistans an den Idealen der Nationalbewegung und der alten städtisch-muslimischen Hochkultur orientiert; eine Anzahl von Großindustriellen und Geschäftsleuten; ferner eine Gruppe aus Großgrundbesitzern und einer Art von Landadeligen, die stärker als die anderen in der lokalen Volkstradition verwurzelt ist und die großen politischen Parteien dominiert.

Die Militärs sind seit den frühen 50er Jahren die wahren Herrscher Pakistans, wenn sie sich auch manchmal hinter eine Fassade der parlamentarischen Demokratie zurückzogen. Dies liegt unter anderem daran, dass sie von Anfang an von Washington als wertvolle Bundesgenossen gesehen und dementsprechend unterstützt wurden.

Obwohl die Väter und Großväter dieser Schicht oft noch Mitglieder einer „Mittelklasse" waren, ist diese Selbstbezeichnung der militärisch-bürokrati-

---

2   Angehörige der Pakistan People's Party von Benazir Bhutto versuchten einen überregionalen und dennoch säkularen Nationalismus dadurch zu konstruieren, dass sie alle Regionalkulturen als Erben der archaischen Induskultur interpretierten. Dieser Versuch hat bestenfalls akademischen Wert, da der weiten Bevölkerung jeglicher Bezugspunkt zur Frühgeschichte fehlt.

schen Elite heute wenig zutreffend. Die Bodenhaftung zur Bevölkerungs-
mehrheit ist verloren gegangen. Militärs und Bürokraten leben in eigenen
Stadtvierteln, die amerikanischen Vorstädten gleichen, und reisen lieber nach
London oder Paris als in andere Gegenden Pakistans. Das Bild, das diese
Menschen vom „*pakistanischen Volk*" haben, ist oft von politischen Idealvor-
stellungen oder kolonialen „Vulgärweisheiten" geprägt: Danach sind Pakistanis idealistisch, ehrlich, aber politisch ungebildet, weshalb sie eine starke
Führung benötigen. Außerdem betrachten es die Militärs als erwiesen, dass
die Welt des einfachen Mannes von blinder Religiosität geprägt ist. Dieses
Bild vom einfachen Volk erleichtert es, mit politischem Druck von unten
konzeptionell fertig zu werden. Politische Forderungen werden als religiöse
Forderungen uminterpretiert und eine staatliche Islamisierungspolitik von
oben als Gegenmaßnahme verordnet – nach dem Motto: „Wenn sie Religion
wollen, dann geben wir ihnen Religionen, solange es uns selbst nichts kostet". Dies war zum Beispiel bei Zia ul-Haqs Islamisierungskampagnen der
80er Jahre der Fall. (Daechsel 1997) Es versteht sich von selbst, dass diese
Islamisierungspolitik nicht dazu führen soll, den mehrheitlich westlichen Lebensstil der Elite zu untergraben. Das Resultat ist eine inkonsequente und
korrupte „*Islamische Republik*", in der viele Gesetze und Verordnungen auf
der *Scharia* aufbauen. Die Durchsetzung dieser Verordnungen ist jedoch auf
diejenigen beschränkt, die nicht genug Einfluss oder Geld besitzen, um sich
von den Sicherheitsbehörden ein Stillschweigen erkaufen zu können.

Eine derartige Strategie der Machterhaltung muss auf lange Sicht die
Religion als äußeren Ausdruck von Klassenunterschieden politisieren. Die
Islamisierungspolitik hat den westlichen Lebensstil der Eliten zu einem Sta-
tussymbol gemacht, und nichts liegt näher, als diesen Status dadurch anzugreifen, dass man anstelle der ungleichen und korrupten Islamisierung eine
„wahre" und tiefgreifende Islamisierung fordert. Dies wird von einer Minderheit von Eiferern bereits praktiziert, die Frauen in Jeans attackieren und
„unislamische" Neujahrs- und Geburtstagsfeiern in den Villen der Reichen
durch Randale stören. Gleichzeitig werden die Kosten des „Sich-vom-
herrschenden-Gesetz-Freikaufens" immer höher, da es die chronisch unterbe-
zahlte Polizei gelernt hat, Mitglieder der Mittelklasse mit Hilfe der islamischen Gesetzgebung zu erpressen. Dies trifft besonders diejenigen hart, die
zwar privilegiert sind, aber nicht zum engeren Kreis der Elite gehören, wie
die westlich gebildeten städtischen Intellektuellen, Ärzte und Freiberufler.
Diese Gruppe hat oft weder genug Geld noch genug Einfluss, um die Regeln
der *Scharia* dauerhaft unterlaufen zu können.

Seit den vergangenen Jahren befindet sich die pakistanische Elite in einer
ähnlichen Situation wie ihre Unterstützer in den USA: Die Islamisierungspolitik hat ihre eigenen Geister wachgerufen, die man nun gerne wieder los haben würde. Pervez Musharraf hat es meisterhaft verstanden, sich als Förderer
des westlichen Lebensstils zu präsentieren. Entscheidend auf den ersten Pres-
sekonferenzen nach dem Putsch waren nicht die politischen Absichten des

neuen Diktators, sondern die Tatsache, dass seine Frau einen Sari trägt, Musharraf angeblich Alkohol trinkt und die Familie sich einen Hund hält. Die Elite und die Mittelklasse sieht in dieser Lebensweise ein Zeichen von Liberalität, in den Augen der Mehrheit leistet sich die Familie Musharraf einen unislamischen Luxus. Trotz seines „liberalen" Images spannt Musharraf die religiösen Parteien für eigene Zwecke ein. Wiederholt stellte er beispielsweise die Abschaffung des islamischen Rechtssystems zur Diskussion. Dies löste jedesmal einen Proteststurm in den Reihen der religiösen Parteien aus. Anstatt diesen Protesten energisch entgegenzutreten und die eigentliche Stärke dieser lautstarken Gruppen auszutesten, zog die Militärregierung ihre Säkularisierungsvorschläge stets zurück. Die liberalen Mittelschichten, die sich von der Islamisierung unterdrückt fühlen, wurden daran erinnert, wie gefährlich die religiösen Kräfte in der Bevölkerung nach wie vor sind.

Die Militärdiktatur war vor dem 11. September aus außen- und sicherheitspolitischen Gründen nicht willens, gegen die radikaleren der religiösen Parteien vorzugehen. So sieht sich das Militär als einzig verlässlichen Garanten der nationalen Einheit und territorialen Unversehrtheit Pakistans an. Eine aggressive, auf den Islam gegründete Außenpolitik ist ein Grundpfeiler des pakistanischen Nationalismus, der umso wichtiger ist, wenn die islamische Ideologie im Inneren im Interesse der nationalen Einheit so breit und unbestimmt wie möglich gehalten wird. Selbst Säkularisten halten es in Pakistan für entscheidend, gegen die USA und für die *Umma* Flagge zu zeigen. Trotz dieser Rhetorik war das Militär über Jahrzehnte auf das Engste mit den USA verbunden und damit nicht in der Lage, etwas für die *Umma* zu tun. Um dieses auszugleichen, wurde der Konflikt um Kaschmir – wo muslimische Freischärler gegen den Todfeind Indien kämpfen – zum strategischen Anliegen hochstilisiert. Hier konnte das Militär seine Macht, seinen „Heldenmut" und seine nationale Legitimität unter Beweis stellen. Pakistan ist jedoch aufgrund seiner Größe nicht in der Lage, diesen Konflikt mit konventionellen Mitteln für sich zu entscheiden. Die Generäle haben deshalb entschieden, aus den Reihen der radikal-islamischen Parteien Guerilla-Truppen zu rekrutieren und gegen die Inder einzusetzen. Dies kostet das pakistanische Militär selbst nur wenig, während sich die Bilder dieses Konflikts ideal für Propagandazwecke ausweiden lassen. Seit dem Verlust Bangladeschs verfolgen sowohl das Militär als auch die religiösen Parteien jede Gemeinschaft, deren Identität auf Sprache und regionaler Herkunft und nicht auf dem Islam aufbaut. Die beste Waffe gegen solche Regional-Identitäten ist der Islam, in dessen Namen Pakistan gegründet worden war.

Die herrschende Elite fördert religiöse Ideologien als Strategie der Machterhalts, ohne im täglichen Leben besonders religiös zu sein. Dies ist möglich, solange ein fließender Übergang zwischen Fundamentalismus und einer hauptsächlich nach außen orientierten „Islamtümelei" besteht. Die Grenze dieser Politik ist dann erreicht, wenn die Machtposition und die Privilegien der Eliten in die Schusslinie geraten.

4 Pakistans Zukunft nach dem 11. September

Die Ereignisse nach dem 11. September haben das politische Gefüge Pakistans durcheinandergebracht. Viele der Grundpfeiler der politischen Legitimation sind aufgrund des amerikanischen Drucks gleichzeitig zusammengebrochen: Es ist undenkbar, dass Musharraf oder ein anderer pakistanischer Führer offen für einen anti-imperialistischen, pro-muslimischen Kurs eintreten kann, den die meisten seiner Untertanen wünschen. Dies wäre jedoch die einzige Möglichkeit, dem Land eine islamische Identität zu verleihen, die mit der Einschränkung der Islamisierung im Inneren verbunden werden kann, wie es den meisten von Musharrafs Anhängern in der Mittelklasse vorschwebt. Die umgekehrte Möglichkeit, Pragmatismus nach Außen, Radikalisierung im Inneren, ist bereits diskreditiert. Außerdem würde sie im gegenwärtigen Klima von den USA nicht toleriert werden und Musharraf die Rückendeckung der Mittelklasse entziehen. Die Geschichte des Landes verlangt aber, dass politische Legitimität auf den Islam gegründet ist, vorzugsweise in einer Form, die selbst dann als romantisch, aktionistisch oder radikal gelten kann, wenn sie nicht wirklich religiös ist.

Überdies hat die Neue Weltordnung in Südasien viele Gesichtspunkte, die mit den Doktrinen der pakistanischen Armee unvereinbar sind und deshalb das Militär spalten könnten. Die Neuordnung Afghanistans wird in Pakistan regionale Identitäten wiederbeleben, was die Angst vor einem Auseinanderbrechen des Landes schürt. Außerdem haben die USA ein Interesse an guten Beziehungen zu Indien und werden Musharraf drängen, den Kaschmir-Konflikt in einer für Pakistan ungünstigen Weise zu beenden. Ein Nachgeben in Kaschmir und eine Duldung von verschiedenen ethnischen Identitäten sind jedoch für die meisten pakistanischen Offiziere Sakrilegien, was zu Putschversuchen innerhalb der Armee führen könnte. Ohne einen Zusammenhalt des Militärs und ohne ideologische Legitimation hat die Diktatur Musharrafs auf lange Sicht kaum Überlebenschancen. Die Mittelschichten werden ihm noch eine Zeit lang widerwillig die Stange halten, weil sie Angst vor einer islamischen Revolution von unten haben. Die wirtschaftliche Lage Pakistans wird sich langfristig verschlechtern und der Rückzug des Staates aus dem sozialen Leben fortschreiten. Es ist unwahrscheinlich, dass die Regierung Bush angesichts ihrer neo-liberalen Ideologie, und vor dem Hintergrund einer Rezession in den USA, die finanziellen Mittel bereitstellen wird, die nötig sind, um in Pakistan eine Wende zum Besseren herbeizuführen.

Man muss davon auszugehen, dass sich die soziale und politische Unzufriedenheit auf dramatische Weise entladen wird. Auch in Zukunft wird der Islam als politische Sprache eine große Rolle spielen. Die bestehenden religiösen Parteien – zum Beispiel die Jamaat-e-Islami – sind dabei aber keine glaubwürdigen Alternativen zum bestehenden System. Diese Parteien waren nie in der Lage, viele Wählerstimmen zu gewinnen, was daran liegt, dass sie wenig zur Sozial- und Wirtschaftspolitik zu sagen haben. Islamische Ideologie allein wird im allgemeinen Klima der „Islamtümelei" kaum als etwas Besonderes wahrgenommen. Die Alternativen der Zukunft werden ohne eine klare Position im Konflikt zwischen Arm und Reich nicht auskommen können.

Quellen und weiterführende Literatur:

Daechsel, Markus (1997): Military Islamisation in Pakistan and the spectre of colonial perceptions. In: Contemporary South Asia, 6 (2), S.141-160.

Daechsel, Markus (2001): Faith, Unity, Discipline – The making of a socio-political formation in urban India, Lahore 1935-53. Diss. University of London: Royal Holloway.

Jalal, Ayesha (1985): The Sole Spokesman – Jinnah, the Muslim League and the Demand for Pakistan. Cambridge: Cambridge University Press.

Smith, Wilfred Cantwell (1946): Modern Islam in India – a social analysis. London: Victor Gollancz.

Die Interpretation der öffentlichen Meinung beruht auf einer Analyse der folgenden Druckpublikationen: The Friday Times, Dawn, Herald, Jang, sowie zahlreichen Interviews mit pakistanischen Akademikern, Militärs, Journalisten, Studenten, politischen Aktivisten und dem ‚Mann auf der Straße', die zwischen 1994 und Oktober 2001 stattfanden, ferner Pakistan Television (PTV) und Prime Television (einem pakistanischen Sender in London).

Als weiterführende Literatur sind zu empfehlen:

Bin Sayeed, Khalid (1980): Politics in Pakistan – The Nature and Direction of Change. New York: Praeger.

Jalal, Ayesha (1990): The State of Martial Rule – The Origins of Pakistan's political economy of defence. Cambridge: Cambridge University Press.

Schimmel, Annemarie (1989): Muhammad Iqbal – Prophetischer Poet und Philosoph. München: Diederichs.

Pervez Musharraf

General Pervez Musharraf übt seit dem Militärputsch im Oktober 1999 die Regierungsgewalt in Pakistan aus; seit Juni 2001 ist der Sohn eines pakistanischen Karrierediplomaten auch Staatspräsident. Musharraf ist der vierte Militärdiktator Pakistans, der eine steile Karriere als Militär hinter sich hat. Der 1943 in Dehli geborene Musharraf absolvierte 1961 die Militärakademie in Quetta und das National Defence College. Im Krieg gegen Indien 1965-1971 erwarb sich Musharraf wichtige militärische Meriten. 1995 rückte er zum Generalleutnant, 1999 zum Generalstabschef auf. Musharraf war 1999 für den misslungenen Guerilla-Krieg in Kaschmir gegen Indien zuständig. Auf Druck der USA musste sich Pakistan aus Kaschmir zurückziehen. Premierminister Sharif galt in der Bevölkerung deshalb als willfährige Marionette der Amerikaner. Dessen Versuch, Musharraf als Generalstabschef abzusetzen, endete in einem Militärputsch. Musharraf gilt als liberaler Muslim, der für einen laizistischen Staat eintritt.

Teilnehmer der Petersberg-Konferenz zu Afghanistan

1. Nordallianz

Die Nordallianz war mit elf Delegierten die größte Delegation der Petersberg-Konferenz. Nach den militärischen Erfolgen gegen die Taliban übernahm die Nordallianz weitgehend die Macht in Afghanistan. Auf amerikanischen Druck ist es zurückzuführen, dass sie nicht einfach die Macht an sich gerissen hat, sondern bereit ist, sie mit anderen Volksgruppen zu teilen. Die Nordallianz wird vom Innenminister des Bündnisses, dem liberalen Korangelehrten Junis Kanuni, geleitet. Der machtbesessene Präsident des Bündnisses, der Tadschike Burhanuddin Rabbani, ist ebenso wie der Usbeken-General Raschid Dostum nicht auf dem Petersberg erschienen. Der Nordallianz gehören Stammesgruppen wie die Usbeken, Tadschiken, Hazaras an, dominiert wird die Allianz von den Tadschiken. Dies hatte schon im Vorfeld der Konferenz für Spannungen gesorgt, die ein späteres Zerwürfnis nicht unwahrscheinlich machen.

2. Peschawar-Gruppe

Die Peschawar-Gruppe wird von der mit Abstand stärksten Volksgruppe in Afghanistan, den Paschtunen, gestützt. Die dreiköpfige Delegation wurde von Sayed Hamid Gailani geführt, dem Sohn des Sufi-Oberhauptes Pir Ahmad Gailani, der der Mudschaheddin-Regierung in Kabul von 1992 bis 1996 angehörte und sich als moderater Mudschaheddin-Führer im Kampf gegen die Sowjets einen Namen machte. Pir Ahmad Gailani werden Ambitionen auf den Posten des Regierungschefs nachgesagt. Die Familie Gailani ist mit dem Königshaus verwandt und gilt als königstreu. Gleichzeitig wird die Peschawar-Gruppe von Pakistan unterstützt.

3. Rom-Gruppe

Bei der Rom-Gruppe handelt es sich um eine lockere Gruppierung von Paschtunen um den greisen Ex-König von Afghanistan, Zahir Schah. Geleitet wurde die elf-köpfige Delegation von Abdul Sattar Sirat, der dem König schon vor 1973 als Berater zur Seite stand und als direkter Beauftragter des ehemaligen Monarchen gilt. Mitglied der Delegation war auch der Enkel von Zahir Schah, Mustafa Zahir. Die Rom-Gruppe gilt als pro-westlich und befürwortet eine internationale Friedensstreitmacht für Afghanistan. Auch in Deutschland im Exil lebende Afghanen werden zur Rom-Gruppe gerechnet.

4. Zypern-Gruppe

Auch die Zypern-Gruppe stellt eher eine lockere Allianz dar. Angeführt wurde die dreiköpfige Delegation von Humayun Dscharir, dem Schwiegersohn des Fundamentalisten Gulbuddin Hekmatjar, der für die Zerstörung Kabuls im Bürgerkrieg zwischen 1992 und 1996 verantwortlich gemacht wird. Dscharir hat sich inzwischen von Hekmatjar distanziert und betont auch die Unabhängigkeit von dem ebenfalls schiitisch dominierten Iran. Die Zypern-Gruppe spielte bei der Petersberger Konferenz eine Nebenrolle.

Hamid Karsai

Bis vor Kurzem kämpfte der Interimspräsident für Afghanistan, Sajed Hamid Karsai, noch gegen die Taliban in deren letzter Bastion Kandahar. Für sein neues Amt ist der Paschtunenführer bestens qualifiziert: So war der 43-Jährige von 1992 bis 1994 bereits einmal stellvertretender Außenminister der Mudschahedin-Regierung, die die Sowjets vertrieben hatten. Außerdem gilt Karsai als durchsetzungsstarke Integrationsfigur, die mit keiner der ethnischen und sozialen Gruppen verfeindet ist. Nach seinem Studium der internationalen Politik im indischen Simla, emigrierte Karsai in den achtziger Jahren in die Vereinigten Staaten, wo er mit seiner Familie eine afghanische Restaurantkette aufbaute. Karsais Familie blickt auf eine lange politische Tradition zurück: Sein Großvater war unter dem letzten König Präsident des Nationalrats, sein Vater ebenfalls Politiker, der 1999 von den Taliban ermordet wurde. Karsai stand den Taliban zunächst wohlwollend gegenüber, bis er 1997 gemeinsam mit seinem Vater eine Anti-Taliban-Bewegung gründete „Wir sind eine Nation, haben eine Kultur. Wir sind vereint, nicht geteilt. Wir glauben alle an den Islam, aber an einen toleranten Isalm", ließ Karsai telefonisch dem Plenum auf dem Petersberg mitteilen. fva

Brahimi-Plan

Auf der Sitzung des UN-Sicherheitsrates am 13. November 2001 in New York hat der Afghanistan-Beauftragte der Vereinten Nationen (UN), Lakhdar Brahimi, einen Fünf-Punkte-Plan für die politische Zukunft Afghanistans vorgelegt. Er sieht als ersten Schritt vor, eine Übergangsregierung zu bilden, wie dies die Afghanistan-Konferenz in Bonn am 27. November 2001 beschlossen hat. Eine Übergangsverwaltung unter einer von allen Seiten akzeptierten Persönlichkeit einzusetzen und den Aufbau von Sicherheitsstrukturen durch afghanische Kräfte einzuleiten, die innerhalb von zwei Jahren die Voraussetzungen für die Wahl einer neuen, vom Volk gewählten Regierung schaffen soll. Außerdem soll in zwei aufeinanderfolgenden *Loya Jirga* (große Ratsversammlung aller afghanischen Stämme) eine Verfassung erarbeitet und beschlossen werden.

UNOCAL

UNOCAL, ein amerikanisch-saudisches Konsortium und eines der größten weltweit operierenden Unternehmen im Energiesektor, gehörte zu den frühen Förderern der Taliban. So plante die Gesellschaft zwei milliardenschwere Objekte mit strategischer Bedeutung für Zentralasien und Afghanistan:

Die Gesellschaft wollte eine Erdölleitung (Central Asia Oil Pipeline, CAOP) von der turkmenisch-usbekischen Grenze via Turkmenistan und Afghanistan zu einem noch zu bauenden Verladehafen am indischen Ozean bauen. Die Erdölleitung sollte integraler Bestandteil des noch von den Sowjets gebauten Pipelinenetzes werden und die Länder Turkmenistan, Usbekistan, Kasachstan und Russland einschließen. Die Pipeline war mit einer Länge von 2650 km geplant, von denen etwa 700 km durch afghanisches Gebiet führen würden. Das Projekt war mit 2,5 Milliarden US-Dollar angesetzt, bereits 2010 sollte die Leitung mit einer geplanten Leistung von 3,5 Millionen Barrel pro Tag in Betrieb genommen werden.

Zudem war eine Gasleitung (Central Asia Gas Pipeline, CentGas) vorgesehen, die von der turkmenisch-afghanischen Grenze durch Afghanistan nach Multan (Pakistan) verlaufen sollte. Diese Leitung sollte etwa 1270 km lang werden, wovon 755 km durch afghanisches Gebiet gehen würden. Die Kosten für dieses Projekt wurden auf zwei Milliarden US-Dollar geschätzt, eine Fortführung nach Indien auf weitere 600.000 Millionen US-Dollar.

Diese Projekte erforderten zwingend eine international anerkannte Regierung für Afghanistan. Weder die UNOCAL noch die amerikanische Regierung störte sich dabei an den elementaren Menschenrechtsverletzungen der Taliban.

Im August 1998 konnten die Taliban die Hochburg der Nordallianz Mazar-e Scharif erobern und im Herbst 2000 fiel Takhar, das militärische Hauptquartier der Nordallianz, in ihre Hände. Schätzungen besagen, dass im Zeitraum zwischen 1994 und 2000 rund 100.000 Pakistani zum Kampfeinsatz nach Afghanistan kamen. Aber auch radikal islamische Kämpfer aus den arabischen Staaten, Tadschikistan, Usbekistan (Namangani), China (Uiguren), Tschetschenien, Bangladesch und von den Philippinen, unterstützen die Taliban. Um eine Verbrüderung mit der lokalen Bevölkerung zu verhindern, wurden die eingesetzten Kommandeure oder zivilen Verwalter nach drei bis sechs Monaten ausgetauscht. Gleiches gilt für die kämpfenden Einheiten.

Erste distanzierende Ansätze der USA gegenüber den Taliban zeigten sich, als das Projekt Pipelinebau von UNOCAL stillgelegt wurde. Dies geschah, nachdem die US-Botschaften in Kenia und Tansania in die Luft gesprengt und Verbindungen zu dem von den Taliban beherbergten Usama bin Laden erkennbar wurden. Hinzu kam Druck aus Indien, das aufgrund des Kaschmirkonflikts eine Weiterführung der Pipeline in das eigene Land abgelehnt hatte. Damit rechnete sich das Projekt für Pakistan, aber auch für die USA nicht mehr.

Fred Scholz

Vielvölkerstaat Afghanistan Hintergrundinformationen zu einem aktuellen Konfliktherd

Afghanistan ist ein karges Gebirgs- und isoliertes Binnenland. Nur fünf Prozent der Landesfläche (652.225 qkm) sind ackerbaulich nutzbar. Ein Viertel der Bevölkerung lebt als Nomaden (*Powindahs*). Rohbaumwolle, Trockenfrüchte, Knüpfteppiche, Häute und Felle (z.B. Karakul) sowie die (Halb-)Edelsteine Lapislazuli und Karneol bildeten die wichtigsten Exportprodukte. Die an sich unbedeutende Industrie liegt heute ebenso danieder wie die dürftige materielle Infrastruktur. Und die zwar geringen, aber für die Landesentwicklung wichtigen Gasvorkommen werden von den nördlichen Nachbarstaaten genutzt. Obwohl verlässliche Zahlen fehlen, ist davon auszugehen, dass gegenwärtig über 70 Prozent der Bevölkerung unterhalb der absoluten Armutsgrenze vegetieren.

Seit dem Sturz des Königs im Jahr 1973 wird Afghanistan durch bürgerkriegsartige Unruhen erschüttert, und seit 1979 herrscht Kriegszustand. Große Teile der Bevölkerung (ca. 6-8 Mio.) befinden sich auf der Flucht und in Lagern im Iran und in Pakistan. Aufgrund seiner Durchgangs- und Mittlerlage im Osten des iranischen Hochlandes wurde Afghanistan seit altersher von externen Bedrohungen heimgesucht. Die afghanische Bevölkerung war wiederholt feindlichen Kriegsscharen ausgesetzt. In seinen heutigen Grenzen Ende des 19. Jahrhunderts entstanden, hatte Afghanistan in seiner einhundertjährigen Existenz nie eine reelle Entwicklungschance. Es überrascht kaum, dass dieses geschundene Land zu den rückständigsten und ärmsten Staaten der Erde gehört.

Diese Tatsache trug in der Vergangenheit aber keineswegs dazu bei, die Aufmerksamkeit der Weltöffentlichkeit oder der internationalen Entwicklungsagenturen in nennenswertem Maße auf Afghanistan zu richten. Vielmehr gehört es zu jenen Ländern, die immer nur bei extremen Krisenanlässen wahrgenommen werden. Das war in jüngerer Vergangenheit 1973 beim Sturz des seit 1933 amtierenden Königs Zahir, 1979 beim Einmarsch der Sowjetarmee und jetzt ganz besonders seit den mörderischen Anschlägen auf New York am 11.9.2001 sowie dem am 7.10.2001 begonnenen Militärschlag der Fall.

1 Die geopolitische Bedeutung Afghanistans

Die geringe oder Nicht-Beachtung, die Afghanistan in der Vergangenheit erfahren hat, ist im Grunde unverständlich. Zwar ist es rohstoff- und ressourcenarm, klimatisch unwirtlich, mit ca. 25 Millionen Einwohnern nicht volkreich. Doch als Teil des zwischen Orient und Okzident, zwischen Mittelasien und dem Indischen Ozean vermittelnden iranischen Hochlandes nimmt es eine geostrategisch und international interessante Position ein.

Spätestens seit der imperialistischen Machtausdehnung Großbritanniens auf dem indischen Subkontinent und Russlands in Mittelasien wurde diese strategische Bedeutung des östlichen Teils des iranischen Hochlandes auch erkannt. So bot sich hier für das zaristische Russland eine topographisch und logistisch günstige Möglichkeit für den als notwendig erachteten Zugang zu den „warmen" Meeren. Großbritanniens Interessen hingegen zielten auf eine Ausdehnung des Einflusses in Mittelasien. Ergebnis dieser Interessengegensätze (Great Game: Britische Bezeichnung für den Macht-Poker in Mittel-/Zentralasien zwischen England und Russland) war die Bildung des Pufferstaates Afghanistan. In seinen gegen Ende des 19. Jahrhunderts geschaffenen Grenzen (Norden: russisch-afghanische Grenze, 1883-1893 demarkiert; Osten/Süden: britisch-afghanische Grenze = Durand-Linie, 1893 demarkiert) umfasste dieses Binnenland aber lediglich einen Rest jenes afghanischen Reiches, das 1747 von Ahmed Shah Durrani gegründet worden war. Es erstreckte sich Anfang des 19. Jahrhunderts von Ostpersien bis in das Industiefland. Im Norden schloss es Teile Turans und im Süden ganz Baluchistan ein.

Die Pufferfunktion Afghanistans veranschaulicht nicht nur seine Binnenlage. Sie zeigt sich auch in der Anordnung der von Russland und Britisch Indien (im Sinne der „forward policy") ausgebauten *„strategic railways"*. Sie verlaufen in sicherem Abstand parallel der Grenzen und stoßen in Stichbahnen zu ihnen vor. Besonders anschaulich drückt sich die Pufferfunktion in dem Appendix Wakhan im äußersten Nordosten des Landes aus. Dieses lang gestreckte Hochtal reicht als schmaler Streifen bis zur chinesischen Grenze und verhinderte damit eine direkte Berührung russischen und britischen Territoriums.

Diese kolonialherrlich festgelegte Abgrenzung der Interessenssphären im östlichen iranischen Hochland überstand nicht nur die beiden Weltkriege. Sie sollte selbst während der Zeit des Kalten Krieges, z.B. durch SEATO (South East Asia Treaty Organization : Südostasiatischer Sicherheitsvertrag. 1954 auf Initiative der USA gegründet) und CENTO (Central Treaty Organization: Verteidigungsbündnis zwischen Türkei, Irak, Iran, Pakistan und Großbritannien; gegr. 1959), geopolitische Bedeutung behalten und weitgehend Stabilität sichern. Und sie legte auch räumlich den Einsatz der stets spärlichen internationalen Hilfe für das arme Afghanistan fest: Der Norden galt als Betätigungsfeld der UdSSR und der übrigen Staaten des Ostblocks (z.B. Bau der Straße von Kabul bis Mazar-i-Sharif inklusive des Salang-Tunnels; Erschließung der Erdgasfelder im Norden). Der ressourcenfreie Süden war den USA, Japan und Westeuropa vorbehalten (z.B. Bau der Straße Kabul-Kandahar, Finanzierung und Durchführung des Hilmend-Bewässerungs- und –Siedlungsprojektes). Der Einmarsch der Sowjetarmee in Afghanistan im Dezember 1979 beendete diesen räumlichen Interessenausgleich. Und mit ihrem Rückzug 1990 wurden die Karten neu gemischt. Die Erdgas- und Erdölvorkommen in Mittelasien und die Notwendigkeit für günstige Zugangswege zu diesen Ressourcen brachten Afghanistan und die Taliban ins Spiel globaler ökonomischer und geopolitischer Interessen. Die heutige „Afghanistan-Frage" hat hier ihre aktuellen, extern begründeten Ursachen.

2 Die unterschiedlichen Volksgruppen

Bei der Festlegung der Grenzen des Pufferstaates Afghanistan am Ende des 19. Jahrhunderts standen einzig strategische Überlegungen im Vordergrund. Es war ein Staatsgebilde geschaffen worden, dem fast jegliche natürlichen Grenzen wie Flüsse oder Gebirgskämme fehlten. Auch wurde bei der Grenzfestlegung auf die räumliche Ausdehnung der traditionellen Lebens- und Wirtschaftsräume der zahlreichen ethnischen Gruppen sowie auf den Verlauf der Wanderwege und die Lage der Weidegebiete der hier streifenden Nomaden – um 1900 rund 50 Prozent der Bevölkerung – keine Rücksicht genommen. Auf diese Weise entstand in der ethnisch und lebensräumlich eng gekammerten Wüsten- und (Hoch-)Gebirgsregion ein Staat, der unterschiedlichste Völkerschaften, ethnische Gruppen und Grüppchen umschloss.

Die Probleme, die derartigen politischen, kolonialen Kunstgebilden eigen sind, traten spätestens seit Beginn der Dekolonisation in vielen Teilen der Welt auf. In dem Vielvölkerstaat Afghanistan erschweren sie heute ein friedliches Miteinander und überschatten die augenblicklichen Bemühungen um eine tragende Regierung.

In Afghanistan teilt sich die ca. 25 Millionen zählende Bewohnerschaft in 33 verschieden große und bedeutsame Gruppen auf. Sie trennen Sprache und ethnische/kulturelle Kriterien, die nochmals durch religiöse Unterschiede überlagert werden.

Die größte Sprachgruppe sind die Persisch-/Dari-Sprecher. Dazu zählen an erster Stelle die sunnitischen Tadschiken, die schiitischen Farsiwan und die ebenfalls schiitischen (mongolischen) Hazara. Dari sprechen noch die sunnitischen Araber, die verschiedenen Aimaq-Gruppen sowie die Tatar, die schiitischen Qizilbash sowie auch die Hindus und Sikhs. Zu den Turksprachgruppen gehören die sunnitischen Usbeken und Turkmenen. Die sunnitischen

Pashtunen und Baluchen iranischen Ursprungs sind ebenfalls miteinander
sprachverwandt. Und daneben gibt es noch die zahlenmäßig weniger bedeut-
samen Brahui (Drawiden) sowie Nuristani, Pashai, Kirgisen, Jatkis, Lasi oder
auch Gujaratis, Moghul, Ormur oder Parachi.

Die größte und bedeutendste einzelne Volksgruppe (Ethnie) sind mit 44
Prozent der afghanischen Gesamtbevölkerung die *Pashtunen* (Pathanen). Ihr
Stammesgebiet wurde durch die Durand-Grenzziehung (1893) geteilt und gehört rund zur Hälfte zu Pakistan. Die Pashtunen bilden quasi das afghanische
Staatsvolk. Der aus ihrer Mitte stammende Ahmed Shah Durrani war der Begründer des ersten afghanischen Reiches und des bis 1973 herrschenden Kö-
nigshauses. Der im Exil in Italien lebende Zahir Shah ist der letzte Spross
dieser Dynastie, und auf ihn gründen jetzt die Hoffnungen für ein *neues* Afghanistan.

Das ursprüngliche Verbreitungsgebiet der Pashtunen, die vorherrschend
nomadisch lebten, befand sich in der südlichen Hälfte des Landes. Mit dem
Ziel der territorialen Absicherung des neu geschaffenen Reiches wurden sie
vor allem im 18. Jahrhundert an der nördlichen Peripherie gezielt angesiedelt
(Sicherungskolonisation = Pashtunisierung Afghanistans). Auch drangen sie
im Laufe des 19. Jahrhunderts in einzelnen Gruppen in die wirtschaftlich in-
teressanten Landesteile im Nordosten und in den zentralen Gebirgsraum des
Landes vor. Sie stellten nicht nur stets die Regierung, sondern auch die über-
wiegende Mehrheit der Verwaltungsbeamten und des Militärs. Ihnen gehört
der größte Teil des bewässerbaren Landes. Sie beherrschen die einträglichen
formellen und informellen Wirtschaftsbereiche (z.B. Transport, Handel,
Schmuggel aller Art). Sie profitierten vom Haschischhandel in den 70er Jahren und kontrollieren heute den Mohnanbau und damit etwa 70 Prozent des
Weltrohopiummarktes.

Die Pashtunen sind in große Stammesgruppen wie die Ghilzai, Durrani,
Yoosofzai, Kakar gegliedert. Sie setzen sich jeweils aus zahlreichen gleich-
gestellten Stämmen zusammen und besitzen keine zentrale Führungsorgani-
sation. Die Stämme wiederum umfassen mehrere Teilstämme, die von einem
gewählten *Malik* oder *Khan* geführt werden. Die Versammlung (*Jirga*) der
Maliks der verschiedenen Teilstämme bildet die Stammesvertretung nach innen und außen. Gesellschaftliche und organisatorische Grundlage der Stämme bildet der pashtunische Ehrenkodex *Pashtunwali* (siehe Kasten). Trotz
dieses Ehrenkodex bestehen aber zwischen diesen Stämmen zahlreiche
Feindfronten, die sich aus dem Kampf um Weide und Wasser, um Lager- und
Siedlungsplätze, aus Tierdiebstahl oder dem Raub der gegnerischen Frauen
entwickelten und auch heute noch immer wieder neu entwickeln können. Bei
äußerer Bedrohung jedoch herrscht stammesübergreifende Solidarität und
Loyalität.

Pashtunwali

Verhalten und Handeln der Pashtunen basiert auf einem Ehrenkodex (Afghan code of honour), dem *Pashtunwali*, auch als *Nang-i-Afghani* oder *Ghayratam* bekannt. Er stellt ein Gewohnheitsrecht dar, das so bedeutsam ist, dass es in praxi sogar das islamische Recht (Sharia) zu modifizieren vermag.

Zwar reichen seine Wurzeln ins Dunkel der pashtunischen Stammesgenese zurück. Doch dessen ungeachtet ist die diesem Kodex implizierte Werteordnung allen Pashtunen noch immer unvermindert präsent. Er bestimmt ihr Bewusstsein und Handeln und wird von ihnen sogar mit Stolz als ihr (angeborenes) Wesensmerkmal bezeichnet. Das *Pashtunwali* folgt drei unverrückbaren Grundwerten:

1. Die Gewährung von Asyl (*Nanawatiya*). Jeder Pashtune ist verpflichtet, Asyl, Schutz und Hilfe jedem – selbst einem Todfeind – zu gewähren, der als Bittsteller kommt. Dieses Recht ist auf die Heimstatt des Asylgewährers beschränkt. Der Begriff der Heimstatt ist nicht genau definiert und kann daher außer auf die einzelne Behausung auch auf Dorf, Stammesgebiet oder vielleicht sogar (heute, im Fall von Usaman bin Ladin) auf ganz Afghanistan angewendet werden. Die Unverrückbarkeit dieser Asylgewährung findet sich eindrucksvoll in dem Pashtun-Sprichwort: *„Selbst wenn ein Schwein, nach Allah die unsauberste aller Kreaturen, in jemandes Haus Zuflucht sucht, dann muss sie gewährt und Schutz geboten werden"*.

2. Die Pflicht zur Bewirtung (*Melmastiya*). Jeder Pashtune muss einen Besucher oder Fremden, wenn es dessen Wunsch ist, bewirten und beherbergen. Für Besucher gibt es in jedem Dorf oder Lager ein Gästehaus/-zelt (*Hujra*). Fremde werden in der Moschee untergebracht. Die Verpflegung erfolgt je nach Ansehen des Gastes durch eine entsprechende Familie des Stammes. Für die Zeit der Bewirtung genießt der Gast den vollen Schutz des Stammes. *„Bedenke stets, dass auch du in der Fremde Hilfe benötigst"*, lautet das hierzu gehörende pashtunische Sprichwort.

3. Die „heilige" Verpflichtung zur Blutrache (*Badal*). Sie rangiert für jeden Pashtunen an erster Stelle und ist ungeachtet der Kosten und Folgen sowie des Ortes zu verwirklichen. Sie verjährt nicht, geht über vom Vater auf den Sohn und setzt sich sogar über Generationen fort. Sie endet erst, wenn die Schuld ausgeglichen ist.

Diese drei Grundwerte, zu denen z.B. noch die Pflicht zur Verteidigung der Ehre der Frauen (*Purdah*) oder das allgemeine Zugangsrecht zu Wasser und Weide (*Shamilat*) gehören, stehen für Mut, Ehre, Kampfbereitschaft und Überlebenssicherung. Sie bilden die „Eckpfeiler" einer in konkurrierende Stämme segmentierten, ehemals rein nomadischen Gesellschaft.

Derart organisierte und strukturierte Stämme sind in ihrem Handeln äußerst schwer einzuschätzen. Daher ist der politische Umgang mit ihnen kompliziert. Das haben in der Vergangenheit die Briten in drei Kriegen ebenso erfahren müssen wie der Nachbar Pakistan oder die sowjetischen Besetzer. Und auch das Handeln der Taliban, mehrheitlich pashtunischer Herkunft, unterliegt stammlichen Traditionen. Bei der Bildung einer möglichen neuen Regierung für Afghanistan dürfen diese traditionellen gesellschaftlichen und

politischen Strukturen nicht – wie in der Vergangenheit wiederholt geschehen – unbeachtet bleiben.

Für die politische Zukunft des Landes sind neben den Pashtunen aber
auch die Tadschiken, Farsiwan, Usbeken und Hazara von Bedeutung. Sie bilden die Nord-Allianz. Im Unterschied zu den Pashtunen weisen sie keine
vergleichbaren Stammesstrukturen auf. Vielmehr stellen sie Zweckverbände
dar, sind konfessionell und kulturell heterogen, sprechen unterschiedliche
Sprachen und unterscheiden sich auch in ihrem wirtschaftlichen und politischen Handeln.

Ihre jeweiligen Verbreitungsgebiete sind grenzübergreifend, innerhalb
Afghanistans zerstückelt und von anderen ethnischen Gruppen durchsetzt. Ihr
enges räumliches Mit- und Nebeneinander baut keineswegs Konflikte ab.
Vielmehr bestehen zwischen den Vertretern der verschiedenen Gruppen auf
unterster Ebene vielfältige Vorurteile. Spannungen und Auseinandersetzungen um politische Positionen, wirtschaftliche Ressourcen, Siedlungsflächen,
Wasser, Weiden, Lagerplätze oder Wanderwege überlagern sich und erschweren das tägliche Miteinander.

Diese Spannungen spiegeln sich auch in dem *warlord*-Verhalten der Anführer. So beansprucht der Usbeke Dostum die Oase Mazar-i-Sharif und der
Turkmene Ismail Khan das traditionsreiche Herat. Der am 12. September 2001
ermordete Tadschike Ahmed Schah Massud hätte Kabul gefordert. Dieses par-
tikuläre, eigennützige und konkurrierende Verhalten sowohl der einzelnen Anführer als auch ihrer gewalttätigen Gefolgschaft macht den Umgang mit den
Vertretern der Nord-Allianz keineswegs einfacher als mit den Pashtunen. Das
„neue" Afghanistan wird unter dieser Bürde mit Sicherheit zu leiden haben.

Diese historisch und regional bedingte ethnische, religiöse und stammes-
strukturelle Vielfalt, die noch durch die räumliche Zerstückelung der Verbreitungsgebiete überlagert wird, ist in dem kolonialzeitlich geschaffenen
Pufferstaat Afghanistan zu einer brisanten „Masse" zwanghaft zusammengefasst worden. Über einen langen Zeitraum wurde sie durch das relativ tolerante Königshaus der Durrani zwar recht lose, aber immerhin zusammengehalten. Förderlich dafür war in den vergangenen Jahrzehnten nicht zuletzt
wohl auch der externe Zwang zum Überleben zwischen der überlegenen und
lauernden Sowjetmacht im Norden, dem um Einflussnahme bemühten Pakistan im Süden und Osten sowie dem bedrohenden und sich selbst bedroht
fühlenden Iran im Westen. Der Einmarsch der Sowjetarmee 1979 und seine
Folgen haben die brisants „Gemengelage" zur Explosion gebracht.

Diese interne Situation Afghanistans und ihre destabilisierenden regionalen Effekte sind in der Vergangenheit von der Weltgemeinschaft und den
verantwortlichen Organisationen nicht oder nicht ausreichend erkannt und
beachtet worden. Wäre das der Fall gewesen, gäbe es das Problem Afghanistan heute wahrscheinlich nicht. Doch es erübrigt sich, darüber weitere Erör-
terungen anzustellen. Wichtiger ist es jetzt, Fehler und Versäumnisse der
Vergangenheit nicht zu wiederholen.

Tabelle: Ethnische Gruppen nach Sprache, Religion und Bevölkerungsanteil (zusammengestellt nach verschiedenen Quellen; Stand ca. 1998)

Name	Sprache	Religion	Anteil in % an Gesamtbev.
Pashtunen	Pashtu	Sunniten	44
Tadschiken/Farsiwan	Persisch (= Dari)	Sunniten	28
Usbeken	Usbekisch	Sunniten	9
Hazara	Hazaragi (=Dari)	Schiiten	7
Aimaq	Dari	Sunniten	4
Turkmenen	Turkmenisch	Sunniten	3
Baluchen	Baluchi	Sunniten	1
Araber	Dari	Sunniten	< 1
Nuristani	Nuristanisch	Sunniten	< 1
Pashai	Pashai	Sunniten	< 1

Sonstige: Tatar, Qizilbash, Kirgisen, Jatki, Gujarati, Lasi, Ormur, Parachi, Moghul, Hindus, Sikhs u.a.

Literatur

Drywal, Erwin (Hrsg.) (1986): Die ethnischen Gruppen Afghanistans. Fallstudien zu Gruppenidentitäten und Intergruppenbeziehungen. Wiesbaden. Beihefte zum TAVO, Reihe B, Nr. 70

Grötzbach, Erwin (1990): Afghanistan. Eine geographische Landeskunde. Darmstadt: Wiss. Buchgesellschaft.

Humlum, Johannes (1959): La géographie de l'Afghanistan. Copenhagen: Scandinavian University Book, No. 10.

Kraus, Willy (Hrsg.) (1972): Afghanistan. Natur, Geschichte und Kultur, Staat, Gesellschaft und Wirtschaft. Tübingen und Basel: Horst Erdmann.

Rathjens, Carl (Hrsg.) (1981): Neue Forschungen in Afghanistan. Opladen: Leske + Budrich.

Scholz, Fred (2002): Nomadism and Colonialism. A hundred years of Baluchistan 1872 – 1972. Karachi: Oxford University Press.

Sellier, Jean; Sellier, André (1993): Atlas des peuples d'orient. Paris: Editions La Découverte.

Kurzbiographie Muhammad Zahir (Shah)

Muhammad Zahir, 1914 in Kabul geboren, stammt aus dem Muhammadzai Clan der Durrani-Paschtunen, aus dem sich alle modernen Herrscher Afghanistans rekrutierten. Nach der Ermordung seines Vaters, Nadir Shah, wurde er 1933 zum König ausgerufen. Jahrzehnte lang stand er im Schatten seiner Onkel und Cousins, die als Regenten und Premierminister das Land regierten. 1963 zwang er seinen Cousin Muhammad Daud zurückzutreten. Darüber hinaus setzte er eine Verfassungsreform durch, die es auch anderen Mitgliedern der königlichen Familie verbat, Regierungsfunktionen auszuüben. Während seiner Regierungszeit durchlief Afghanistan eine Phase der Modernisierung. Der König nahm Entwicklungshilfe aus allen Machtblöcken (USA, UdSSR, China) an und bemühte sich um eine Neutralität seines Landes. Seine Zentralregierung konnte ihre Politik jedoch, wie seit alters her, nur bedingt außerhalb der Hauptstadt durchsetzen; die Provinzen akzeptierten jedoch den König. Eine Gruppe nationalistischer Kräfte um Muhammad Daud nutzte die instabile wirtschaftliche Lage des Landes in Folge der großen Dürre 1971/1972 zum Staatsstreich. Sie brachten Muhammad Zahir Shah 1973 für eine mehrmonatige medizinische Behandlung nach Italien und etablierten derweil ein neues Regime in Afghanistan. Seitdem leben er und seine engere Familie im römischen Exil. Um den ehemaligen König scharen sich Exil-Afghanen in Rom (Rom-Gruppe), die im Krieg gegen die sowjetischen Besatzer und dem sich daran anschließenden Bürgerkrieg keine aktive Rolle mehr spielten. Da Muhammad Zahir Shah in der afghanischen Gesellschaft über keine Machtbasis verfügt, ist er zum gegenwärtigen Zeitpunkt ein idealer Kompromisskandidat, um einer neuen Regierung der "*nationalen Einheit*" als Galionsfigur vorzustehen. Er selbst hat erklärt, "*seinem Volke dienen zu ollen*", eine Wiedereinführung des Königtums allerdings abgelehnt.

Die Krise des religiösen und politischen Denkens

Stephan Rosiny

Der *jihad* im Islam, ein kontroverses Rechtsgutachten von 1998 und die Anschläge vom 11. September

Am 23. Februar 1998 veröffentlichte die in London ansässige arabischsprachige Zeitung *al-Quds al-'Arabi* ein Aufsehen erregendes Dokument. Die „Islamische Weltliga für den Jihad gegen die Juden und Kreuzritter" forderte hier in einer Verlautbarung (*bayan*), die sich als religiöses Rechtsgutachten (*fatwa*) ausgab, im Namen des *jihad* zum Mord an „Amerikanern" auf. „*Das Urteil (hukm), die Amerikaner und ihre Alliierten, Zivilisten und Militärs gleichermaßen zu töten wo immer ihm dies auch möglich ist, ist eine individuelle Pflicht für jeden Muslim, der hierzu in der Lage ist, bis die Aqsa-Moschee [in Jerusalem] und die Heilige Moschee [in Mekka] von ihnen befreit sind und bis ihre Armeen das gesamte Territorium des Islam verlassen haben, geschlagen und unfähig, irgend einen Muslim noch zu bedrohen.*"[1]

Zu den fünf Unterzeichnern gehörten Usama bin Ladin und Aiman az-Zawahiri[2], denen die Urheberschaft an den Terroranschlägen vom 11. September 2001 zugeschrieben wird. Vor deren Hintergrund liest sich das Statement wie ein früher Aufruf und eine Legitimation des Massenmords. In diesem Beitrag möchte ich einige Fragen erörtern, die im Kontext dieser Proklamation und der Anschläge vom 11. September über den Islam und seine Beziehung zur Gewalt aufgetreten sind. Lässt sich ein solcher Mordaufruf wirklich islamisch begründen? Welche Motive und Ziele verfolgen die Autoren mit ihm? Wie ernst ist er zu nehmen, und wer könnte sich durch ihn an-

---

1   al-Quds al-'Arabi, London, 23. Februar 1998; englische Übersetzungen finden sich im Internet, etwa unter http://www.washingtonpost.com/wp-dyn/articles/A4993-2001 Sep21.html.

2   Die anderen drei Unterzeichner sind: Abu Yasir Rifa'i Ahmad Taha (Ägypten), Mir Hamza (Pakistan) und Fazl ar-Rahman (Bangladesh).

gesprochen fühlen? Und schließlich: Wie sollen wir, Muslime und Nichtmuslime, auf solche Drohungen reagieren?

1   Der jihad im Islam

Der *jihad fi sabil Allah* (wörtlich: die Anstrengung auf dem Wege Gottes)
bezeichnet das Bemühen, den Islam als Religion und als Herrschaftsbereich
auszubreiten. Diese Anstrengung kann, wie es die in der Literatur häufig anzutreffende aber ungenaue Wiedergabe als „*Heiliger Krieg*" nahe legt, krie-
gerische Formen annehmen, muss es aber nicht zwangsläufig. Anders als in
der christlichen Lehre des „*Heiligen Krieges*" geht es im *jihad* weniger um
Missionierung. Besiegte Christen und Juden konnten vielmehr ihre Religion
beibehalten, wenn sie die politische Herrschaft des Islam anerkannten und eine Kopfsteuer (*jizya*) bezahlten. Zu bestimmten Zeiten hatte diese Steuer eine
so wichtige Bedeutung, dass eine Konversion zum Islam sogar verboten wurde. Bereits die frühe Expansion des Islams geschah weit weniger mit „*Feuer
und Schwert*" als durch Verhandlungen, Bündnisverträge und allenfalls ein-
schüchternde Gewaltandrohung (Noth 2001: 58ff).
   Muslimische Gelehrte, Herrscher und Gläubige haben in der Geschichte
und Gegenwart immer wieder die Fragen nach „gerechten" Formen des
Kampfes und Krieges gestellt: Gegen wen, mit welchen Mitteln und unter
welchen Umständen darf ein Krieg legitimerweise geführt werden? Wie ist
mit den eroberten Gebieten und unterworfenen Bevölkerungsgruppen zu verfahren? Die Skala der möglichen Antworten reicht von Angriffskriegen über
defensive Kriege bis hin zu pazifistischen Lehren, die im *jihad* vor allem ein
Prinzip der moralischen und religiösen Vervollkommnung sehen. Der Islam
sei eine Friedensreligion, was schon der Name „Islam" impliziere, da dieser
dieselbe Wortwurzel wie *salam* (Frieden) habe. Man unterscheidet den *jihad*
mit der Feder, d.h. durch Wissenserwerb und Propaganda, und den *jihad*
durch persönliches Vorbild als weitere Möglichkeiten der (friedlichen) Ausbreitung des Islams. Diese Interpretation ist heute unter modernistischen
Muslimen und einigen islamistischen Bewegungen verbreitet, ferner tritt sie
in einigen Sekten wie der *Ahmadiya* auf. Schließlich sollte die islamische
Mystik, der Sufismus, als eine bis zum heutigen Tage wichtige Richtung islamischen Lebens nicht unerwähnt bleiben. Sie interpretiert den Koran alle-
gorisch. Der *jihad* gilt ihr eher als metaphorische Anstrengung zur Selbstver-
vollkommnung denn als Aufforderung zum bewaffneten Kampf – auch wenn
historisch manche Sufis eifrige Glaubenskämpfer mit dem Schwert waren.
   Ob „der Islam" eine gewaltsame oder eine friedliche Religion ist, lässt
sich folglich nicht durch Apologie in der einen oder anderen Richtung be-

antworten, denn historisch und aktuell lassen sich Interpretationen beider Richtungen beobachten.

2 Rechtsquellen

Islamische Rechtsgelehrte beschäftigen sich im Rahmen der religiösen Jurisprudenz (*fiqh*) mit der Frage des *jihad*. Ihre primäre normative Grundlage ist der Koran, ferner die *sunna*, in der Berichte (*hadith*, pl. *ahadith*) von Aussprüchen und Handlungen des Propheten Muhammad, etwa zu den von ihm geführten Kriegen, gesammelt wurden. In den ersten drei Jahrhunderten des Islams entwickelten sich die islamischen Rechtsschulen (*madhhab*, pl. *madhahib*), die methodische Werke zur Interpretation dieser normativen Quellen verfassten. Kommen mehrere Rechtsgelehrte zur gleichen Beurteilung einer strittigen Angelegenheit, so gilt deren Konsens (*ijma'*) als zusätzliche Rechtsquelle.[3]

Aus den normativen Quellen und mit Hilfe der Methoden ihrer jeweiligen Rechtsschule deduzieren heutige Rechtsgelehrte islamisches Recht (*schari'a*). Der im Staatsdienst stehende Richter (*Qadi*) fällt auf der Grundlage eines konkreten Falles ein verbindliches Urteil (*hukm*, pl. *ahkam*), während der (theoretisch staatsunabhängige) Rechtsgutachter (*Mufti*) über einen ihm vorgelegten Problemfall ein Gutachten (*fatwa*, pl. *fatawa*) erstellt, das empfehlenden, jedoch keinen bindenden Charakter hat. *Mufti* und *Qadi* haben in der Regel eine langjährige Ausbildung in den islamischen Rechtswissenschaften absolviert, bevor sie selbständig die Rechtsquellen auslegen können. Während der *Qadi* vom Staat nominiert wird, basiert die Autorität des *Mufti* vor allem auf der Anerkennung durch die Gläubigen. Im 20. Jahrhundert gerieten die Islamgelehrten im arabischen Raum und ihre Ausbildungsstätten zunehmend unter die Kontrolle der Regime. Man kann geradezu von einer „Verstaatlichung" der Religion sprechen. Hochrangige *Muftis* erstellen heute häufig Rechtsgutachten, in denen sie die Regierungspolitik als mit dem Islam vereinbar absegnen.

3 Der jihad im Koran

Der Koran gilt Muslimen als unerschaffenes, unmittelbares und ewig gültiges Wort Gottes, das dem Propheten Muhammad geoffenbart wurde. Die meisten Botschaften wurden zu konkreten historischen Gegebenheiten geoffenbart,

---

3 Als vierte Rechtsquelle kommt im sunnitischen Islam der Analogieschluss (*qiyas*) hinzu.

und diese Offenbarungsanlässe (*asbab an-nuzul*) werden von den meisten Koranexegeten bei der Deutung mit einbezogen. Auch dem Inhalt und der Sprache nach lässt sich eine zeitliche Entwicklung in den Textsequenzen beobachten. Spätere Offenbarungen können, so eine nicht unumstrittene Lehre, frühere in ihrer Gültigkeit aufheben, wenn sie diesen widersprechen. Allerdings entspricht die heutige Schriftform des Koran, die erst unter dem dritten Kalifen 'Uthman (gest. 656 n.Chr.) in ihrer autoritativen Form festgelegt wurde, nicht der zeitlichen Reihenfolge der Offenbarungen, so dass eine exakte Zuordnung der Verse nicht immer zweifelsfrei möglich ist. Gleichwohl zeigt dieses Vorgehen, den historischen Kontext mit zu berücksichtigen, dass eine Historisierung der Offenbarung – und somit implizit eine gewisse Relativierung des „*Wortes Gottes*" – dem Islam durchaus nicht fremd ist. Eine Ausnahme bildet die heute in Saudi-Arabien dominierende wahhabitische Richtung des Islams. Sie liest den Koran wortwörtlich, ist extrem schriftgläubig und fundamentalistisch. Sie leitet sich von der hanbalitischen Rechtsschule[4] ab, die gemeinhin als die konservativste und fundamentalistische Richtung des Islams gilt, weil sie sich streng an der Lebenspraxis Muhammads und seiner frühen Gemeinde orientiert.

Eine Interpretation des Korans ist an sich auch deshalb erforderlich, weil sich in ihm einige widersprüchliche Regelungen und nur aus dem historischen Kontext zu erschließende Formulierungen finden. Dies gilt ebenfalls für die Lehre vom gerechten Krieg. Im Koran gibt es keine konsistente Theorie des Krieges, sondern eine sehr große Anzahl mehr oder weniger langer Textpassagen zu den Themenfeldern „*Anstrengung*" (*jihad*), „*Krieg*" (*qital, harb*) und „*Feinde des Islams*". Einige zentrale Termini wie etwa *fitna*, die als wichtigste Begründung für einen gerechten Krieg dient, sind im Koran nicht präzise definiert und erlebten in der Folgezeit unterschiedliche Interpretationen. *Fitna* lässt sich in etwa mit „*Versuchung*" oder „*Prüfung*" wiedergeben (Noth 2001: 28), mit der Gott die wahren Gläubigen von den Heuchlern scheiden will. In der frühen Expansion des Islams nach dem Tod Muhammads wurden die „*Ungläubigen*" (*kuffar*) als bedeutendste *fitna* angesehen, wodurch ihre Unterwerfung und die militärische Expansion des Islams legitime Ziele wurden. Ob eine solche universale Ausdehnung bereits von Muhammad intendiert war, geht jedoch aus dem Koran nicht eindeutig hervor. Heute wird *fitna* häufig als eine von außen kommende Bedrohung des Islams aufgefasst, gegen die man sich verteidigen müsse, und in diesem Sinne taucht sie auch in der *fatwa* von 1998 auf.

Die folgenden Koranstellen, die auszugsweise auch in der *fatwa* von 1998 und weiteren Statements von Usama bin Ladin zitiert werden, behandeln das Thema des „*gerechten Krieges*". In seiner uneingeschränkten Form ist er eine unbedingte Aufforderung zum Kampf gegen die „*Ungläubigen*": „*Kämpft gegen diejenigen, die nicht an Gott und den Jüngsten Tag glauben und nicht ver-*

---

4   So benannt nach ihrem Begründer, *Ahmad ibn Hanbal* (gest. 855 n.Chr.).

bieten, was Gott und sein Gesandter verboten haben, und nicht der wahren Religion angehören – von denen, die die Schrift erhalten haben – (kämpft gegen sie), bis sie kleinlaut aus der Hand Tribut entrichten!"[5] An anderer Stelle wird der Kampf mit einer Bedingung verknüpft, indem es heißt: „*Und kämpft um Gottes willen gegen diejenigen, die gegen euch kämpfen!"* (2: 190) In diesem Vers wird also die Selbstverteidigung gegen einen Angriff verlangt. Und die (in der *fatwa* von 1998 weggelassene) Einschränkung geht weiter: „*Aber begeht keine Übertretung (indem ihr den Kampf auf unrechtmäßige Weise führt)! Gott liebt die nicht, die Übertretungen begehen."* (2: 190)

Auch von der folgenden Koranpassage wählten die Unterzeichner nur den ersten Satz, der kompromisslos die Bekämpfung der „*Polytheisten*" (*muschrikun*)[6] fordert. Die Möglichkeit zur Konversion bleibt unerwähnt. „*Und wenn nun die heiligen Monate abgelaufen sind [in denen kein Krieg erlaubt ist], dann tötet die Polytheisten (muschrikin), wo (immer) ihr sie findet, greift sie, umzingelt sie und lauert ihnen überall auf! Wenn sie sich aber [zum Islam] bekehren, das Gebet verrichten und die Almosensteuer geben, dann lasst sie ihres Weges ziehen! Gott ist barmherzig und bereit zu vergeben."* (9: 5)

Dieser sogenannte Schwertvers bezieht sich nicht auf Anhänger der Buchreligionen Christentum und Judentum, die ohne Konversion unter islamischer Herrschaft leben können. Dass diese Stelle dennoch von den Unterzeichnern als Beleg für den Kampf gegen den Westen herhalten muss, impliziert einen radikalen Tadel: Amerikaner und ihre Verbündeten sind von ihrer Religion abgefallen und daher als „*Ungläubige*" zu behandeln.

Diesem recht aggressiven Vers folgt im Koran wieder unmittelbar ein versöhnlicherer: „*Und wenn einer von den Polytheisten dich um Schutz angeht, dann gewähre ihm Schutz, damit er das Wort Gottes hören kann! Hierauf lass ihn (unbehelligt) dahin gelangen, wo er in Sicherheit ist!"* (9: 6)

Häufig wägt der Koran die Optionen von Kampf und Frieden gegeneinander ab, er zeigt einen dialogischen Charakter. „*Sag zu denjenigen, die ungläubig sind: Wenn sie [mit ihrem gottlosen Treiben] aufhören, wird ihnen vergeben, was bereits geschehen ist. Kehren sie aber zurück [zum gottlosen Treiben], wahrlich ist das Beispiel der Früheren schon da gewesen [d.h. sie werden bestraft wie die Früheren]. Und kämpft gegen sie, bis es keine fitna mehr und nur noch die Religion Gottes gibt. Lassen sie jedoch davon ab, siehe, so sieht Allah, was sie tun."* (8: 38f)

---

5   Koran, Sure 9, Vers 29; im Folgenden werden Koranstellen verkürzt zitiert in der Form 9: 29.

6   wörtlich: diejenigen, die Gott weitere Gottheiten beistellen; vgl. Noth 2001: 22.

4   Kampf und Krieg unter Muhammad

Die genannten Textpassagen zeugen von der unruhigen politischen Situation
auf der Arabischen Halbinsel, als sich die islamische Gemeinde konstituierte.
Die folgende schablonenhafte Darstellung der islamischen Frühgeschichte
bezieht hier aus methodischen Gründen mehrfach die Perspektive der islamischen Heilsgeschichten, weil sie anschließend in Relation zur Biographie von
Usama bin Ladin gesetzt werden soll.[7]
    Vermutlich 610 n.Chr. hatte Muhammad sein erstes Offenbarungserleb-
nis. Seine Umgebung, vor allem die wohlhabende Händleraristokratie in der
Oase Mekka, begegnete seinen ersten Verkündigungen mit Spott und Ablehnung bis hin zu Feindseligkeiten. Er bedrohte mit seiner monotheistischen
Lehre den Glauben an lokale Gottheiten, untergrub dadurch indirekt aber
auch die bestehende Wirtschafts- und Sozialordnung. Denn mit der *Ka'ba*
war Mekka Sitz eines bedeutenden altarabischen Heiligtums, das nicht nur
Pilgerströme, sondern auch Handelsaktivitäten auf sich zog. Indem er ihre
Idole angriff, verunglimpfte Muhammad aus Sicht der Mekkaner die Tradition ihrer Väter, die normgebend und identitätsstiftend den inneren Zusammenhalt der Gemeinschaft gewährleistete. Indem er seine Kritik des mekka-
nischen Kultus öffentlich bekannt gab, machte er seine Heimatstadt lächer-
lich und gab ihr eine Blöße für Schmähungen und Angriffe von außen. Ein
solcher *„Stammesverrat"* konnte auf Dauer nicht geduldet werden. Besonders
der mächtige Stamm der Quraisch, dem er selber angehörte, ächtete ihn und
zwang ihn und seine kleine Gemeinde, nach Medina auszuziehen. Diese
Auswanderung *(hijra)* im Jahre 622 wurde später zur islamischen Zeitenwende erklärt.
    Im medinensischen Exil baute Muhammad nun seine islamische Ge-
meinde *(umma)* auf. Es gelang ihm, durch geschickte Politik und geeignete
Offenbarungen, die untereinander zerstrittenen Fraktionen der Stadt zu einer
wehrhaften, militärisch erfolgreichen Gemeinde zu verschmelzen. Die folgenden Jahre waren geprägt vom Kampf und Krieg mit seiner Heimatstadt.
623 besiegten die muslimischen Medinenser in der berühmten *Badr*-Schlacht
eine zahlenmäßig weit überlegene mekkanische Streitmacht. Zwei Jahre
später versuchten die Mekkaner, die Schmach zu tilgen und zogen gegen
Medina. Die *„Heuchler"* *(munafiqun)* in den eigenen Reihen ließen Muhammad bei der Schlacht von *Uhud* im Stich, so dass es zu einer Niederlage kam.
Bei einem weiteren Angriffsversuch der Mekkaner auf Medina und der Bela-
gerung im Jahre 627 gelang es Muhammad, die Stadt durch den Bau eines
Grabens *(khandaq)* zu verteidigen.

---

7   Für einen historisch-kritischen Überblick zur Entstehungsgeschichte des Islam siehe
     Noth 2001.

Nach einigen kleineren Schlachten, die eher einschüchternd als strategisch bedeutsam waren, vor allem durch geschickte Diplomatie und durch Übertritt vieler Araber zum Islam, konnten die Muslime 630 schließlich nahezu kampflos in Mekka einziehen. Muhammad und sein Cousin und Schwiegersohn Ali zogen in die *Ka'ba* und zerstörten die Götterstatuen. Mekka, das zur bedeutendsten heiligen Stätte des Islam wurde, war aus muslimischer Sicht vom Polytheismus befreit worden. Im Koran heißt es hierzu: *„Ihr Gläubigen! Die Polytheisten (muschrikun) sind (ausgesprochen) unrein. Daher sollen sie der heiligen Kultstätte nach dem jetzigen Jahr nicht (mehr) nahe kommen."* (9:28)

Lange war es Muhammad nicht mehr vergönnt, die Rückkehr in seine Heimatstadt zu genießen, er verstarb im Jahre 632. Seine Grabstätte in Medina wurde zur zweitwichtigsten heiligen Stätte im Islam. Angeblich forderte Muhammad auf seinem Sterbebett eine solche *„Reinigung"* des arabisch-islamischen Kernlandes von Andersgläubigen. So interpretierte ihn jedenfalls der zweite Kalif Umar, der 641 dekretierte, dass Christen und Juden die Arabische Halbinsel zu verlassen hätten. Nach und nach wurden die christlichen und jüdischen Stämme in ihnen zugewiesene neue Heimstätten in Syrien und im Irak vertrieben.[8] Seitdem dürfen *„Ungläubige"* nicht mehr im Hijaz wohnen, laut dogmatischer Ansicht dürfen sie ihn sogar nicht einmal besuchsweise betreten (Lewis 1998). Auf dieser Grundlage fordert Bin Ladin heute den sofortigen Abzug der US-Truppen, weitet das unberührbare Territorium allerdings auf das gesamte „Land der beiden Heiligen Stätten" (*bilad al-haramain*), d.h. Saudi-Arabien, aus.

Die junge islamische Gemeinde durchlief somit ein höchst wechselhaftes Schicksal: Spott und Demütigung, Boykott und Verfolgung in Mekka, dann die Auswanderung (*hijra*) nach Medina, erste militärische Erfolge, aber auch herbe Niederlagen, Intrigen und Verrat, schließlich aber der triumphale Einzug nach Mekka. Dieses Auf und Ab im Geschick seiner Gemeinde und die ständigen Herausforderungen scheint Muhammad mit einem besonderen Gespür für Stimmungslagen gemeistert zu haben. Geholfen haben ihm dabei wesentlich die koranischen Offenbarungen, die in Form moralischer Appelle und konkreter Handlungsanweisungen, aber auch Versprechen von himmlischer Belohnung und Drohungen mit höllischer Pein seine heterogene Gefolgschaft mobilisierten. Die islamische Historiographie und die koranische Offenbarung können somit als ein Bemühen gelesen werden, die weitgehend kontingente Ereignisgeschichte in eine lineare Heilsgeschichte zu verwandeln, in der Siege als Belohnungen Gottes, Niederlagen als Prüfungen gedeutet werden. Die Anstrengungen der Muslime geschahen *„auf dem Wege Gottes"*, was den Gruppenzusammenhalt förderte und die Gläubigen motivierte. Durch diese Sinnstiftung erhielten die wesentlich politisch motivierten

---

8   Lewis (1998) betont, dass dies historisch die einzige größere Verfolgung von Juden und Christen im Islam geblieben sei.

Kämpfe eine religiöse Aura, weshalb im Islam gerechter und heiliger Kampf
kaum zu trennen sind.

5 Jihad und Koranexegese

Die heterogene Realität der Urgemeinde spiegelt sich im Koran in einer Vielzahl von widersprüchlichen Aufforderungen wider. Es bedurfte bestimmter
Methoden der Interpretation und weiterer Quellen, um praktikable Anwei-
sungen aus ihm abzuleiten. Zwei gegensätzliche Methoden sollen hier kurz
vorgestellt werden. So haben sich bei der Bewertung einer koranischen Regel, die einmal ohne Einschränkung, ein anderes Mal mit Bedingungen versehen ist, zwei Lehrmeinungen herausgebildet. Eine geht davon aus, dass das
Allgemeine das Besondere aufhebt. Die andere Richtung besagt, dass die Bedingungen des spezifischen Verses die allgemeine Regel eingrenzen. Diese
methodische Differenz ist im Kontext des gerechten Krieges von entscheidender Bedeutung, nämlich in der Bewertung der Verse 9:29 und 2:190. Er-
sterer verlangt unbedingt den Angriff auf die „*Ungläubigen*", während letzte-
rer den Krieg auf diejenigen beschränkt, „*die gegen euch kämpfen*". Hierdurch entscheidet sich die Frage, ob ein Angriffskrieg erlaubt ist oder lediglich ein defensiver.

6 Die fatwa von 1998

Die Verlautbarung von 1998 entspricht in ihrem Aufbau nicht dem klassischen Muster einer *fatwa*. Auch ihre Autoren sind nach gängigen Kriterien
nicht zur Erstellung eines Rechtsgutachtens, geschweige denn eines Aufrufs
zum *jihad* berechtigt. Dennoch wird sie von den Anhängern Bin Ladins und
in den Medien als *fatwa* bezeichnet. Die Verlautbarung ist sprachlich eine
Mischung aus Rechtsgutachten (*fatwa*) mit empfehlendem Charakter und einem richterlichen Urteil (*hukm*).[9] Durch diese formalen Anleihen an bekannte
Rechtsinstrumente versuchen sie, ihrem Aufruf, eine rechtlich bindende Kraft
zu unterstellen.

An Stelle einer Fragestellung, mit der eine *fatwa* üblicherweise beginnt,
geben die Autoren zunächst einen Problemaufriss. Anschließend suchen sie
nach Präzedenzfällen und vergleichbaren Rechtsgutachten in der Vergangenheit, um schließlich ein eigenes „*Urteil*" (*hukm*) zu fällen.

---

9   vgl. Kapitel 2.

Seit mehr als sieben Jahren halte Amerika *„die Länder des Islams in seinem heiligsten Territorium, der Arabischen Halbinsel,"* besetzt und beute diese aus. Gegen den erklärten Willen der saudischen Herrscher greife Amerika das irakische Volk von saudischem Territorium aus an. Die Aggression der *„Allianz aus Kreuzrittern und Juden"* gegen den Irak gehe trotz enormer Verwüstung des Landes und rund einer Million Toten weiter. Kriege wie dieser würden aus religiösen und wirtschaftlichen Motiven geführt, sie nützten aber auch *„dem Staat der Juden"*, weil sie von der Besatzung Jerusalems und dem Mord an Muslimen ablenkten. Ziel der Zerstörung des Irak und der Schwächung der Staaten der Region (Saudi-Arabien, Ägypten und Sudan werden namentlich genannt) sei es, durch deren Spaltung das Überleben von Israel und die Besatzung der Arabischen Halbinsel durch die *„Kreuzritter"* zu sichern. *„All diese Verbrechen und Unglücke sind eine klare Kriegserklärung der Amerikaner gegen Gott, seinen Propheten und die Muslime. Alle islamischen Gelehrten aller Zeiten stimmen darin überein, dass der jihad eine individuelle Pflicht ist, wenn der Feind die Länder der Muslime angreift."*[10]

Die Unterzeichner berufen sich auf einen Konsens (*ijma'*) klassischer Islamgelehrter und nennen einige hochrangige Gelehrte. An prominentester Stelle steht Ibn Taimiya (gest. 1328), der in der hanbalitischen Rechtsschule eine herausragende Rolle spielt. Die wahhabitisch geprägten Unterzeichner zitieren sein (gegen die Mongolen gemünztes) Rechtsgutachten, in dem er den Verteidigungs-*jihad* sogar zur wichtigsten Pflicht im Islam, unmittelbar nach dem Glauben an Gott, erklärt:[11] *„Der Verteidigungskrieg gehört zu den intensivsten Methoden der Verteidigung gegen den Angreifer auf die Heiligkeit [hurma] und die Religion. Er ist nach dem einhelligen Urteil [der Rechtsgelehrten] (ijma') eine Pflicht (für jeden Muslim). [Unmittelbar] nach dem Glauben (iman) ist die Verteidigung gegen den angreifenden Feind, der die Religion und die Welt beschmutzt, die höchste Pflicht."*

Es folgt die einleitend zitierte Anweisung zum Mord an allen Amerikanern und deren Verbündeten, Militärs und Zivilisten. Dem folgt ein spezifizierender Appell, quasi eine zweite *fatwa*, die sich an die muslimischen Gelehrten, Politiker, die Jugend und die Soldaten richtet, gegen *„die Soldaten des amerikanischen Satans und wer von den Helfern des Teufels sich mit ih-*

---

10 Die klassische *jihad*-Lehre besagt, dass sich für den offensiven *jihad* eine ausreichende Anzahl von Kämpfern bereit finden müsse (*fard kifaya*). Ist eine genügende Zahl von Freiwilligen und Söldnern vorhanden – was historisch meistens der Fall war –, dann entfällt für die übrigen kampffähigen Muslime die Pflicht zum *jihad*. Im Falle eines Angriffs auf islamisches Territorium sind hingegen alle Muslime, d.h. unter Umständen auch Frauen, ältere Menschen und Kinder, zum Verteidigungs-*jihad* verpflichtet (*fard 'ain*).

11 Nach dominanter Lehre gehört der *jihad* zwar zu den Pflichten, aber nicht zu den fünf Grundpfeilern (*rukn*, pl. *arkan*) des Islam, die da sind: das Glaubensbekenntnis (*schahada*), Fasten im Monat *Ramadan* (*saum*), das Pflichtgebet (*salat*), die Almosensteuer (*zakat*) und die große Pilgerfahrt nach Mekka (*hajj*).

nen verbündet" zu kämpfen. Als Kriegsziel wird festgelegt, dass die *„Kreuz-ritter und Juden"* die Heiligen Stätten und das Territorium des Islams räumen müssten, so dass kein Muslim mehr von ihnen verfolgt werden könne.

7   Die Wirkung der fatwa im islamischen Raum

Der *jihad* im Sinne eines Verteidigungskrieges gegen angreifende Soldaten oder gegen die Besatzung, besonders einer nichtmuslimischen Fremdmacht, gilt heute im islamischen Raum als legitim. Daher der aus muslimischer Sicht berechtigte Widerstand gegen die sowjetische Besatzung in Afghanistan und die Unterdrückung der Muslime in Bosnien-Herzegowina. Vor allem die Befreiung Palästinas, zumindest der „Besetzten Gebiete", wird von den meisten Muslimen als rechtmäßig angesehen. Die Zustimmung, die Saddam Husain für seinen Überfall auf Kuwait 1990 von einigen Muslimen erhielt, lag in seiner Behauptung, er befreie muslimisches bzw. arabisches Territorium von einer Herrscherclique, die vom Westen gestützt das „muslimische" Öl verschwende.

Die weitreichende Aufforderung, amerikanische und mit ihnen verbündete Soldaten und Zivilisten zu ermorden, widerspricht hingegen fundamentalen Grundsätzen des Islams und der Überzeugung der überwältigenden Mehrheit der Muslime. Es ist fraglich, ob ein solches Verständnis des *jihad* vom Islam gedeckt ist. Bedeutende islamische Gelehrte haben dies bestritten, denn der Koran nennt explizit Grenzen der Kriegführung. Der in der *fatwa* genannte Vers 2:190 *„Und kämpft gegen die Ungläubigen, wenn sie euch angreifen"* endet mit der im *fatwa* weggelassenen klaren Einschränkung: *„aber begeht keine Übertretungen."* Solche Übertretungen sind nach der klassischen Rechtsauffassung das Töten von Unbeteiligten, insbesondere von Frauen, Kindern und alten Männern. An mehreren Stellen des Koran heißt es: *„Und niemand trägt die Schuld eines anderen"*, weshalb eine kollektive Bestrafung *„der Amerikaner und ihrer Verbündeten"* als unislamisch angesehen wird. Auch die Entführung von öffentlichen Transportmitteln wurde von renommierten islamischen Gelehrten verurteilt.

Die Anschläge vom 11. September sind im Nahen Osten und im islamischen Raum als Ganzem auf breite Ablehnung gestoßen. In zahlreichen Stellungnahmen und Rechtsgutachten wurden sie von führenden Politikern, staatlichen und unabhängigen Theologen verurteilt. Ihre Monstrosität hat die radikalen Gruppierungen wesentlich an Ansehen gekostet. Diese breite Ablehnung des Terrors hätte eine Chance geboten, den gewalttätigen Islamismus gesellschaftlich zu isolieren und terroristische Methoden zu ächten. Seit dem Beginn des Krieges in Afghanistan am 7. Oktober 2001 hat sich dies jedoch verschoben. Militärschläge, bei denen unschuldige Zivilisten umkommen und die erscheinen, als werde ein Land als Geisel für eine radikale Gruppierung genommen, lassen die Terroranschläge in den USA im Nachhinein als legitim erscheinen. Nun werden die USA als die Aggressoren gesehen, Bin Ladin und seine Anhänger erhalten den Nimbus von Opfern. Daher erscheint es rechtens, dass er alle Muslime zum Verteidigungs-*jihad* aufruft – so geschehen etwa in seiner Verlautbarung, die am 3. November 2001 vom TV-Sender al-Jazira ausgestrahlt wurde.

8   Die innerislamische Stoßrichtung der fatwa

In einer anderen Hinsicht übertreten die Unterzeichner der *fatwa* klassische islamische Rechtspraxis, können jedoch mit einer recht breiten Zustimmung im islamischen Raum rechnen: dass sie sich als „*Laienprediger*" ohne formale theologische Ausbildung befugt fühlen, eine solche weitreichende Aufforderung zu erlassen. Damit werden der Mufti als zuständig für das Rechtsgutachten (*fatwa*) und der staatlich bestellte Richter als autorisierte Instanzen übergangen.

Die meisten Regime der Region haben in den Augen vieler ihrer Bewohner keine echte Legitimität mehr. Von radikalen Islamisten werden sie sogar als *kuffar* (Ungläubige) oder *murtaddun* (Abtrünnige) tituliert und bekämpft. Die staatsnahen Gelehrten geraten ihrerseits in den Sog des Legitimationsverlustes der Regime. In islamistischen Oppositionsbewegungen treten vermehrt religiöse Führer auf, die sich für eine Loslösung der Gelehrten und ihrer Einrichtungen von der staatlichen Kontrolle stark machen. Die wachsende Verbreitung von Massenmedien und die mit ihrer Hilfe zunehmend grenzüberschreitende Kommunikation offerieren ihnen eine Plattform der Selbstdarstellung. Sich religiös legitimierende Milizführer, selbst ernannte Gelehrte, islamistische Intellektuelle und charismatische Prediger führen zu einer zunehmend anarchischen Realität. Einzelne Anführer können unverhofft Schlagzeilen machen und zu populären Heroen aufsteigen. Moderne Kommunikations- und Transportmittel ermöglichen es dezentral operierenden Gruppierungen, weltweit Bündnisse einzugehen oder sich zu internationalen Netzwerken zusammenzuschließen.

Ihre Legitimität beziehen die neuen Prediger nicht mehr aus Studien an islamischen Hochschulen und über Jahre gewonnener Anerkennung durch theologische Autoritäten, sondern aus ihrer durch Kampfgeist erworbenen Anhängerschaft. Usama bin Ladin hat Wirtschaftswissenschaften studiert und soll einen Universitätsabschluss in Hoch- und Tiefbau besitzen, Aiman az-Zawahiri ist Arzt. Beide verfügen über keinen formellen theologischen Abschluss, und ihre weitreichenden Interpretationen und Befehle werden von islamischen Gelehrten als anmaßend und unislamisch verurteilt. Dies scheint ihre Anhänger nicht zu irritieren. Denn religiöse Autorität wird nicht mehr nur in den traditionellen Strukturen gelehrt und übertragen, sondern sie manifestiert sich in persönlichem Engagement und individueller Überzeugung.

Auch dass sich die Gruppe um Bin Ladin unterschiedlichster Versatzstücke in ihrer Ideologie und Symbolik bedient, hat Parallelen in anderen islamistischen Bewegungen. Sie entlehnt den „*Märtyreranschlag*", der im sunnitischen Islam wegen seiner problematischen Nähe zum religiös streng verbotenen Selbstmord umstritten ist, der Praxis schiitisch islamistischer Gruppierungen. Die Rhetorik Bin Ladins knüpft an den antikolonialen Befreiungskampf an. Seine Blut- und Bodenideologie zur Befreiung des „*Landes der beiden Heiligen Stätten*" trägt nationalistische Züge, und mit seinen Hasstiraden auf Amerikaner bedient er antiwestliche Ressentiments. Dass er mit seiner Polemik gegen „*die Juden*" antisemitische Klischees bedient, scheinen seine Übersetzer abschwächen zu wollen, indem sie in den englischen Fassungen stattdessen den Begriff „*Zionisten*" verwenden. Daneben scheint Bin Ladin auch von der Abschreckungsdoktrin des Kalten Krieges gelernt zu haben. Entsprechend drohte er in einem Interview am 9. November 2001 mit einem „*Vergeltungsschlag*" mit atomaren und chemischen Waffen, falls Amerika Afghanistan mit solchen Waffen angreife.[12]

9   Die Legendenbildung um Usama bin Ladin

Usama bin Ladin ist eine Art islamistischer „*Freizeitgelehrter*". Die mediale Konzentration auf ihn als den Superterroristen der Neuzeit bescherte ihm eine Aufmerksamkeit, die er ohne die Dämonisierung im Westen vermutlich nie erlangt hätte. Er verschafft sich religiöses Charisma, indem er den prophetischen Lebenszyklus nachahmt. Angesichts des puritanisch-wahhabitischen Hintergrundes seiner Ideologie und Anhänger, in dem Heiligenverehrung und Idolatrie als unerlaubte Glaubensabweichungen gebrandmarkt werden, ist dies allerdings ungewöhnlich.

Was in den Darstellungen von und über Bin Ladin authentisch und was bereits legendäre Überhöhung ist, lässt sich schwer überprüfen. Usama Bin Ladin hebt in Interviews die außergewöhnlichen Hintergründe seines Lebens hervor. Sein Vater war mit dem Umbau der beiden bedeutendsten Moscheen des Islams, der Pilgermoschee von Mekka und der Grabmoschee Muhammads in Medina, beauftragt, so dass der junge Usama in unmittelbarer Nähe der beiden heiligsten Stätten des Islam aufwuchs. Schon in seiner Jugend soll er deshalb besonders fromm gewesen sein. Als 1979 die Sowjetarmee in Af-

---

12 Interview von Hamad Mir mit Usama bin Ladin, 9.11.2001; http://www.dawn.com/ 2001/11/10/top1.htm.

ghanistan einmarschierte, die *Mujahidin* ihren bewaffneten Widerstand begannen und hierfür Muslime zum *jihad* aufforderten, erhörte bin Ladin den Ruf. Er gab laut seiner Parteigänger seine (reichlichen!) irdischen Güter zugunsten von himmlischen auf. Nach seinen eigenen Worten vermehrte sich sein Wohlstand mit dem *jihad* jedoch noch.[13]

In den 80er Jahren organisierte er den Zufluss arabischer Freiwilliger für den Widerstand, beteiligte sich aber auch an Gefechten. Laut seinen Kameraden kämpfte er immer an vorderster Front. *„Er gab nicht nur sein Geld, sondern sich selbst. Er kam aus seinem Palast herunter, um mit den afghanischen Bauern und den arabischen Kämpfern zu leben. Er kochte, aß und hob Gräben mit ihnen aus. Das war bin Ladins Art."*[14] Auch in Duktus und Botschaft versuchte er prophetengleich aufzutreten. Zitate von ihm werden wie *Hadithe* Muhammads behandelt: *„Ein Tag in Afghanistan ist wie 1.000 Tage Gebet in einer gewöhnlichen Moschee"*, soll er anlässlich seiner Übersiedlung nach Afghanistan gesagt haben.[15]

Nach der Vertreibung der *„größten ungläubigen Supermacht"*, der Sowjetunion, wurde er vom Regime in Saudi-Arabien noch als Held empfangen. Doch sank sein Stern rasch, als er begann, das saudische Herrscherhaus wegen Korruption, Verschwendung der Landesressourcen und vor allem wegen der Stationierung US-amerikanischer Soldaten im Zuge des Golfkrieges zu attackieren. 1991 emigrierte er deshalb zunächst in den Sudan, 1996 weiter nach Afghanistan. Dass er von seiner Familie und seinem Heimatland verstoßen worden ist – 1994 wurde ihm die saudische Staatsbürgerschaft aberkannt – weckt Assoziationen zur *hijra*, der erzwungenen Auswanderung Muhammads und seiner Gemeinde nach Medina. Er wurde, wie die frühe Gemeinde Muhammads, zum *Muhajir*, zum Emigranten. Muhammads neue Gefährten (*Ansar*) in Medina konvertierten zahlreich zum Islam und leisteten das Gelübde, ihn gegen Angriffe der *„Ungläubigen"* zu verteidigen. Usama bin Ladin fand seine *Ansar* in den Taliban, die ihm, wie damals die Medinenser Muhammad, Aufnahme und Schutz gegen die Angriffe der Mekkaner, respektive des saudischen Herrscherhauses gewährten.

Von Medina aus konnte Muhammad den Kampf gegen Mekka aufnehmen. Die ersten Angriffe waren eher Sticheleien, Überfälle (*ghazwa*, pl. *ghazawat* – „Razzien") auf die Handelskarawanen der Mekkaner, deren einer indes in die bereits erwähnte Schlacht von *Badr* mündete. Aus ihr ging das muslimische Heer unter Muhammad, trotz personeller Unterlegenheit von 319 Kämpfern gegen 1.000, siegreich hervor. *Badr* steht somit für den Kampfgeist in militärisch aussichtslos erscheinender Situation. Mit jedem

---

13 So zitieren ihn die Herausgeber der „Azzam Publications" im Vorwort zu seiner „Declaration of War Against the Americans occupying the Land of the Two Holy Places" vom 26.8.1996; http://members.fortunecity.com/q8/Bin_Laden/declarejihad.html
14 ibid.
15 ibid.

Tag, den bin Ladin in Afghanistan gegen die militärisch haushoch überlegenen amerikanischen Streitkräfte ausharrte, wuchs sein Ansehen.

Sein oberstes Ziel, die Befreiung Saudi-Arabiens von ausländischen Truppen, ordnet Bin Ladin in eine islamische Heilsgeschichte ein. „*Die Besetzung des Landes der beiden Heiligen Stätten – Sitz des Hauses des Islam, Platz der Offenbarung, Quelle der Botschaft, Platz der edlen Ka'ba, Gebetsrichtung aller Muslime – durch die Armeen der Christen, der Amerikaner und ihrer Alliierten*" sei das größte Verbrechen gegen die Muslime seit dem Tod des Propheten (Bin Ladin 26. August 1996). Ähnlich pathetisch heißt es in der *fatwa* von 1998: „*Die Arabische Halbinsel ist nie, seit Gott sie flach gemacht, ihre Wüste erschaffen und sie von Meeren umgeben hat, von irgendeiner Streitmacht wie der Armee der Kreuzritter gestürmt worden.*" So wie Muhammad einst die *Ka'ba* von den Ungläubigen „*reinigte*", will Bin Ladin das „*Land der beiden Heiligen Stätten*" von den US-Truppen befreien. Der Zerstörung der Götterstatuen in Mekka durch Muhammad und 'Ali entsprach die Sprengung der Buddha-Standbilder in Bamian durch die Taliban.

10 Ausblick

Der Legitimitätsverlust der Regime in der Region geht einher mit dem Autoritätsverlust der staatsnahen, als regimetreu wahrgenommenen Theologen. Auf der Suche nach Autoritäten gelingt es Laienpredigern immer wieder, Aufmerksamkeit auf sich zu ziehen. Usama bin Ladin schaffte es mit seinem glaubwürdigen Engagement und seiner prophetenähnlichen Biographie, religiöses Charisma aufzubauen, auch wenn er die normativen Quellen und die Geschichte des Islam nur selektiv und instrumentell für seine Zwecke einsetzt. Wird ihn seine militärische Niederlage in Afghanistan entmystifizieren? Oder kann er als „Märtyrer" noch neues Ansehen gewinnen? Ganz auszuschließen ist dies nicht, auch wenn er darin nicht mehr seinem Vorbild Muhammad folgen würde, der eines natürlichen Todes starb.

Ein ordentliches Gerichtsverfahren, sei es vor einem westlichen Gericht oder vor einem international besetzten islamischen Gericht, hätte unter Offenlegung der Beweise gegen ihn seinen Zauber als Spuk entlarven können. Dies hätte vor allem der Bevölkerung der Region eindrucksvoll demonstriert, dass Recht bindender ist als militärische Macht. Man sollte sich keine Illusion machen, durch eine militärische Zerschlagung des Netzwerkes von bin Ladin die Gefahr von sich islamisch legitimierendem Terrorismus beseitigen zu können. Der Islam – wie andere Religionen und Ideologien – bietet ein reichhaltiges Repertoire an Texten und Symbolen, die sich als Versatzstücke missbrauchen und zu gewalttätigen Lehren kombinieren lassen. Weitere Anschläge lassen sich nur verhindern, wenn die Ursachen der tiefen Unzufriedenheit angegangen werden, die Menschen dazu veranlassen, sich von solch Menschen verachtenden Lehren verführen zu lassen.

Literatur

bin Ladin, Usama (26.8.1996): „Declaration of War Against the Americans occupying the Land of the Two Holy Places" mit einem Vorwort der „Azzam Publications", http://members.fortunecity.com/q8/Bin_Laden/declarejihad.html (nicht mehr abrufbar). Englische Version beispielsweise in der Washington Post vom 21.9.2001 (http://www.washingtonpost.com/wp-dyn/articles/A4993-2001Sep21.html)

Fatwa (1998): „Nass bayan al-Jabha al-Islamiya al-'Alamiya li-Jihad al-Yahud wa as-Salibiyin". In: al-Quds al-Arabi, London, 23. Februar 1998.

Lewis, Bernard (1998): Licence to Kill: Usama bin Ladin's Declaration of Jihad. In: Foreign Affairs 77 (November-December), S. 14-19.

Lewis, Bernard (1991): Die politische Sprache des Islam. Berlin: Rotbuch.

Interview von Hamad Mir mit Usama bin Ladin, 9.11.2001; http://www.dawn.com/2001/11/10/top1.htm.

Noth, Albrecht (2001): Früher Islam. In: Haarmann, Ulrich (Hrsg.): Geschichte der arabischen Welt. München: Beck, S. 11-100.

Amr Hamzawy

Die Angst vor den kulturellen Folgen der Globalisierung: Die arabischen Intellektuellen und der Westen nach dem 11. September

Der 11. September 2001 löste im arabischen Raum erneut eine Debatte über das Verhältnis zum Westen aus. Der einhelligen Verurteilung der Terroranschläge und der anfänglichen Welle der Solidarität mit den USA folgten die Suche nach den Gründen der islamistischen Gewalt sowie eine Auseinandersetzung mit der Bedrohung einiger arabischer und islamischer Länder im Rahmen der Anti-Terror-Kampagne. In zahlreichen Pressepublikationen greifen arabische Intellektuelle in ihren aktuellen Beiträgen zunehmend auf ältere Positionen und ideologisch geprägte Erklärungsmuster zurück, die sich in den 90er Jahren im Kontext der Globalisierungsdebatte artikulieren ließen.

Die Dramatik der momentanen Situation bedingt dabei eine Vereinfachung und eine Zuspitzung der Positionen, die die Globalisierung vor allem als neue Form westlicher Hegemonie deuten. Die islamistische Gewalt wird zwar nicht direkt gerechtfertigt. Sie wird jedoch entweder als ein lokaler Ausdruck des vermeintlich vom Westen beschworenen globalen Kampfes der Weltkulturen beziehungsweise der Weltreligionen oder als ein Endprodukt westlicher Ungerechtigkeiten gegenüber der arabisch-islamischen Welt verharmlost. Nur in wenigen Artikeln sind kritische Stimmen zu vernehmen, die die Gleichstellung von Globalisierung und Verwestlichung hinterfragen und in der islamistischen Gewalt eine globale Gefahr sehen.

Im vorliegenden Beitrag soll der Versuch unternommen werden, die Reaktionen arabischer Denker auf den 11. September anhand ihrer journalistischen Beiträge der darauf folgenden Wochen zu analysieren. Um dies in einen breiteren Rahmen einzubetten, werden zunächst einige Anmerkungen zur Gesamtstruktur und zum intellektuellen Bezugsrahmen der arabischen Globalisierungsdebatte formuliert.

1   Die arabische Globalisierungsdebatte

In einem Vortrag im Berliner Zentrum Moderner Orient (Geisteswissen-
schaftliche Zentren Berlin e.V.) fasste der ägyptische Politikwissenschaftler
Ahmed ᶜAbdallah im Sommer 1999 die Positionen arabischer Intellektueller
bezüglich der Globalisierung mit drei Worten zusammen: *„Dagegen, dafür
und dazwischen"*. Weitere Konkretisierungen lehnte er mit der Begründung
ab, dass sich die Debatte noch in ihren Anfängen befinde. Der in Ägypten lebende syrische Politikwissenschaftler Walid Qaziha, Professor an der American University in Kairo, vertrat ein halbes Jahr zuvor die gleiche Auffassung,
brachte jedoch die ablehnende Haltung gegenüber den kulturellen Folgen der
Globalisierung ausschließlich mit den islamistischen Intellektuellen in Verbindung.[1]

Seit 1998 wird in arabischsprachigen Veröffentlichungen über *al-aulama*
(Globalisierung) geschrieben. Wie bei den intellektuellen Kontroversen der
90er Jahre über die Zivilgesellschaft und den Reformislam spielte ein vom
Beiruter *Center for Arab Unity Studies* herausgegebener Sammelband mit
dem Titel *„Die Araber und die Globalisierung"* eine entscheidende Rolle für
die arabische Debatte (al-Chouli 1998). Auf jene Veröffentlichung folgten
zahlreiche Monographien, Sammelbände und wissenschaftliche Aufsätze, die
sich mit den technologischen, ökonomischen, sozialen, politischen und kulturellen Prozessen der Globalisierung und deren spezifischen Erscheinungsformen im arabischen Raum befassten.

Dabei waren einige journalistische Beiträge von Intellektuellen in diver-
sen arabischen Tages- und Wochenzeitungen vorausgegangen, in denen der
Begriff Globalisierung kritisch beleuchtet wurde. Beispielsweise schrieb der
libanesische Soziologe Burhan Ghalyun bereits am 20. März 1997: *„Die
Globalisierung als solche ist nicht wegzudenken. Vielmehr stellt sie einen
objektiven, historischen Prozess dar. Wir als Bürger der arabischen Welt
können nur versuchen, jenen Prozess zu beeinflussen und zu kontrollieren,
um nicht zu seinen Opfern zu werden. Die Auffassung, die Globalisierung sei
nicht mehr als eine weltweite Katastrophe für unsere Völker, ist sehr proble-
matisch. Denn die Globalisierung birgt in sich großartige historische Möglichkeiten. Was wir Araber daraus machen, hängt vorwiegend davon ab, wie
wir selbst damit umgehen. Wird es uns gelingen, die nötigen rationalen
Grundlagen zu schaffen, anhand derer wir konstruktiv mit dem Prozess der
Globalisierung interagieren können? Im positiven Fall könnte dies uns helfen, unsere gegenwärtige Stellung in der Weltordnung als schwache und
marginale Länder zu ändern. "* (Ghalyun 1997)

---

1   Bei beiden Anlässen war der Verfasser anwesend und stützt sich hierbei auf seine eigenen Notizen.

Der ägyptische Kulturwissenschaftler Dschabir ʿAsfur, Professor an der Universität Kairo, bemerkt in einem Beitrag *über „Globalisierung und kulturelle Identität“*: *„Tatsache ist, dass die Globalisierung weltweit eine neue gelebte Realität auf vielen Ebenen forciert, wie zum Beispiel im Zusammenhang mit dem Verhältnis zwischen dem Fortgeschrittenen und dem Rückständigen, den Produzenten und den Konsumenten von Kulturgütern, den reichen und den armen Nationen unserer Erde. Zusätzlich bewirkt die Globalisierung einen radikalen Wandel hinsichtlich der Funktionalität der traditionellen Grenzen zwischen den Völkern, vor allem in den Bereichen des Kapitaltransfers, der modernen Technologie, der neuen Kommunikationsmedien, des Austauschs von Gütern und der Mobilität der Arbeitskraft transnationaler Unternehmen. Das alles zieht in den lokalen Kulturen der betroffenen Länder einen Prozess des Umdenkens nach sich, welcher voller Widersprüche und Gegensätze verläuft.“* (ʿAsfur 1998)

Bereits zu Beginn der 90er Jahre fand eine Diskussion über Phänomene und Prozesse statt, die gegenwärtig mit dem Begriff Globalisierung zusammengefasst werden. Erwähnenswert hierbei sind Themen wie die Informationsrevolution, die universale Verbreitung westlicher Gesellschafts- und Politikmodelle, die Amerikanisierung des Alltags, die Verwestlichung arabischer Eliten, die Gefährdung lokaler Identitäten, die Krise des Nationalstaats, die Liberalisierung des internationalen Handels und die Rolle transnationaler Unternehmen. Die bis 1998 herangezogenen Termini waren vor allem *al-ʿalamiya* (Universalismus), *al-kaukaba* (Planetarisierung), *al-kaukabiya* (Planetarismus) und *al-kuniya* (Globalismus).[2]

Unmittelbar nach dem Zweiten Golfkrieg dominierte der Begriff „*Neue Weltordnung*" zur Beschreibung der weltweiten Transformationen seit dem Zerfall des Ostblocks. Die arabischen Staaten erlebten die angebliche Neue Weltordnung im Zuge der militärischen Aktion der USA und ihrer Partner gegen einen arabischen, „abtrünnigen" Staat. So war es vorprogrammiert, dass die Mehrheit der arabischen Autoren in erster Linie die Gefahr einer amerikanischen Hegemonie in den Mittelpunkt der Diskussion stellten. Arabische Intellektuelle sahen die arabische Welt als Opfer globaler Veränderungen unter westlicher und israelischer Regie und zogen daraus voreilige – häufig politisch motivierte – Verurteilungen der internationalen Entwicklung (ʿAbdallah 1995: 25-26).

Noch immer findet sich in zeitgenössischen Beiträgen zur Globalisierung diese negative Einschätzung wieder, wie zum Beispiel in dem 1999 veröffentlichten Buch von Mustafa an-Naschar „*Gegen die Globalisierung*" (an-Naschar 1999). Doch die Übernahme des Begriffs ʿ*aulama* signalisierte eine deutliche Verschiebung der Debatte, fort von ideologischen, polemischen

---

2 Diese Termini werden weiterhin in einigen aktuellen Werken herangezogen. Jedoch gewinnt der Beobachter arabischer intellektueller Produktion seit 1998 den Eindruck, dass sich der Begriff Globalisierung durchsetzen konnte.

Abhandlungen hin zu einer stärkeren Einbeziehung ökonomischer und kultureller Mechanismen der Globalisierungsprozesse. Nur in gesamt-arabischen
Krisenzeiten, wie nach dem Ausbruch der zweiten Intifada in den palästinensischen besetzten Gebieten im Herbst 2000 oder nach den Terroranschlägen
des 11. September, erhält die Ideologisierung des Begriffes neue Nahrung.

Die zeitgenössischen Beiträge zur *ʿaulama* decken eine breite Themen-
palette ab. Die Mehrheit der arabischen Intellektuellen beschäftigt sich dabei
mit den kulturellen Herausforderungen der Globalisierung und deren Auswirkungen auf lokale Identitäten. Selbst in ökonomischen Abhandlungen erlangt der Kulturbegriff einen bedeutenden Stellenwert. So prangert der ägyptische Wirtschaftswissenschaftler Dschalal Amin, Professor an der American
University in Kairo, in seinen Werken den schädlichen Einfluss der Globalisierung auf das arabische Kulturerbe und die arabische Hochsprache an. Daraus leitet er ein Verständnis von kultureller Globalisierung ab, die auf einer
Gleichstellung mit Verwestlichung und Amerikanisierung basiert. Zwar er-
kennt Amin die Wichtigkeit universalisierter Normen und Diskurse in den
Bereichen demokratischer Gestaltung der Politiksphäre und einer Achtung
der Menschenrechte an, insistiert aber darauf, dass sie nur wirksam werden,
wenn sie innerhalb lokaler Kontexte authentisch übertragen und artikuliert
werden (Amin 1999: 115-122).

Die arabische Debatte dreht sich vor allem um die Auseinandersetzung
um das Verhältnis von Globalisierung und Kultur sowie lokaler Identität.
Hierbei lassen sich zwei Ansätze unterscheiden: ein kulturpessimistischer
und ein weltoffener.

Vertreter des ersten Ansatzes gehören, entgegen der eingangs zitierten
Behauptung von Qaziha, sowohl islamistischen als auch säkularen Denk-
strömungen an. Sie setzen Globalisierung überwiegend mit einer Hegemoni-
alstellung westlicher Normen und Lebensformen gleich und deuten sie als einen erneuten Versuch, weltweite kulturelle Homogenität nach westlichem
Vorbild durchzusetzen. In diesem Gedankenhorizont wird die Globalisierung
ausschließlich als Bedrohung des „Eigenen", des „Authentischen" eingestuft.
Aus den drei Begriffen Globalisierung, Kultur und Identität konstruieren die
Kulturpessimisten ein einfaches, negatives Kontinuum entlang der Formel
„*Globalisierung gleich Bedrohung der lokalen Kultur gleich Verlust der au-
thentischen Identität*".

Ferner bestreiten sie die Universalität der westlichen Moderne und heben
die eigene Historizität und soziokulturelle Besonderheit arabisch-islamischer
Gesellschaften hervor. Daraus leiten sie die Notwendigkeit eines authentischen Denkens ab. Der Traditionsbegriff erlangt in diesem Zusammenhang
einen wichtigen Stellenwert. Tradition wird als ein von Generation zu Generation überlieferter kultureller Korpus einheitlichen Ideengehalts verstanden,
welches seine Legitimation durch eine zeitliche Tiefe erhält. Letztere wiederum ermöglicht dem jeweiligen Traditionskollektiv, in diesem Fall der arabischen Welt oder der islamischen *umma*, eine kontinuierliche Identität über

räumliche und zeitliche Veränderungen hinweg zu bewahren (Hanafi 2000: 44-64).

Die weltoffenen arabischen Intellektuellen sehen hingegen in der Intensivierung des Kulturaustausches und in der zunehmenden Mobilität die Chance, lokale Identitäten unter den Vorzeichen von Toleranz und der Gleichheit neu zu bewerten. Den westlichen Einfluss nehmen sie als eine positive Herausforderung wahr, der die Produzenten der lokalen Kultur im arabischen Raum zwingt, ihre Diskurse und Symbolik zu erneuern. Eine ausschließlich rückwärts gewandte Definition der eigenen Identität anhand einer Reduzierung auf ein im religiösen Sinne idealisiertes Zeitalter wird abgelehnt. Folgerichtig thematisieren sie die historische Dynamik des Verhältnisses zur westlichen Kultur, die seit dem Mittelalter mit der arabisch-islamischen in einem ununterbrochenen Dialog steht.

Die Anerkennung des globalen Charakters der Moderne und die Hervorhebung der Brüche in der arabischen Geschichte stellen die geistigen Grundlagen dieser Position dar. Die Moderne wird als eine weltweite, allumfassende Realität verstanden, welche der islamisch geprägten, mittelalterlichen Kontinuität in den arabischen Ländern ein Ende setzte. Jegliche Form von intellektueller oder politischer Praxis, welche die Faktizität der globalen Moderne und der damit verbundenen Säkularisierung negiert, wird als eine pathologische, ahistorische Ablehnung der Gegenwart bezeichnet. Der radikalen Trennung zwischen dem Eigenen, dem Lokalen, dem Authentischen, dem Islamischen und dem Fremden, dem Globalen, dem Importierten, dem Christlichen, dem Säkularen stellen weltoffene arabische Denker die lange Geschichte des Dialogs mit anderen Kulturräumen entgegen, die aus ihrer Sicht nicht auf die Dimension der Bedrohung/Eroberung eingeschränkt werden darf (Harb 2000: 96-115).

Obwohl sich beide Ansätze in den aktuellen Beiträgen arabischer Intellektueller zum 11. September finden lassen, dominiert in den meisten Momentaufnahmen die Wahrnehmung der Globalisierung als einer westlichen Bedrohung der arabischen Welt beziehungsweise des Islam. Die Konsequenzen sind fatal.

2   Die Verschwörung

Einige Tage vor dem Beginn der amerikanisch-britischen Vergeltungsschläge gegen Afghanistan, zwischen dem 4. und 9. Oktober 2001, veröffentlichte die arabische Tageszeitung al-Hayat eine Artikelserie über Usama bin Ladin und sein Netzwerk al-Qaʿida. Der in London lebende libanesische Journalist Kamil at-Tawil befasst sich darin sowohl mit den Anfängen Bin Ladins als Kämpfer gegen die sowjetische Armee in den 80er Jahren als auch mit der Entwicklung seines radikalen Netzwerks in den 90er Jahren. Basierend auf

Interviews und Aussagen von ehemaligen Mitgliedern der Qaᶜida analysiert at-Tawil die Stationen Bin Ladins: seine Studienjahre im Beirut der 70er Jahre, seine ersten Besuche in Afghanistan zwischen 1982 und 1984, bis hin zur Gründung seiner ersten Organisation „*bait al-ansar*" und den militärischen Operationen in der zweiten Hälfte der 80er Jahre. Besonders ausführlich behandelt die Artikelreihe die Etablierung des Netzwerks Qaᶜida in Afghanistan im Jahre 1988 und die Intensivierung seiner Kontakte zu anderen radikalen islamistischen Gruppierungen weltweit.

Den Grund für die zeitweilige Rückkehr Bin Ladins nach Saudi-Arabien 1989 sieht at-Tawil in der Zielsetzung der Qaᶜida, den *dschihad* in den arabischen Raum zu bringen. Er erläutert zudem, dass die Organisation darunter zunächst weniger einen Heiligen Krieg gegen den westlichen Einfluss in der arabischen Welt verstand, als vielmehr einen Kampf gegen die „*ungerechten arabischen Herrscher*". Der Ausbruch des Zweiten Golfkrieges habe dann zur Entwicklung der anti-amerikanischen Haltung geführt. Das Scheitern der Versuche Bin Ladins, von Saudi-Arabien aus ein golfarabisch operierendes islamistisches Netzwerk aufzubauen, führte letztendlich zur zweiten Auswanderung, 1990 zuerst nach Afghanistan, dann zwischen 1991 und 1996 in den Sudan und schließlich nach Afghanistan, wo sich Bin Ladin bis zu den Anschlägen vom 11. September aufhielt.

Die damit einhergehende Radikalisierung der Qaᶜida und die Artikulierung einer neuen Zielsetzung, nämlich der Vertreibung von ungläubigen US-Soldaten aus dem *Hidschaz*, dem heiligen Land der Muslime, und die Befreiung von Jerusalem bettet at-Tawil in den Kontext der Machtübernahme innerhalb des Netzwerks durch ehemals führende Mitglieder der ägyptischen *dschihad*-Gruppe (Aiman az-Zawahiri und Abu Hifs al-Misri) ein. Hierbei belegt er den Richtungswandel mit der Ausrufung des Heiligen Krieges gegen die USA 1996 und mit der von Bin Ladin erlassenen *fatwa* (Rechtsgutachten) zur Legitimierung von Selbstmordattentaten gegen amerikanische und israelische Militärs und Zivilisten 1998 (at-Tawil 2001).

Die Sachlichkeit der Artikelserie in al-Hayat, die ihresgleichen in der westlichen Berichterstattung sucht, steht nicht exemplarisch für die Behandlung der Anschläge vom 11. September und ihrer Hintergründe in der arabischen Presse. Vielmehr sieht sich die Leserschaft arabischer Tages- und Wochenzeitungen entweder mit ideologisch gefärbten Artikeln über den Islamismus und das Verhältnis der arabischen Welt zum Westen konfrontiert, deren Aufhänger normalerweise die Betonung der amerikanischen Unterstützung für radikale islamistische Gruppierungen in den 80er und 90er Jahren und die Kritik an den Auswirkungen der westlichen Politik gegenüber der arabisch-islamischen Welt darstellen, oder es erscheinen abstrakte Abhandlungen über die friedfertige Natur des Islam und die Thesen von Samuel P. Huntington hinsichtlich des Kampfes der Weltkulturen.

Selten werden in den überwiegend von anerkannten arabischen Intellektuellen geschriebenen Beiträgen die internen und regionalen Faktoren des

Aufstiegs islamistischer Ideologien und Bewegungen thematisiert. Die Häufigkeit und sichtbare Zusammenhanglosigkeit der Kritik am Westen legen die Vermutung nahe, dass dahinter trotz der prinzipiellen Verurteilung der Anschläge vom 11. September eine indirekte Rechtfertigung im Sinne eines *„Es geschieht ihnen recht"* stecken könnte. Die angebliche klammheimliche Freude über die Anschläge und die vermeintliche Beliebtheit Bin Ladins bei den arabischen Massen werden vor allem dadurch erklärt, dass er entscheidende Probleme wie den Nahost-Konflikt anspreche und es gewagt habe, den *„arroganten"* Amerikanern eine Lektion zu erteilen. Die Figur Bin Ladins, wie sie in der arabischen Presse entworfen wird, erinnert in vielen Zügen an die von Saddam Hussein während des Zweiten Golfkrieges. Obwohl die Unterschiede zwischen den beiden in Diskurs und Zielsetzung diskutiert werden, umgibt die Berichterstattung Usama Bin Ladin mit der Aura eines lokalen Helden und stellt ihn in eine Reihe mit dem ehemaligen ägyptischen Präsidenten Gamal ʿAbdel Nasser (1952-1970) und mit Saddam Hussein als Vorkämpfer für die gerechte Sache der Araber.

Die Angst vor den kulturellen Folgen der Globalisierung und vor dem vermeintlichen Verlust der eigenen Identität rückt deshalb in den Mittelpunkt, um den Heiligen Krieg gegen den imperialistischen Westen als die alleinige Möglichkeit heraufzubeschwören, die bedrohte arabisch-islamische Welt vor den *alten neuen christlichen Kolonialherren* zu retten. Dadurch wird die islamistische Gewalt mittelbar legitimiert, diesmal jedoch anhand ihrer Einbettung in einen authentisierten Identitätszusammenhang.

Die Tatsache, dass sowohl säkulare als auch islamistische Intellektuelle an diesem einheitlichen Diskurs teilnehmen, lässt Zweifel an der Rationalität der Koordinatensysteme des zeitgenössischen arabischen Denkens aufkommen.

Ergänzt werden diese Argumentationslinien durch eine dritte Komponente: die Verschwörungstheorien. So gehen manche Intellektuelle davon aus, die amerikanischen Geheimdienste hätten die Anschläge vom 11. September aus einer rassistisch-imperialistischen Haltung gegenüber der arabischen Welt geplant und selbst verübt, um ihren längst vorbereiteten Generalangriff auf die *umma* zu rechtfertigen.

Vertreter einer anderen Verschwörungsvariante behaupten, der christliche Okzident habe aus religiösem Hass mit den Anschlägen beabsichtigt, die im Westen lebenden Muslime unter dem Vorwand des Fanatismus loszuwerden. Mit dem Bekanntwerden der Hetzkampagne gegen den Islam in Teilen der westlichen Medien und der ersten juristischen Schritte gegen in Europa tätige islamische Verbände, wie zum Beispiel die Streichung des Religionsprivilegs im deutschen Vereinsgesetz, sahen sich die Vertreter dieser Theorie bestätigt. Besonders die Heranziehung des symbolisch beladenen Begriffes *„Kreuzzug"* seitens des amerikanischen Präsidenten diente ihnen nicht nur als Beleg für den westlichen Hass auf den Islam, sondern bewirkte in ihrer Wahrnehmung eine tief greifende Verankerung der jetzigen amerikanischen Politik im Kontext der negativen historischen Erfahrungen zwischen dem Orient und dem Okzident.

Eine weitere Variante der Verschwörungstheorien geht davon aus, der vom internationalen Zionismus und dem Staat Israel dominierte Westen habe unter Anleitung des israelischen Geheimdienstes die Terroranschläge vorbereitet und durchgeführt, um den brutalen Umgang der israelischen Regierung mit den Palästinensern in den besetzten Gebieten zu rechtfertigen. Das in diesem Zusammenhang zirkulierende Gerücht, jüdische Angestellte im World Trade Center seien am 11. September 2001 nicht an ihren Arbeitsplätzen gewesen, wird dabei bereitwillig als Tatsache angenommen. Diese letzte Variante der Verschwörungstheorien stellt eine Rückkehr zu einem der dominanten Erklärungsmuster in der arabischen Öffentlichkeit dar: *„Die Juden stekken dahinter"*. Ob es die allmähliche Verbreitung der HIV-Infektion im arabischen Raum (infizierte Agentinnen des israelischen Geheimdienstes, die bewusst arabische Männer verführen, um sie anzustecken) oder auch die schlechte Baumwollernte in Ägypten (manipulierte Samen, die von der israelischen Regierung geschenkt wurden) ist, Israel hat immer Schuld.

Ein Paradebeispiel dafür, dass die Theorien einer angeblichen Verschwörung gegen die arabische Welt und den Islam einander nicht ausschließen, ist der Artikel des renommierten ägyptischen Islamisten Mustafa Mahmud, der am 3. November in der ägyptischen Tageszeitung al-Ahram erschien. Mahmud beginnt mit einer humanistisch akzentuierten Fundamentalkritik an den amerikanischen Vergeltungsschlägen, bei denen viele Zivilisten ums Leben gekommen sind, und wirft im gleichen Atemzug dem Westen vor, diesen *„Kreuzzug gegen den Islam"* seit Jahrzehnten geplant zu haben. Die Terroranschläge vom 11. September, die aus seiner Sicht von amerikanischen Gruppen verübt wurden, dienten lediglich als Rechtfertigung für den Angriff auf eine unschuldige Nation, die islamische *umma*. In der zunehmenden Brutalität der israelischen Armee gegenüber den Palästinensern sieht Mahmud nicht nur eine Instrumentalisierung der jetzigen anti-islamischen Stimmung seitens des jüdischen Staats, sondern gleichzeitig den Beweis dafür, dass Israel an der Planung der Anschläge beteiligt gewesen sein muss. *„Es ist Selbstmord, das Ende der amerikanischen Medien, des amerikanischen Militärs, der amerikanischen Politik. Es ist der Anfang vom Ende einer dummen Zivilisation, die in der Dunkelheit ihrer materialistischen Interessen irrt. [...] Und Israel, jenes Instrument anderer Mächte, nutzt das jetzige Chaos aus und tötet die Palästinenser massenweise. Israel zerstört ihre Häuser und beschlagnahmt ihr Eigentum. Israel lehnt den Rückzug aus den besetzten Gebieten ab und kann es sich leisten, der Weltmacht USA nein zu sagen. [...] Die Geschichte ist aber noch nicht zu Ende. Allmählich wird die Wahrheit sichtbar. Es waren Israel und einige amerikanische Gruppen, welche die Anschläge vom 11. September geplant und verübt haben. Die Milzbrandfälle in den USA stellen einen weiteren Beleg dafür dar."* (Mahmud 2001)

Der Krieg in Afghanistan wird anhand eines apokalyptischen Diktums zum endgültigen Kampf zwischen dem wahren Islam und der materialistischen Zivilisation des Westens stilisiert. Die Hervorhebung der islamischen Wir-Gemeinschaft, das Märtyrertum und die Verheißung eines sicheren Niedergangs des Westens bergen daher nicht nur eine im radikalen islamistischen Denken häufig anzutreffende Vorstellung vom Ende der Geschichte in sich. Vielmehr vollenden sie den letzten Kreis einer islamistischen Variante der messianischen Heilsgeschichte, an deren Ende das Gute und sein Held (in diesem Fall Bin Ladin) siegen werden.

3 Kritische Denkanstöße

Ungeachtet der Artikulation solcher scheinbar weit hergeholten Verschwörungsängste werden in einer kleinen Anzahl von kritischen Artikeln Denkanstöße formuliert, die, obwohl nicht unbedingt neu, kraft ihrer jetzigen medialen Verbreitung von großer Bedeutung für die Entwicklung des arabischen Denkens und der arabischen Öffentlichkeit in den kommenden Jahren sein könnten.

So verbinden der libanesische Philosoph Ridwan as-Sayyid, Professor an der libanesischen Universität in Beirut, und der ägyptische Denker ʿAbdel Wahhab al-Missiri in ihren Pressebeiträgen die Verteidigung des *„wahren Islam"* mit einer Kritik am radikalen Islamismus und an seinen Politik- und Gesellschaftsvorstellungen. Dabei verurteilen sie die Reduzierung der islamischen Politik auf die Implementierung der *schariʿa* (islamisches Recht) und die Bereitschaft, auch unter Gewaltanwendung gegenwärtige arabische Gesellschaften entlang eines bestimmten Islamverständnisses zu bekehren, ebenso wie sie die Billigung der Terroranschläge mit Verweis auf die amerikanische Nahostpolitik der letzten Jahrzehnte oder die Bedrohung der islamischen *umma* durch die westlich dominierte Globalisierung ablehnen (as-Sayyid 2001 & al-Missiri 2001).

Die Bedeutsamkeit dieser im Grunde marginalen Position liegt darin, dass as-Sayyid und al-Missiri als prominente Vertreter des moderaten Islamismus gelten, denen in der Vergangenheit häufig vorgeworfen wurde, die Gewaltanwendung von radikalen religiösen Gruppierungen im Stillen gutzuheißen. Ihre klare Abkehr vom gewaltbereiten Islamismus verdeutlicht den Wandel, der sich in den späten 90er Jahren innerhalb des religiösen Spektrums im arabischen Raum hin zur Wiederentdeckung der moralischen und friedlichen Wurzeln des Islamismus anbahnte, wie sie vom Gründer der ägyptischen Muslimbruderschaft *Hassan al-Banna* in den 20er und 30er Jahren artikuliert wurden. Diese Abkehr stellt zugleich, wie es der tunesische Denker Abu Yaʿrib al-Marzuqi formuliert, eine Abwendung vom politisierten

Gedankensystem des ägyptischen Vordenkers des radikalen Islamismus, Sayyid Qutb (1906-1966) dar und könnte eine Entpolitisierung der Religion nach sich ziehen (al-Marzuqi 2001).

Eine Verlagerung des Schwerpunktes in der arabischen Debatte über den 11. September hin zur Thematisierung von internen und regionalen Entstehungsgründen des Islamismus findet sich bei einigen säkularen Denkern und Schriftstellern. Die libanesischen Soziologen Waddah Scharara und Salim Nasar betonen, dass der Aufstieg des radikalen Islamismus seinen Nährboden weniger im Antiamerikanismus als in den gesellschaftlichen Krisen der arabischen Welt und in der Instrumentalisierung der Religion seitens der herrschenden Eliten habe, die von ihrem Versagen und der fehlenden Legitimität ihrer politischen Systeme abzulenken versuchten. Daher sollten die Araber, ehe sie einseitig vom Westen verlangen, sich mit den Auswirkungen seiner Politik und seiner Globalisierung auseinander zu setzen, ebenfalls über die nicht vorhandenen demokratischen Grundlagen ihrer Gesellschaftsordnung nachdenken.

In diesen Kontext ordnet Scharara auch das Phänomen der Verschwörungstheorien ein, wenn er erklärt, dass diese nur in einer totalitär strukturierten Öffentlichkeit Verbreitung finden könnten. Er verurteilt im Einklang mit Nasar die Heranziehung des arabisch-israelischen Konfliktes als ganzheitliches Erklärungsmuster für die religiös motivierte Gewalt gegen den Westen. Bin Ladin gehe es weniger um die Befreiung Palästinas als um die Errichtung eines rückwärts gewandten islamischen Gottesstaats im arabischen Raum, in dessen Rahmen universal gültige Prinzipien, wie die Achtung der Menschenrechte, keinerlei Bedeutung hätten (Scharara 2001 & Nasar 2001).

Auch die Figur Usama Bin Ladins und seine Funktion in der arabischen Öffentlichkeit werden einer kritischen Betrachtung unterworfen. Der ägyptische Politikwissenschaftler Wahid ʿAbdel Majid vom *Ahram Center for Political and Strategic Studies* in Kairo sieht die mediale Darstellung Bin Ladins in der Welt der modernen arabischen Heldensagen verankert (ʿAbdel Majid 2001). In der Tat erweckt seine Präsentation als einsamer Kämpfer gegen die scheinbar arroganten Mächte der Welt beispielsweise die Analogie zur Figur von Adham al-Scharqawi, einem legendären Kämpfer gegen die britische Besatzung in Ägypten Anfang des 20. Jahrhunderts.

Zum anderen fühlen sich viele Muslime angesichts der Erkenntnis, dass Bin Ladin sich an einem verlassenen Ort in den afghanischen Bergen aufhalten muss, an das Versteck des Propheten Muhammed in der Höhle von *hiraʿ* während seiner Auswanderung von Mekka nach Medina im Jahre 622 erinnert – eine Komponente, die in der Selbstdarstellung der Qaʿida, vor allem in der ersten Videobotschaft Bin Ladins unmittelbar nach dem Beginn der Vergeltungsschläge, deutlich aufgegriffen wurde. Die Hervorhebung seiner schönen Sprache und seiner Sachlichkeit erfüllen aus der Sicht ʿAbdel Majids die doppelte Funktion, Bin Ladin zum alleinigen Vertreter selbstbewusster

Muslime zu erheben und den fehlenden Realismus seiner politischen Ziele zu verklären.

Jedoch findet unter den kritischen Intellektuellen keine wirkliche Auseinandersetzung mit den kulturellen Folgen der Globalisierung statt. Vielmehr begnügen sie sich entweder mit Appellen an den Westen, er möge die wirtschaftliche Globalisierung gerechter gestalten und die weltweite Armutsbekämpfung stärker fördern oder mit der Feststellung, der radikale Islamismus sei zu einem globalen Phänomen avanciert (Saghiya 2001). Die Vermutung liegt meines Erachtens nahe, dass dahinter eine latente Unsicherheit steht. Denn es wäre in der Tat sehr abwegig, zeitgleich mit den amerikanisch-britischen Vergeltungsschlägen von den positiven Synergieeffekten des Verhältnisses zwischen der globalen westlichen und der lokalen arabisch-islamischen Kultur zu sprechen.

4 Fazit

Obwohl die kritischen Abhandlungen weiterhin keine zentrale Stellung im intellektuellen Umgang mit dem 11. September und den Folgeereignissen einnehmen, bergen sie ein großes Potenzial in sich. Dabei stellt die mögliche intellektuelle Isolation des radikalen Islamismus einen genauso wichtigen Eckpfeiler dar wie die öffentliche Diskussion über die normativen Grundlagen moderner Gesellschaften im arabischen Raum.

Zuweilen hat man den Eindruck, dass der 11. September einige arabische Denker und Schriftsteller wachgerüttelt hat, und vielleicht wird er eine neue Phase im zeitgenössischen arabischen Denken einleiten, in der es zunehmend schwieriger wird, Krisen am „bösen" Westen festzumachen und vom eigenen Versagen abzulenken. Es ist unausweichlich, dass die arabische Welt sich mit der Realität der Globalisierung und den damit verbundenen Gefahren sowie Möglichkeiten auseinander setzt. Dies wäre ein bedeutender Schritt nach vorn im Dialog der Weltkulturen und der Weltreligionen.

Literatur

I. Monographien und Sammelbände

ᶜAbdallah, Ahmed (1995): nahnu wa'l-ᶜalam al-dschadid – muhawala wataniya li fahm attatawwurat al-ᶜalamiya. Kairo: Markaz al-Mahrusa.
Amin, Dschalal (1999): al-ᶜaulama wa't-tanmiya al-ᶜarabiya min hamlat Nabilyun ila dschaulat al-Urughway 1798-1998. Beirut: Center for Arab Unity Studies.
Al-Chouli, Amin (Hrsg 1998): al-ᶜarab wa'l-ᶜaulama. Beirut: Center for Arab Unity Studies.

Hanafi, Hassan (2000): al-ᶜaulama bayn al-haqiqa wa'l-wahm. In: Dar al-Fikr (Hrsg): ma al-ᶜaulama?. Damaskus: Dar al-Fikr, S. 11-64.

Harb, ᶜAli (2000): hadith an-nihayat – futuhat al-ᶜaulama wa ma ziq al-huwiya. Casablanca & Beirut: Arab Cultural Center.

an-Naschar, Mustafa (1999): didd al-ᶜaulama. Kairo: Dar Qibaa.

II. Beiträge in Zeitungen

ᶜAbdel Majid, Wahid (2001): ᶜAbdel Nasser/Saddam Hussein/Bin Ladin. In: al-Hayat, 3.11.2001.

ᶜAsfur, Dschabir (1998): al-ᶜaulama wa'l-huwiya ath-thaqafiya. In: al-Hayat, 11.5.1998.

Ghalyun, Burhan (1997): al-ᶜaulama wa'l-indimag al-iqlimi wa'l-ᶜilaqat al-ᶜarabiya al-amirikiya. In: al-Ahram, 20.3.1997.

Mahmud, Mustafa (2001): hal huwa intihar! In: al-Ahram, 3.11.2001.

al-Marzuqi, Abu Yaᶜrib (2001): munasaba li-tachlis al-ᶜalam. In: al-Hayat, 11.10.2001.

al-Missiri, ᶜAbdel Wahhab (2001): li-natafawad maᶜan zalimin wa mazlumin. In: al-Hayat, 11.10.2001.

Nasar, Salim (2001): harb ᶜalamiya thalitha didd radschul yudaᶜa tugu Bin Ladin. In: al-Hayat, 22.9.2001.

Saghiya, Hazim (2001): 1967, al-islamiyun wa faschiyatt zamn al-ᶜaulama. In: al-Hayat, 7.10.2001.

as-Sayyid, Radwan (2001): istiᶜadat al-islam min man chatafuhu. In: al-Hayat, 11.10.2001.

Scharara, Waddah (2001): binyat la daulat Bin Ladin al-archibiliya wa'l-qabaliya. In: al-Hayat, 16.9.2001

at-Tawil, Kamil (2001): Usama Bin Ladin. In: al-Hayat, 4-9.10.2001.

Der Satellitenfernsehsender al-Jazeera

Gegründet wurde al-Jazeera im Jahr 1996 im Golfemirat Qatar. Kurz zuvor hatte BBC den arabischsprachigen Dienst seines Auslandsfernsehens eingestellt. Al-Jazeera übernahm den größten Teil der Mitarbeiter von BBC und stieg mit den gleichen journalistischen Standards ins Geschäft ein. Die Sendungen werden nach dem Prinzip Meinung und Gegenmeinung aufgebaut, das heißt, oppositionelle Stimmen und Extrempositionen werden genauso gesendet wie die offiziellen Versionen staatlicher Politik. Dieses Konzept ist bisher einmalig in der arabischen Welt. Al-Jazeera bedeutet *„die Insel"* und man kann annehmen, dass der Name eine Metapher für *„die Insel im Meer der ausnahmslos zensierten arabischsprachigen Medien"* bedeutet. Der Sender versteht sich als Nachrichten- und Informationssender. Das Programm umfasst stündliche Nachrichten, direkt übertragene Talkshows und aufgezeichnete Features zu historischen und politischen Themen. In den Live-Sendungen kommen häufig Zuschauer zu Wort, die über Satellitentelefonverbindung ihre Fragen stellen beziehungsweise sich kommentierend in die Diskussion einmischen.

Al-Jazeera hat weltweit geschätzte 100 Millionen Zuschauer. Seit den Terroranschlägen in den USA werden es wöchentlich mehr. Die meisten Zuschauer kommen aus den Vereinigten Staaten (30 Prozent), gefolgt von Europa und den arabischsprachigen Ländern. Parallel werden die Webseiten des Senders (www.al-jazeera.net) intensiv genutzt, wo auch sämtliche Sendungen 36 Stunden nach ihrer Ausstrahlung wörtlich nachzulesen sind.

Finanziert wurde der Fernsehsender zunächst für fünf Jahre von Hamad bin Khalifa II., dem Emir von Qatar. Im November 2001 ist diese Finanzierung ausgelaufen, und man darf gespannt sein, ob sich daraufhin programmatisch etwas ändert. Al-Jazeera wird von den arabischen Regierungen wegen seiner freien Berichterstattung kritisiert, ist jedoch gerade deshalb unter der Bevölkerung sehr beliebt. Seit dem 11. September 2001 wurde zudem der Vorwurf laut, der Sender sei das Sprachrohr Usama Bin Ladins. Die USA beispielsweise forderten den Emir auf, die Ausstrahlung der Videos von bin Ladin zu unterbinden. Daraufhin verwies Emir Hamad bin Khalifa auf einer Pressekonferenz in Washington auf das Gut der Pressefreiheit und forderte die USA auf, ihren Standpunkt über al-Jazeera ausstrahlen zu lassen.

Michael Bongardt

Verführerische Macht
Religiöse Apokalyptik zwischen Friedensvision und Kriegstreiberei[1]

Nach offensichtlich allgemeiner Überzeugung wurde die Welt am 11. September 2001 Zeugin eines Offenbarungsereignisses. Nicht nur, dass irgendetwas, vielleicht sogar etwas Wichtiges deutlich, offenbar geworden wäre. Nein, die Terrorakte von New York und Washington hatten angeblich die Qualität einer göttlichen Offenbarung. Gott, wer immer das sei, habe uns dort etwas gezeigt, vielleicht sogar sich selbst.

Wohlgemerkt: Mit dieser Einschätzung schlage ich mich nicht auf die Seite des Terroristen, dessen „*Testament*" veröffentlicht wurde; ich beziehe mich auch nicht auf die kruden Botschaften Usama Bin Ladins. Nein, ich bleibe ganz westlich, was nach verbreiteter Überzeugung heißt: ganz zivilisiert. Schließlich findet sich kaum ein Politiker, kaum ein Kommentator, der die Ereignisse von New York nicht als „apokalyptisch" bezeichnet hat. Die Worte *apokalyptein, apokalypsis* aber waren nur bis zum Beginn der christlichen Zeitrechnung unschuldige griechische Begriffe, die irgendeine „Enthüllung" bezeichneten. Die griechische Übersetzung der hebräischen Bibel, von Christen „*Altes Testament*" genannt, verwendete diesen Begriff bereits gelegentlich, das Neue Testament ausschließlich in religiöser Konnotation. „*Apokalypse*" bedeutete von nun an „*Offenbarung*" im Sinne einer „*Offenbarung Gottes*". Und in dieser Bedeutung bezeichnet der Begriff eine besondere Gattung religiöser Schriften, die nur zum kleineren Teil Bestandteil der Bibel wurden: die so genannten „*Apokalypsen*". Es sind Texte, die vor allem zwischen dem 3. vor- und dem 4. nachchristlichen Jahrhundert entstanden. Ihren Gattungsnamen haben sie von der einzigen Schrift dieser Art, die als Ganze ins Neue Testament Eingang fand. Dessen letztes Buch, die im Deutschen oft

---

1   Der folgende Text ist die überarbeitete Fassung eines Vortrags, der am 13.11.2001 im Rahmen der Ringvorlesung „Nach dem 11. September" an der Freien Universität Berlin gehalten wurde. Eine ausführlichere Abhandlung zum Thema ist in Vorbereitung.

so genannte „*geheime Offenbarung*", beginnt mit genau diesem Wort: „*Apo-kalypsis* – „*Offenbarung*". Und wer heute ein Ereignis als „apokalyptisch" bezeichnet, steht, ob er es weiß oder nicht, in dieser, nicht in der harmlosen griechischen Tradition des Begriffs.

Bescherte uns der 11. September eine göttliche Offenbarung? So selbstverständlich uns der Begriff „*apokalyptisch*" im Zusammenhang mit diesem Datum über die Lippen kommt – so heftig werden wir vor einer solchen Interpretation des Terrors zurückschrecken. Und dies gilt nicht nur für die, denen die Religion nichts mehr bedeutet oder nie etwas bedeutet hat. Auch religiös denkende, glaubende Menschen geraten hier zumindest ins Zögern – wenn sie nicht eine solche Deutung sofort entschieden von sich weisen. Grund genug, genauer hinzuschauen, was jener Terrorakt mit der Apokalypse, mit der Religion zu tun hat.

Aus drei Perspektiven betrachtet der folgende Text die Fragestellung: Ein erster, historisch-religionsgeschichtlicher Blick gilt den schon erwähnten apokalyptischen Schriften, dem Kontext ihrer Entstehung wie ihrer Verwendung. Dabei soll vor allem die im Titel benannte „*verführerische Macht*" dieser Texte sichtbar werden. Im zweiten Teil wird es um den Versuch gehen, diese verführerische Macht zu bändigen. Dazu ist ein philosophisch-theologischer Blick notwendig. Ein letzter, kurzer Blick schließlich richtet sich auf die praktischen Konsequenzen der gewonnen Einsichten.

1   Zwischen Verzweiflung, Hoffnung und Missbrauch: Die Apokalyptik

„*Es wird der Heilige und Große heraustreten aus seiner Wohnstätte, und der Gott der Welt, und von dort wird er auf den Berg Sinai treten, und er wird erscheinen mit seinen Heerscharen, und er wird erscheinen in der Stärke seiner Macht. Und alle werden sich fürchten, und die Wächter werden beben, und große Furcht und großes Zittern wird sie ergreifen bis an die Enden der Erde. Und die hohen Berge werden erschüttert, und die hohen Hügel werden sich senken, und sie werden schmelzen wie Honigwachs vor der Flamme. Und die Erde wird zerbrechen, und alles was auf der Erde ist, wird zugrunde gehen. Und ein Gericht über alle und alle Gerechten wird stattfinden. Den Gerechten aber wird er Frieden schaffen, und die Auserwählten wird er behüten, und Gnade wird über ihnen walten, und sie werden alle zu Gott gehören, und es wird ihnen wohl gehen, und sie werden gesegnet werden, und das Licht Gottes wird ihnen leuchten.*"[2]

---

2   Das äthiopische Henochbuch, I, 3b-8 (Uhlig 1984: 507-509). Zu Geschichte und Interpretation dieses Textes vgl. ebd. S. 466-504, sowie (Oegema 2001: 131-150).

Diese Sätze stammen aus dem so genannten *„Äthiopischen Henochbuch"*. Vermutlich am Ende des dritten vorchristlichen Jahrhunderts entstanden, ist es einer der ältesten uns bekannten apokalyptischen Texte – und zugleich ein bereits sehr typischer. Die heftig diskutierten Fragen, welche Kriterien diese Textgattung auszeichnen, welche Zeugnisse ihr zuzuordnen oder gerade nicht zuzuordnen sind, können an dieser Stelle vernachlässigt werden (Giesen 1997:15-24; Koenen, Kühschelm 1999: 11f.; Oegema 2001: 1-8). Die weitgehend konsensfähigen Grundlinien sind für unseren Zusammenhang aufschlussreich genug – und genau sie lassen sich in dem gerade zitierten Text erkennen.[3]

1.1 Entstehungskontexte

Über jeden Zweifel erhaben, weil aus jeder Zeile springend, ist der Umstand, dass hier eine Krisenerfahrung zum Ausdruck kommt. Genauer: dass hier eine ganz eigene Form der Krisenbewältigung vorgeführt wird. Die aufbrechende Krise könnte radikaler kaum sein. Auf dem Spiel steht das religiöse Verständnis nicht nur des eigenen Lebens, sondern der ganzen Welt und ihrer Geschichte. Auf dem Spiel steht der Glaube. Auf dem Spiel stehen – wenn auch nicht in Form der neuzeitlichen Religionskritik und ihres Atheismus – Gott und seine Macht. Und das heißt: Für Glaubende steht alles auf dem Spiel.

Diese in den apokalyptischen Texten manifest werdende Krise bricht in dem Moment aus, in dem sich die bisher tragende religiöse Überzeugung nicht mehr durchhalten lässt, weil sie an der erlebten Wirklichkeit zerbricht. Bisher galt als sicher: Es geht, selbst wenn der Augenschein nicht selten dagegen spricht, gerecht zu in dieser Welt. Und Garant dieser Gerechtigkeit ist Gott. Er sorgt dafür, dass es den Guten gut und den Schlechten schlecht geht. Diese Überzeugung findet ihren Ausdruck in zahllosen religiösen Riten und Verhaltensweisen, die sich als Handel mit den Göttern, mit Gott verstehen lassen. *„Do ut des"* – *„Ich gebe, damit du gibst"*. Ein solches Prinzip funktioniert nur unter der Voraussetzung der ausgleichenden Gerechtigkeit Gottes. Und es ist auch der Bibel nicht fremd: Das so genannte *„deuteronomistische Geschichtswerk"* erzählt die Geschichte Israels so, dass sich den Lesenden das Wechselverhältnis zwischen Wohlverhalten und Wohlergehen geradezu aufdrängt. Und selbst der über jeden Verdacht religiöser Schwärmerei erhabene Immanuel Kant operiert mit diesem Gedanken: Das Gottespostulat der praktischen Vernunft gewinnt seine Kraft aus dem Bedürfnis, dass Moralität und Glückseligkeit zusammenfinden. Ganz zu schweigen von dem religiösen oder pseudoreligiösen Alltagsbewusstsein unserer Tage, das schnell bereit ist, Leid als Strafe, Glück als Belohnung anzusehen.

---

3   Einen nach wie vor maßgeblichen Überblick über die Entstehungsbedingungen und inhaltlichen Kernpunkte der Apokalyptik bietet Müller (1978) und (1993).

Dieses Fundament nicht nur einer biblischen Religiosität kann unter der Last der Wirklichkeit zerbrechen. Von einem solchen Zusammenbruch künden die apokalyptischen Schriften. Auch wenn es zu kurz gegriffen sein mag, sie rein politisch zu deuten, individuelle Verzweiflungserfahrungen als Hintergrund auszublenden: Es bleibt auffällig, dass sie in einer Situation entstehen, in der Gesellschaften oder bestimmte religiöse Gruppen unter massiven politischen Druck geraten. Dies ist im Nahen und Mittleren Osten im 3. Jahrhundert v.Chr. der Fall. Dies nicht nur im biblischen, das heißt palästinischen Raum, sondern auch in Persien. Interessanterweise wird dort, in der zoroastrischen Religion, früher als im Kreis der Jerusalemer Frommen klar: Diese Welt ist schlecht. Es geht in ihr nicht gerecht zu. Es sind ausgerechnet die Guten, die in ihr leiden, weil es sich die Skrupellosen auf ihre Kosten gut gehen lassen. Die Konsequenz: Es besteht keinerlei Hoffnung mehr auf eine Gerechtigkeit in dieser Welt und Zeit, dazu sind die Menschen zu schlecht. Sofort stürmen weiterreichende Fragen herein: *Ist also Gott nicht gerecht? Oder zu schwach, seine Gerechtigkeit durchzusetzen?* Solche Fragen drängen umso heftiger, je machtloser Menschen sich fühlen, je stärker sie an der Ungerechtigkeit dieser Welt leiden. Und genau in solchen, besonders bedrängten Gruppen entstehen die apokalyptischen Schriften.

Doch diese Texte sind, wenngleich aus der Verzweiflung geboren, keine verzweifelten Schriften. Deshalb sind sie Zeugnisse eher der Krisenbewältigung denn der Krise. Und ihre Antwort auf die Grund stürzende Verunsicherung des überkommenen Glaubens ist in der Tat beeindruckend, vor dem Hintergrund der biblischen Tradition sogar geradezu revolutionär: Sie sichern die Gerechtigkeit Gottes, indem sie sie von dieser Welt und ihrer Geschichte radikal trennen. Diese Welt und ihre Zeit sind – so die Grundüberzeugung der Apokalyptiker – so umfassend verderbt und schlecht, dass keine Rettung mehr für sie, sondern nur noch aus ihnen zu erhoffen ist (Müller 1978: 210f.; Kehl 1999: 94-96). „*Apokalyptik ist ein Versuch der Bewältigung von totaler Weltangst durch Weltverneinung*" (Körtner 1988: 145). Genau das ist in der Henoch-Apokalypse zu lesen: Diese Welt wird bald zu Ende sein, weil und indem sie von Gott beendet werden wird. Dann beginnt die Welt des Friedens und der Gerechtigkeit. Und dazwischen: das Gericht. Hier werden die, die des neuen Lebens würdig sind, gerettet, die anderen endgültig dem Tod und der Strafe übergeben werden. Denn Gott ist gerecht. Er kann und er wird seine Gerechtigkeit durchsetzen: im und durch das Ende dieser Welt, im Beginn der neuen Welt. Ein weiterer Aspekt ist von zentraler Bedeutung: Nicht nur, dass Gott fähig ist, seine Gerechtigkeit durchzusetzen, sondern vor allem, dass *nur* Gott dazu fähig ist. Jedes menschliche Handeln ist demgegenüber machtlos. Es kann Gott weder hindern noch die Durchsetzung seines Willens fordern.[4] So mächtig die Krise, durch die das apokalyptische Denken erst

---

4   Dies geht so weit, dass selbst eine Messiasgestalt für die Apokalyptik kaum vorstellbar ist (Müller 1993: 816).

hervorgetrieben wurde – so machtvoll die Texte, die aus ihr entstehen. Es bedarf keiner allzu großen Phantasie, sich vorzustellen, welche befreiende und heilende Kraft Visionen wie die eingangs vorgetragene für Menschen haben, für die schlechthin alles auf dem Spiel steht. *„Und er, Gott, wird bei ihnen sein. Er wird alle Tränen von ihren Augen abwischen: Der Tod wird nicht mehr sein, keine Trauer, keine Klage, keine Mühsal. Denn was früher war, ist vergangen."* *(Bibel: Apk 21,3b.4).*

1.2 Rezeptionskontexte

Im gleichen Augenblick wird klar, dass und warum diese machtvollen Texte nicht nur eine Verführungskraft haben, sondern ihr an entscheidenden Stellen sogar bereits selbst erlegen sind. Das beginnt spätestens in dem Augenblick, in dem die Freude über den befreienden Durchbruch, zu dem das religiöse Bewusstsein und die glaubende Hoffnung gelangt sind, sich wendet in die Behauptung, die gewonnene Einsicht verdanke sich unmittelbar einer göttlichen Offenbarung (Giesen 1997: 21). Der, der sich im nahen Ende als gerechter Richter zeigen wird, habe schon jetzt den Unterdrückten gezeigt, dass er ist und wer er ist. Zwar werden die meisten apokalyptischen Schriften pseudonym verfasst, das heißt hohen religiösen, längst verstorbenen Autoritäten in die Feder gelegt (Giesen 1997: 19f.). Aber das hindert nicht, sondern steigert noch das Selbstbewusstsein der tatsächlichen Verfasser, die mit dieser Offenbarungsbehauptung teilhaben wollen an der Macht ihrer Texte. Sie wissen mehr über die Welt und deren Ende als die anderen – und werden nicht müde, dieses Wissen unter Beweis zu stellen in Form exakt sich gebender Berechnungen und Beschreibungen der nahenden Schlusskatastrophe.

Das ist nur der erste Schritt. Ihm folgt auf dem Fuße eine implizite und bald auch explizite Anmutung der Autoren und Rezipienten apokalyptischer Texte, der sich nur wenige erwehren können: Mit nachvollziehbarer, wenngleich problematischer Selbstverständlichkeit gehen die Mitglieder apokalyptischer Gruppen davon aus, dass sie zu denen gehören werden, die „*zum Leben erwachen*" (Bibel: Dan 12,2), das heißt, dass sie zu den Gerechten, den Guten gehören. Diese Überzeugung kann eigene Anstrengungen fordern, etwa das Bemühen um ein asketisch und moralisch perfektes Leben. Doch die Erfüllung dieser Forderung erwirkt einen Anspruch gegenüber Gott – und bedeutet insofern eine Teilhabe an seiner Macht.

Den Gipfel ihrer Verführungsmacht erreichen die Texte, wenn die Verhältnisse sich wandeln; wenn die, die sie rezipieren und sich ihrer bedienen, die Macht dieser Texte nicht nur religiös oder moralisch usurpieren, sondern wenn sie über vermeintliche oder wirkliche politische, gar militärische Macht verfügen. Was liegt dann näher, als die so gewonnene Macht als Teilhabe an der göttlichen Macht zu verstehen – und das Gericht schon jetzt und eigenmächtig zu vollziehen? Ist es dann nicht heilige Pflicht, die eigenen Anhän-

ger im Namen Gottes zu den Waffen zu rufen, um die Welt in die Ordnung
zu bringen, die man anmaßend als göttliche Ordnung ausgibt? Jetzt ist endgültig aus der apokalyptischen Hoffnung von Unterdrückten, die auf Gottes
Willen und Macht zum Frieden bauten, der apokalyptische Terror geworden,
in dem sich selbst ernannte Weltenrichter als Kriegstreiber profilieren. Von
Geschichte und Gegenwart keine Ahnung hat, wer hier nur an Usama bin Ladin denkt.

1.3   Problematische Geschichte

Wie eng die verführerische Macht apokalyptischen Denkens mit dem macht-
politischen Kontext seiner Rezeption zusammenhängt, sei mit einem extrem
kurzen und deshalb verkürzenden Blick auf die Geschichte der drei großen
monotheistischen Religionen illustriert. Alle drei zählen apokalyptische Texte
zu ihrer maßgeblichen Tradition.

Das jüdische Volk hat von der Entstehungszeit seiner apokalyptischen
Texte bis in die jüngste Vergangenheit über keine nennenswerte politische
Macht verfügt. So waren es stets nur schwärmerische Einzelpersonen oder
Gruppen, die sich, immer wieder dramatisch erfolglos, zur Durchführung des
Weltgerichts berufen fühlten. In seiner breiten Tradition hat sich jüdisches
Denken dagegen vor der Aufgabe gesehen – und sie bemerkenswert gelöst –,
der Hoffnung auf die Gerechtigkeit Gottes eine Gestalt zu geben, die in der
Situation politischer Machtlosigkeit bestehen kann. Die Konzentration auf
die Thora, die göttliche Weisung, wurde und wird gedeutet und gelebt in der
Überzeugung, dass in ihr Nähe und Gerechtigkeit Gottes zu finden sind. Dass
das Judentum der uns hier beschäftigenden Problematik damit nicht schlechthin enthoben ist, zeigt sich in mindestens einem der aktuellen Konfliktfelder
in Israel: Ein durchaus bedeutsamer Zweig der so genannten jüdischen Or-
thodoxie, dessen Vertreter auch in Israel leben, lehnt den Staat Israel katego-
risch ab. Hier werde mit Menschenmacht durchgesetzt, was allein in Gottes
Hand liegt. Und gleichzeitig sind es nicht zuletzt diese Gruppen, die die israelische Politik in weitergehende Radikalisierungen treiben. Der darüber in
Israel geführte Streit ist mehr als die Auseinandersetzung um die Wehrdienst-
befreiung und Steuerfreiheit bestimmter Thora-Schüler. Hier geht es vor allem um genau die Verhältnisbestimmung von Religion und Macht, die sich
im Feld der Apokalyptik zeigt.

Das frühe Christentum lebte ganz in der Erwartung des nahen Weltendes,
das als Wiederkunft Christi erhofft wurde (Bibel: Mt 16,28). Darin war – bei
allen inhaltlichen Differenzen – die entstehende Kirche *„bis in die Wolle"*
apokalyptisch gefärbt (Koenen, Kühschelm 1999: 72-94). Und es ist Glaube
und Theologie nicht leicht gefallen, den rechten Platz in der Welt zu finden,
als das Weltende auf sich warten ließ und also dieser Platz zu suchen war.
Die Verführungskraft seiner eigenen apokalyptischen Texte war dem Chri-

stentum nicht nur nicht fremd, es erlag ihr immer wieder. Jedenfalls ist es nicht unmöglich, die staatliche Repression gegenüber Häretikern und Andersgläubigen, die nach der Verbindung von Christentum und staatlicher Macht möglich und wirklich wurde, auf dieser Linie zu deuten.[5] Idee und Geschichte der Kreuzzüge sind nur zu begreifen, wenn man die Motivationskraft in Rechnung stellt, die in entsprechenden apokalyptischen Vorstellung schlummerte. Christliche Apokalyptik war stets eng verbunden mit der himmlischen Stadt Jerusalem – wobei der eklatante Kontrast zwischen diesen inneren Bildern und der vorgefundenen Realität selbst wieder das Bedürfnis nach gewalttätiger Angleichung hervorbringen konnte. Selbst in einem Abendland, das sich längst nicht mehr zum Christentum, allenfalls noch zu seinem christlichen Erbe bekennt (ganz, als sei der Beerbte schon tot), profitieren die, die sich als Weltenrichter oder Weltpolizei profilieren wollen, noch von jener Kraft apokalyptischer Bilder, die nur zu erklären ist, weil sie religiös konnotiert war und ist.[6]

Und der Islam? Auch in ihm gibt es eine apokalyptische Tradition, die sich als Friedensvision der Ohnmächtigen deuten lässt. Sie findet sich vor allem in den frühesten Koranversen zum Thema der Prädestination und des Ziels der Welt. Doch ist in dieser Hinsicht der frühe, nach wenigen Jahren schon eintretende politische Erfolg der jungen Religion nicht auch eine ihrer schwersten Hypotheken? Vielleicht macht er es besonders schwer, die – weit häufiger als in den beiden anderen Religionen immer wieder zitierte und betonte – Allmacht und alleinige Richtermacht Gottes als Kritik jeden menschlichen Machtstrebens zu verstehen?

2 Der Verführung wehren: Theologische Religionskritik

Die verführerische Macht apokalyptischer Texte stellt unabweisbar die Aufgabe, nach Wegen zu suchen, auf denen ihr zu wehren ist. Bevor einer dieser Wege vorgestellt wird, sind zwei Vorbemerkungen nötig.

(1) Im Blick auf die katastrophalen Folgen, die ein apokalyptisches Denken im Besonderen, ein religiöses Verstehen der Welt im Allgemeinen fraglos haben können, scheint ein Schluss nahe liegend: Verabschieden wir die Religion, dann sind wir ihre Probleme los. Diesen Schritt werde ich nicht tun. Und dies nicht nur, weil es keinen historisch-empirischen Grund für die Vermutung gibt, dass ein a-religiöses oder gar anti-religiö-

---

5   Vgl. dazu etwa die Konstantin-Apotheose des ersten christlichen Geschichtsschreibers (Eusebius, Kirchengeschichte X, 9).
6   Im Christentum sind streng apokalyptische Auffassungen mittlerweile nur noch in Randgruppen zu finden (Kehl 1999: 78-90).

ses Verstehen der Welt und der Geschichte automatisch humanere, weniger katastrophale Konsequenzen hätte; auch nicht nur, weil ich erhebliche Zweifel daran habe, ob ohne die Hoffnungs- und Vertrauenspotenziale eines erwachsenen, aufgeklärten Glaubens ein humanes Zusammenleben auf Dauer gesichert werden kann. Nein, vor allem scheint mir eine theologische, das heißt selbst von einem Glauben getragene Auseinandersetzung mit den usurpatorischen Fehlformen apokalyptischen Denkens notwendig, weil nur sie die Chance hat, diese Fehlformen von ihren eigenen Voraussetzungen her und nicht von außen zu kritisieren und zu überwinden. Deshalb werden die folgenden Ausführungen erstens theologischer Natur sein.

(2) Ich bin christlicher Theologe. Und es widerspricht meinem Verständnis von Dialog und Zusammenleben der Religionen, als jemand aufzutreten, der andere Religionen, in der aktuellen Situation den Islam, belehren oder auch nur deuten will.[7] Was ich kann und als meine Aufgabe ansehe, ist die Nachzeichnung der – keineswegs unumstrittenen – Entwicklungen, mit deren Hilfe christlicher Glaube und christliche Theologie der dargestellten Verführungsmacht zu begegnen suchen. Ob solche Entwicklungen in anderen Religionen und für andere Religionen ebenfalls möglich sind, kann und will ich nicht entscheiden – was mich nicht hindert, es zu hoffen. Der folgende Versuch, der verführerischen Macht apokalyptischer Texte etwas entgegenzuhalten, wird also zweitens christlich-theologischer Natur sein.

Gotteswort als Menschenwort

Ausgangspunkt der Argumentation ist eine schlichte, für die Theologie allerdings höchst folgenreiche Einsicht: Jede Aussage von Menschen ist eine menschliche Aussage – das heißt eine von Menschen erdachte, geformte und ausgesprochene. Das gilt auch für jedes religiöse Wort. Das gilt auch für jede Aussage, die mit dem Anspruch auftritt, göttliche Offenbarung zu sein: für die Bibel, für den Koran – und eben auch für die inner- wie außerbiblischen apokalyptischen Texte. Als menschliche – also begrenzte, problematische, fehlbare – Rede hat sich jedes gesprochene oder geschriebene Wort hinterfragen zu lassen. Und dies gerade dann, wenn es mit dem Anspruch auftritt, direkt oder indirekt den Willen Gottes auszudrücken. Dass sie diesen Willen ausdrücken, ist für glaubende Menschen allein dadurch, dass es menschlichen Worte sind, keineswegs ausgeschlossen – aber eben allein dadurch, dass es behauptet wird, noch nicht erwiesen.

---

7   Zur umfassenden Diskussion um eine interreligiöse und interkulturelle Hermeneutik vgl. z.B. Kampling, Schlegelberger (1996).

Glaubensverantwortung I: Die Ethik

Welche Möglichkeiten bestehen, die in den apokalyptischen Texten erhobenen Offenbarungsbehauptungen zu prüfen?[8] Wann darf ein religiöser Satz als glaubwürdig gelten? Wann ist es verantwortbar, ihn als Ausdruck Gottes zu glauben? Zwingend beweisbar wird solcher Glaube ohnehin nie sein. Es geht also nur um seine Verantwortbarkeit.

Ein erstes Kriterium: Der Glaube an einen als Offenbarung behaupteten Satz – und die aus ihm folgenden, weil von ihm geforderten Handlungen müssen ethisch verantwortbar sein. Um es auf die Spitze zu treiben: Einem Gott, der angeblich die Opferung, Ermordung anderer Menschen fordert, muss ich aus ethischen Gründen die glaubende Zustimmung verweigern.[9] Dieser Auffassung werden religiöse Menschen, Apokalyptiker zumal, direkt entgegenhalten: Kann es nicht sein, dass die menschlichen Maßstäbe falsch sind? Kann es nicht sein, dass das, was Gott fordert, gut ist, weil *er* es fordert – obwohl es dem Menschen schlecht scheint? Darf der Mensch sich zum Richter Gottes machen? Natürlich dürfen und können glaubende Menschen das nicht. Aber gleichwohl sind sie verantwortlich für ihren Glauben. Und Verantwortung entscheidet sich vor dem Gewissen und der je möglichen ethischen, moralischen Argumentation. Und beide verbieten es, Menschen zu töten – sei es auch im angeblichen Namen Gottes; oder auch nur ohne Rücksicht Herrschaft über sie auszuüben, sie so zu Opfern zu machen. Und dieses ethische Kriterium findet nicht sein Maß an einer angeblichen Offenbarung, sondern hat vielmehr diese zu messen.

Glaubensverantwortung II: Die Tradition

Dieses erste Kriterium reicht für die religiöse Verantwortung des Glaubens und glaubenden Handelns noch nicht aus. Denn nahezu alle Glaubenden wissen und verstehen sich in einer Tradition religiöser Überlieferung, überkommener Gottesverständnisse. Ihr je konkretes Glaubensverständnis suchen sie deshalb zu verantworten vor dieser Tradition – und diese liegt für Christinnen und Christen zuallererst in den biblischen Schriften, dann in der – durchaus vielgestaltigen – Deutung dieser Schriften in der kirchlichen Überlieferung. Natürlich ist auf diese Tradition auch bereits das erste Kriterium anzuwenden. Sie darf für Glaubende nur dann als verbindlich gelten, wenn sie ethisch

---

8   Zu den Kriterien, an denen sich Offenbarungsbehauptungen zu messen haben, vgl. ausführlicher Bongardt (2000a) und (2000b).

9   Innerbiblisch wird dieser Konflikt ausgetragen in der Erzählung von Abraham, der zur Opferung seines Sohnes aufgefordert wird (Bibel: Gen 22,1-14). Da der Sohn letztlich gerettet wird, kann die Erzählung als Abwehr religionsgeschichtlich weit verbreiteter Kindesopfer gedeutet werden.

verantwortbar ist. Im anderen Fall ist die entschiedene Abkehr von ihr gefordert. Es hat, kirchlich sanktioniert, Verteidigungen der Sklaverei, Aufforderungen zur Ermordung von Menschen, die Bestreitung allgemein gültiger Menschenrechte gegeben – und diese Traditionen dürfen nicht weitergeführt werden, weil sie ethisch nicht verantwortbar sind.

Wenn an dieser Stelle ein zweites Kriterium eingeführt werden soll, geht es gerade um die umgekehrte Einschränkung: Dass sich nämlich im Rahmen des ethisch Verantwortbaren religiöse Traditionen auf eine bestimmte Glaubens- und Handlungsmöglichkeit, auf ein bestimmtes Spektrum von Glaubens- und Handlungsmöglichkeiten verpflichtet wissen. Insofern ist für Glaubende diese Tradition der engere, bestimmtere Rahmen innerhalb der weiter zu fassenden, allgemein verbindlichen Ethik – wobei eben dieser engere aus dem weiteren Rahmen nicht hinausfallen darf.

Biblische Hoffnung

Im Blick auf die hier interessierenden apokalyptischen Aussagen hat Karl Rahner eine wegweisende Regel formuliert: *„Wir wissen von den Eschata"*, d.h. von Zukunft und Ziel des Menschen, *„nur das, was wir vom in Gottes Gnade stehenden Menschen wissen"* (Rahner 1976: 416), nur das, was wir vom Menschen und von Christus wissen. Das *„Wissen vom Menschen"* bezieht sich auf die schon erwähnte Ethik, ferner auf die Anthropologie, auf die Hoffnungen, Sehnsüchte, Bedürfnisse und berechtigten Ansprüche jedes Menschen auf Glück und ein gelingendes Leben. Und das *„Wissen vom in der Gnade Gottes stehenden Menschen"*, das *„Wissen von Christus"* greift zurück auf die spezielle christliche Tradition (Kehl 1986: 29-31). Um diese Unterscheidung und Zuordnung deutlicher zu kennzeichnen, ließe sich auch von dem sprechen, was Christen *„von Christus glauben"* – denn das *„Wissen"* um den als Christus geglaubten Jesus von Nazareth ist in einem neuzeitlich historischen Sinne sehr gering. Zugänglich ist allenfalls das *„Glaubenswissen"*, d.h. die – für Christen allerdings maßgebliche – *„glaubende Deutung"* dieser Gestalt, wie sie besonders im Neuen Testament gezeichnet wird.

Dieses Glaubenswissen hebt vor allem zwei Grundlinien der Verkündigung Jesu hervor, und diese sind auch für unseren Zusammenhang wichtig. Die erste hier fest- und durchgehaltene Überzeugung: Gott ist gerecht. Und in dieser Gerechtigkeit wird er die Welt und die Menschen richten.[10] Das klingt aus der Apokalyptik vertraut – und das nicht zufällig, denn Jesus lebte und das Neue Testament entstand in apokalyptisch bewegten Zeiten. Auffälligerweise erliegt aber diese Rede von der Gerechtigkeit Gottes deren verführeri-

---

10   Dass die Vorstellungen des Gerichts in den neutestamentlichen Schriften sehr unterschiedlich sind, stellt keine Bestreitung, sondern einen Reflex dieser Grundüberzeugung dar.

scher Macht nicht. Der in den Evangelien geschilderte Jesus verweigert jede zeitliche Berechnung des Endes, weist sie nachdrücklich als unberechtigten Eingriff in die Souveränität Gottes zurück (Bibel: Apg 1,7); er stimmt nicht ein in die pauschale Verurteilung der Welt und ihrer Geschichte, die der Apokalyptik so wichtig ist (Bibel: Lk 18,29f.); und vor allem: Er verlangt von denen, die ihm nachfolgen, die strikte Enthaltung von jedem, gar jedem mit göttlichem Anspruch auftretenden Urteil: „*Richtet nicht, damit ihr nicht gerichtet werdet*" (Bibel: Mt 7,1). Diese Überzeugung von Gottes Gerechtigkeit, die gerade nicht die Gerechtigkeit der Menschen, nicht die Verlängerung ihrer Macht- und Rachephantasien ist, stellt den ersten Zug der überlieferten Verkündigung Jesu dar.

Der zweite ist die Rede von der bedingungslosen und umfassenden Barmherzigkeit Gottes (Bibel: Mt 9,13; Lk 1,50). Gerechtigkeit und Barmherzigkeit: Diese beiden Linien des Gottesglaubens durchziehen schon die alttestamentlichen Schriften (Bibel: Ps 62,12). Verständlicherweise wurden und werden sie oft als einander widersprechend empfunden. Kann, wer gerecht sein will, barmherzig, wer barmherzig sein will, gerecht sein? Ja, sagt die Bibel. Gerade darin besteht die Macht Gottes, dass in ihr beides verbunden ist. Er ist gerecht, indem er barmherzig ist – barmherzig nicht nur den Tätern gegenüber, das wäre reine Kumpanei mit menschlicher Gewalt, sondern auch den Opfern gegenüber, die zu ihrem Recht kommen sollen (Kehl 1999: 128-133). In dieser Verbindung von Gerechtigkeit und Barmherzigkeit unter Leitung des Erbarmens darf wohl die Grundlinie der Hoffnung, des Gottes- und Zukunftsbildes gesehen werden, das Christinnen und Christen als Maß ihres Glaubens vorgegeben ist.

Solcher Glaube widersteht den Versuchungen apokalyptischen Denkens. Aber er steht dabei diesem nicht einfach ablehnend gegenüber. Vielmehr nimmt er dessen Grundüberzeugung von der souveränen Gerechtigkeit und Macht Gottes ernst – und vermag sie gerade so vor usurpatorischen Missbräuchen zu schützen. Darin liegt, wenn es denn eine solche gibt, die Chance theologischer Reflexion, auch die apokalyptischen Kriegstreiber selbst noch einmal zu erreichen: Indem man sie auf die genuin friedensstiftende Vision der Apokalyptik verpflichtet, der jeder widerspricht, der ihrer Verführung erliegt.

3 Konsequenzen: Die Würde achten

Angefügt seien noch einige Bemerkungen zur praktischen und nicht zuletzt politischen Konsequenz des hier vorgestellten Denkens und Glaubens. Praktische Konsequenzen hat schließlich jedes Denken, jeder Glaube – nicht nur die verhängnisvolle Anmaßung göttlicher Macht durch selbst ernannte

Welterlöser. Wie also kann und wird der solchen Haltungen entgegengesetzte Glaube das Handeln bestimmen? Ich gebe zunächst nur zwei kurze, allgemeine Hinweise:

(1) Die vollkommene Gerechtigkeit erwarten Glaubende allein von Gott. Das „*Reich Gottes*", so die entsprechende biblische Chiffre, ist Geschenk Gottes, nicht Produkt menschlichen Handelns, das bekanntlich oft gerade dann fürchterliche Früchte trägt, wenn es besonders gut gemeint ist. Um diese Souveränität Gottes in menschlichem Handeln zu wahren, ohne dieses zu entwerten, hat die Theologie eine spitzfindige, gleichwohl hilfreiche Differenzierung eingeführt. Sie unterscheidet zwischen „*herstellendem*" und „*darstellendem*" Handeln (Kehl 1986: 221-224). Glaubende sehen sich verpflichtet und fähig, die von ihnen erhoffte Zukunft schon jetzt darzustellen, aber eben nicht herzustellen.

(2) Die Mahnung zur Urteilsenthaltung gilt es ernst zu nehmen und durchzuhalten. Das heißt: Darzustellen haben Menschen nicht das göttliche Endgericht, sondern allein die von ihm erhoffte Barmherzigkeit.[11]

Doch ist nicht spätestens hier Widerspruch notwendig? Ist es nicht menschliche Aufgabe und Pflicht, in dieser Welt für Gerechtigkeit und Ordnung einzutreten? Muss nicht die Barmherzigkeit spätestens gegenüber denen enden, die selbst unbarmherzig sind? Hat Toleranz nicht ihre Grenze angesichts der Intoleranten? Muss die Anerkennung der Freiheit anderer nicht zu Ende sein, wo diese anderen ihre Freiheit zur Missachtung, ja zur terroristischen Vernichtung von Menschen missbrauchen? In der Tat. Ohne solche Grenzziehungen, ohne die damit verbundenen Urteile und Verurteilungen kann menschliches Zusammenleben nicht funktionieren. Der Weg, sich lieber zum Opfer von Gewalt zu machen, als der Gewalt gewalttätig zu widerstehen, bleibt eine hoch zu schätzende Möglichkeit Einzelner – das Beispiel Jesu zeugt davon ebenso wie zahllose andere gewaltfrei Kämpfende. Zur verpflichtenden Regel kann ein solches Verhalten nicht gemacht werden.

Ist also das eben über Urteilsenthaltung Gesagte alles nur frommes Gerede? Nein. Schon die lange Reihe menschlicher Fehlurteile und ihrer verhängnisvollen Folgen mahnt hier zur Zurückhaltung. Selbst wo Urteile gefällt, Grenzen gesetzt werden müssen, ist die Weisheit, die zur Urteilsenthaltung nicht einfach in den Wind zu schreiben, denn sie bleibt weise. Die christlich-theologische Tradition hält hier einen praktischen Rat bereit: Man soll, so heißt es dort, nicht die Sünde, aber den Sünder lieben.[12] In säkulare Kategori-

---

11 Koertner nennt einen der Apokalyptik wehrenden Glauben, damit die Grenzen ethischer Fragestellungen überschreitend, „die Bejahung des fraglichen Seins" (Koertner 1988: 391).

12 „Dilige peccatorem, non in quantum peccator est, sed in quantum homo est" – „Liebe den Sünder, nicht insofern er Sünder, sondern insofern er Mensch ist" (Augustinus, Sermo IV,20).

en übersetzt: Eine Gesellschaft, die von der Anerkennung der Menschenwürde lebt, muss auch und gerade in der Auseinandersetzung mit denen, die diese Würde mit Füßen treten, deren Würde achten. Für diese wahrlich schwere Kunst die motivierende Hoffnung und erforderliche Gelassenheit schenken zu können, mag ein besonderes Vermögen glaubenden, religiösen Weltverstehens sein, das darin seine humane Kraft entfalten kann. In der angeblichen Verteidigung der Menschenwürde gerade diese Würde nicht zu achten – das ist der Fehler aller, die der verführerischen Macht der Apokalyptik erliegen; aber auch all derer, die sich aus anderen Gründen berufen fühlen, das letzte Gericht zu vollstrecken – und dabei Barmherzigkeit für Schwäche halten. Vor dem Hintergrund solcher Gedanken und Entscheidungen scheinen mir die militärischen Aktionen in Afghanistan umso fragwürdiger, je weiter sie sich ausdehnen und je fraglicher ihr Erfolg wird.

Waren die angeblich apokalyptischen Ereignisse des 11. September 2001 eine göttliche Offenbarung? Mit Sicherheit nicht. Neben vielem anderen sind sie aber bis heute auch dies: Anlass, nach dem Gewaltpotenzial und der Friedensfähigkeit der Religionen zu fragen. Dass ich deren verführerische Macht nicht unterschätze, die positive Kraft ihrer Hoffnungsbilder aber für wichtiger halte – das haben diese Auseinandersetzungen mit apokalyptischen Traditionen erkennen lassen.

Literatur

Alle biblischen Zitate folgen der deutschen Ausgabe: Die Bibel. Einheitsübersetzung der Heiligen Schrift. Stuttgart: Katholisches Bibelwerk (1980).

Bongardt, Michael (2000a): Die Fraglichkeit der Offenbarung. Ernst Cassirers Philosophie als Orientierung im Dialog der Religionen. Regenburg: Pustet.
ders. (2000b): Aufs Ganze sehen. Der Inklusivismus eines glaubenden Blicks auf die Welt. In: Salzburger Theologische Zeitschrift 4 (2000), S. 142-154.
Giesen, Heinz (1997): Die Offenbarung des Johannes (Regensburger Neues Testament) Regensburg: Pustet.
Kampling, Rainer; Schlegelberger, Bruno (Hrsg.) (1996): Wahrnehmung des Fremden. Christentum und andere Religionen. Berlin: Morus.
Kehl, Medard (1986): Eschatologie. Würzburg: Echter.
ders. (1999):Und was kommt nach dem Ende? Von Weltuntergang und Vollendung, Wiedergeburt und Auferstehung. Freiburg, Basel, Wien: Herder.
Koenen, Klaus; Kühschelm, Roman (1999): Zeitenwende. Perspektiven des Alten und Neuen Testaments. (Die Neue Echter Bibel – Themen 2) Würzburg: Echter.
Koertner, Ulrich H.J. (1988): Weltangst und Weltende. Eine theologische Interpretation der Apokalyptik. Göttingen: Vandenhoeck & Ruprecht.
Müller, Karlheinz (1978): Art. „Die jüdische Apokalyptik: Anfänge und Merkmale". In: Theologische Realenzyklopädie, Bd. 3. Berlin, New York: Walter de Gruyter, S. 202-251.
ders. (1993): Art. „Apokalyptik I. und II.". In: Lexikon für Theologie und Kirche, Bd. 1. Basel, Freiburg, Wien: Herder, 3. Aufl., S. 814-817.

Oegema, Gerbern S. (2001): Apokalypsen. (Jüdische Schriften aus hellenistisch römischer Zeit VI, Lfg. 1,5, Supplementa) Gütersloh: Gütersloher Verlagshaus, S. 131-150.

Rahner, Karl (1976): Grundkurs des Glaubens. Einführung in den Begriff des Christentums. Freiburg, Basel, Wien: Herder.

Uhlig, Siegbert (1984): Das äthiopische Henochbuch. (Jüdische Schriften aus hellenistisch-römischer Zeit V, Lieferung 6) Gütersloh: Gerd Mohn.

Auswirkungen des 11. September

Auswirkungen der Anschläge auf die Vereinigten Staaten

Manfred Berg

Der Terror und die politische Kultur der Freiheit

Die Attentate des 11. September 2001 haben die Welt verändert. Die Bilder der Passagierflugzeuge, die in die Zwillingstürme des World Trade Centers rasen, sie in einen Feuerball verwandeln und die Symbole amerikanischer Macht und Modernität zum Einsturz bringen, werden sich in das kollektive Gedächtnis nicht nur der Vereinigten Staaten, sondern der gesamten Menschheit eingraben. Der häufig zu hörende Satz, nichts werde mehr so sein wie früher, bringt das weit verbreitete Gefühl zum Ausdruck, wir alle seien Zeugen einer historischen Zäsur geworden. Vom eigentlichen Beginn des 21. Jahrhunderts, gar von einem Kulturbruch, war die Rede. Doch welche mittel- und langfristigen Folgen dieses Geschehen haben wird, ist bislang noch kaum absehbar.

Die Suche nach historischen Analogien kann in solchen Situationen Orientierungshilfe bieten. Die am häufigsten bemühte ist zweifellos Pearl Harbor, also der japanische Überraschungsangriff auf die in Hawaii ankernde amerikanische Pazifikflotte am 7. Dezember 1941, der die zögernden USA in den Zweiten Weltkrieg katapultierte. Mit Pearl Harbor verbindet sich zwar eines der größten militärischen Desaster der amerikanischen Geschichte. Zugleich steht der Name aber auch dafür, dass Amerika sich nach dem „*niederträchtigen Überfall*", so US-Präsident Franklin D. Roosevelt, zu gewaltigen Anstrengungen aufraffte und in einem gerechten Krieg über die Aggressoren triumphierte. Doch auch die Analogie zum Attentat von Sarajewo am 28. Juni 1914 auf das österreichisch-ungarische Thronfolgerpaar, das Europa in den Abgrund des Ersten Weltkrieges stürzte, drängt sich auf. Ob die Welt vor einem Dritten Weltkrieg stehe, ist eine nach dem 11. September oft geäußerte, durchaus ernst gemeinte Sorge.

Historiker sind in der Regel sehr zurückhaltend mit Zukunftsprognosen, denn sie wissen, dass die Geschichte zu viele Überraschungen und Unwäg-

barkeiten bereit hält. Gleichwohl hegt die Öffentlichkeit die berechtigte Erwartung, dass die einschlägigen Experten die Ereignisse in ihre historischen
Zusammenhänge einordnen und so zu einer sachlichen Analyse beitragen.
Die Frage, die Amerikaexperten nach den Anschlägen von New York und
Washington verständlicherweise am häufigsten gestellt wird, lautet: Wie können und wie werden die Vereinigten Staaten auf diesen Mord an rund 3.500
ihrer Bürgerinnen und Bürger reagieren? Damit ist nicht nur gemeint, mit
welchen militärischen, politischen und wirtschaftlichen Mitteln die Weltmacht auf den Terror antwortet, sondern auch, wie die amerikanische Demokratie dieser Herausforderung begegnet. Dieser Essay wird sich mit diesem
zweiten Aspekt befassen.

Dass wir uns mit der Geschichte einer Gesellschaft beschäftigen, wenn
wir etwas über ihr mögliches zukünftiges Verhalten erfahren wollen, beruht
auf der Erwartung, dass historisch gewachsene Werte und Traditionen auch
in der Zukunft handlungsanleitend sein werden. Dies ist allerdings nicht mehr
der Fall, wenn sich so einschneidende Veränderungen und Brüche ereignet
haben, dass die tradierten Werte und Verhaltensmuster entweder bedeu-
tungslos geworden oder völlig diskreditiert sind. War der 11. September 2001
tatsächlich eine derart epochale Zäsur, dass sie die amerikanische Demokratie
in ihrem Wesen verändern wird? Der Terror bedeutet ja nicht nur eine Herausforderung amerikanischer Macht, sondern des *American Way of Life* schlechthin, der sich vor allem auf den Wert umfassender individueller Rechte und
Freiheiten gründet. Wird diese in über zweihundert Jahren gewachsene politische Kultur der Freiheit angesichts der Bedrohung durch einen neuen, in seiner
Brutalität völlig entgrenzten Terrorismus Bestand haben?

Intellektuelle Redlichkeit gebietet den Vorbehalt, dass niemand wissen
kann, was in den nächsten Monaten, vielleicht Jahren geschehen wird, ob es
zu neuen Terrorakten, etwa mit biologischen oder gar atomaren Waffen,
kommen wird. Das Geschehene ist freilich schrecklich genug, dass solche
Horrorszenarien nicht weiter ausgemalt werden müssen. Ich möchte stattdessen zunächst die Grundlagen der liberalen politischen Kultur der USA skiz-
zieren und einen knappen Überblick geben, wie sie sich im Verlaufe der amerikanischen Geschichte gerade in Krisen bewährt hat. Dabei wird deutlich
werden, dass auch die Amerikaner anfällig waren für hysterische Reaktionen
auf reale oder eingebildete Gefahren sowie für die Versuchung, Minderheiten
zum Sündenbock zu machen. Allerdings erwiesen sich die freiheitlichen Im-
pulse immer als stark genug, das Rad wieder in die andere Richtung zu dre-
hen. Vor diesem Hintergrund soll dann die Reaktion der amerikanischen Gesellschaft und Politik auf den Terror des 11. September näher beleuchtet werden. Steht jetzt zu befürchten, dass Bürgerrechte und Freiheiten substanziell
eingeschränkt werden? Müssen Minderheiten mit Verfolgung und Diskriminierung rechnen?

1 Zur Geschichte der liberalen politischen Kultur in den USA

Unter der politischen Kultur der Freiheit verstehe ich das Ensemble kollektiver Werte, Überzeugungen, Traditionen und Institutionen, durch die individuelle Rechte und Freiheiten im politischen und sozialen Leben der USA verankert sind. Die historischen Grundlagen dieser Kultur reichen bis zu den Anfängen der englischen Kolonisation im frühen 17. Jahrhundert zurück. Zwar waren die puritanischen Pilgerväter alles andere als duldsam – man denke nur an die berüchtigten Hexenprozesse von 1692 in Massachusetts –, doch entwickelte sich im steten Ringen von Dissidenten um Gewissensfreiheit eine Vielfalt der Glaubensrichtungen, die religiöser Toleranz den Boden bereitete. Mit der Rezeption der naturrechtlichen Ideen der Aufklärung und dem als Freiheitskampf gegen die Tyrannei der britischen Krone empfundenen Unabhängigkeitskrieg entstand eine säkulare Ideologie der Freiheit, der Thomas Jefferson, einer der Gründerväter der amerikanischen Republik und ihr dritter Präsident, in der Unabhängigkeitserklärung von 1776 mit den berühmten Worten Ausdruck verlieh, dass alle Menschen ein unveräußerliches Recht auf *„Leben, Freiheit und das Streben nach Glück"* hätten. Dass damit vorerst nur weiße Männer gemeint waren, hat der visionären Kraft dieser Worte keinen Abbruch getan.

Zwar kam es während des Unabhängigkeitskrieges zu hässlichen Ausschreitungen der Patrioten, wie sich die amerikanischen Revolutionäre stolz nannten, gegen die königstreue Minderheit, doch blieb eine Schreckensherrschaft wie in der Französischen Revolution aus. Tatsächlich sehen viele Historiker den entscheidenden Grund für die große Stabilität und Kontinuität der amerikanischen Demokratie darin, dass es der Gründergeneration gelang, eine politische Ordnung der *checks and balances* zu schaffen, die eine effiziente Regierung ermöglicht und zugleich die Freiheit der Bürger wirksam gegen den Machtmissbrauch staatlicher Instanzen schützt.

Die rechtliche Grundlage dieser politischen Kultur der Freiheit ist die *Bill of Rights*, der Grundrechtskatalog der amerikanischen Bundesverfassung. Es ist bezeichnend für die schon am Ende des 18. Jahrhunderts ausgeprägte Sensibilität der Amerikaner für mögliche Gefährdungen ihrer Freiheitsrechte, dass die *Bill of Rights*, die nicht in der ursprünglichen Verfassung von 1787 enthalten war, bereits 1791 auf massives Drängen vieler Bürger in Gestalt von zehn Zusatzartikeln (Amendments) der Verfassung hinzugefügt wurde. Im Unterschied zur Menschenrechtserklärung der Französischen Revolution, die den Terror der Jakobiner nicht verhindern konnte, verkündet die *Bill of Rights* keine erhabenen Prinzipien, sondern zählt nüchtern eine Reihe klassischer Abwehrrechte gegen staatliche Willkür auf. Dazu gehören das Recht auf freie Religionsausübung, die Rede- und Pressefreiheit, die Versammlungsfreiheit und das Petitionsrecht, das Recht, Waffen zu tragen, der Schutz vor willkürlicher Durchsuchung und Verhaftung, die Garantie von Geschworenengerichten und das Recht auf ein ordentliches Gerichtsverfahren sowie das Verbot grausamer oder ungewöhnlicher Strafen. In über zweihundert Jahren lebendiger Verfassungsentwicklung ist die *Bill of Rights* zum Grundpfeiler des amerikanischen Freiheitsverständnisses geworden.

Die erste schwere Belastungsprobe für die Bürgerrechte ließ freilich nicht lange auf sich warten. Konkret ging es um die Frage, ob der Machtkampf zwischen den *Federalists* und den *Democrat-Republicans*, den beiden politischen Grundrichtungen der frühen Republik, zur Diktatur einer Partei führen würde. 1798 nahmen die regierenden *Federalists* einen drohenden Krieg mit Frankreich zum Anlass, die so genannten *Alien and Sedition Acts* zu erlassen, die der Regierung unter anderem gestatteten, Ausländer, die angeblich die Sicherheit der USA gefährdeten, ohne Beweise zu deportieren und Kritiker der Regierung oder des Präsidenten wegen „*aufrührerischer Hetze*" anzuklagen. Tatsächlich erwiesen sich die Gesetze als schwerer Fehler. Da der Krieg vermieden werden konnte, wurden die Gesetze gegen Ausländer nie angewendet. Zwar wanderten zehn oppositionelle Journalisten zeitweilig ins Gefängnis, doch protestierte die Opposition unter Führung der zukünftigen Präsidenten Thomas Jefferson und James Madison heftig gegen diesen Anschlag auf die Meinungsfreiheit. Bei den Wahlen des Jahres 1800 siegte Jefferson und führte den ersten friedlichen Regierungswechsel in der Geschichte der USA herbei.

Die Vereinigten Staaten waren in der ersten Hälfte des 19. Jahrhunderts noch keine offene, freie und demokratische Gesellschaft im modernen Sinne. Die Südstaaten waren die größte Sklavenhaltergesellschaft ihrer Zeit, und die kleine Minderheit freier Schwarzer wurde in den gesamten USA auf vielfältige Weise diskriminiert. Rassistische Gewalt gegen Afroamerikaner war an der Tagesordnung. Ebenso wenig wurden Einwanderer überall mit offenen Armen aufgenommen. Seit den 1840er Jahren formierte sich eine Volksbewegung unter protestantischen Angelsachsen, die vor allem den Zuzug katholischer Iren und Deutscher stoppen wollte und bisweilen auch vor gewalttätigen Ausschreitungen nicht zurückschreckte. Gleichwohl konnten die Nativisten nicht verhindern, dass allein zwischen 1840 und 1860 über vier Millionen Einwanderer ins Land kamen, für die ungeachtet aller Diskriminierungen Amerika vor allem das Land der Freiheit war.

Die Belastbarkeit der Freiheit erweist sich im Krieg, wenn der Spielraum für Dissens und Kritik im Namen von nationaler Sicherheit und Patriotismus eingeengt zu werden pflegt. Der Schriftsteller Henry David Thoreau weigerte sich, den Krieg der USA gegen Mexiko (1846-1848) mit seinen Steuergeldern zu unterstützen und zog es vor, für seine Überzeugung ins Gefängnis zu gehen. Wenn Regierungen ungerecht handelten, so Thoreau 1849 in seiner Streitschrift „*Civil Disobedience*", war bürgerlicher Ungehorsam moralische Pflicht. Gegen alle Kriege, welche die USA geführt haben, gab es mehr oder weniger ausgeprägten Widerstand, der sich aus religiösen, ethischen und praktischen Motiven speiste. Obwohl amerikanische Regierungen bei der Unterdrückung von Dissens oder Illoyalität bisweilen sehr weit gingen, ist doch bemerkenswert, dass Freiheit und Demokratie letztlich stets gewahrt blieben.

Während des Bürgerkrieges (1861-1865), dem blutigsten der US-Geschichte, kam es im Norden zu Unruhen gegen die Durchsetzung der Wehrpflicht, die Präsident Abraham Lincoln durch Truppen niederschlagen ließ. Das Kriegsrecht wurde verhängt und das Recht auf *Habeas Corpus*, die richterliche Überprüfung von Verhaftungen, suspendiert. Insgesamt wurden 15.000 Zivilisten zeitweilig inhaftiert. Gleichwohl blieben die Presse- und Versammlungsfreiheit im Wesentlichen gewahrt und 1864 fanden die Präsidentschaftswahlen wie geplant statt. Kein Krieg und kein nationaler Notstand haben bislang zum Aufschub von Wahlen oder zur Verlängerung von Amtszeiten geführt. Dass Franklin D. Roosevelt während des Zweiten Weltkrieges, entgegen dem ungeschriebenen Prinzip, dass der Präsident nur eine einzige Wiederwahl anstreben sollte, für eine dritte und vierte Amtszeit kandidierte, wurde nachträglich weithin als bedenklich empfunden und durch eine Verfassungsänderung zukünftig unmöglich gemacht.

Die ideologische Polarisierung der beiden Weltkriege ergriff auch die amerikanische Gesellschaft und führte zu Ausschreitungen und staatlichen Repressionen gegen Kriegsgegner und US-Bürger, deren ethnische Wurzeln in den Feindstaaten lagen. Während des Ersten Weltkrieges wurden Gesetze erlassen, die unter anderem den Aufruf zur Kriegsdienstverweigerung sowie die Verunglimpfung der Regierung, der Verfassung, der Flagge und des Militärs unter Strafe stellten. Führende Mitglieder der sozialistischen Partei wurden zu hohen Haftstrafen verurteilt. Die Kriegshysterie machte die Deutschamerikaner zur Zielscheibe gewalttätiger Mobs, und Eiferer versuchten, die deutsche Kultur und Sprache aus dem Alltag zu tilgen. Deutschsprachige Bücher verschwanden aus Bibliotheken und deutsche Leihwörter wie „Sauerkraut" sollten durch patriotische Neubildungen wie „liberty cabbage" ersetzt werden. Auch nach dem Krieg ebbte die Hysterie zunächst nicht ab. Eine Streikwelle sowie einige mysteriöse Terroranschläge schürten die Furcht vor einem Übergreifen der bolschewistischen Revolution auf die USA, der das Justizministerium Anfang 1920 durch die illegale Massenverhaftung von über 4.000 Personen, die radikaler Umtriebe verdächtigt wurden, zuvorzukommen versuchte. Mit dem Ausbleiben revolutionärer Unruhen ließ die als *Red Scare* bezeichnete Kommunistenfurcht jedoch wieder nach.

Im Zweiten Weltkrieg sahen sich vor allem die Amerikaner japanischer Abstammung dem Volkszorn und staatlicher Repression ausgesetzt. Im Februar 1942 autorisierte Präsident Roosevelt die Evakuierung von rund 120.000 Angehörigen dieser Bevölkerungsgruppe aus ihren Wohnorten an der Westküste und ihre Internierung in Speziallagern im Hinterland. Obwohl über zwei Drittel der Internierten US-Bürger waren und nicht ein Einziger konkret der Sabotage oder Spionage verdächtigt wurde, billigte der Oberste

Gerichtshof der USA die Maßnahme als militärische Notwendigkeit. Die Internierung der *Japanese Americans* war zweifellos eine schwere summarische Verletzung der Rechte und Freiheiten unschuldiger und loyaler Bürger durch die amerikanische Bundesregierung. Der in diesem Zusammenhang immer wieder gebrauchte Begriff „Konzentrationslager" ist allerdings völlig unangebracht, denn die Behandlung der Internierten war in keiner Weise mit den Praktiken der Nazis vergleichbar. In den 80er Jahren entschuldigte sich der US-Kongress offiziell für das Unrecht und zahlte individuelle Entschädigungen in Höhe von 20.000 Dollar.

Im frühen Kalten Krieg kam es erneut zu einer antikommunistischen Hysterie, die meist nach ihrem bekanntesten Agitator, Senator Joseph McCarthy aus Wisconsin, als McCarthyismus bezeichnet wird. Die Angst vor kommunistischer Subversion führte dazu, dass die Grenze zwischen legitimem Dissens und Hochverrat immer mehr verwischt wurde. Der bloße Verdacht der „Unzuverlässigkeit" reichte oft für die Entlassung aus dem öffentlichen Dienst aus, sozialkritische Literatur wurde als „unamerikanisch" aus Bibliotheken entfernt. Vorauseilender Gehorsam, wie die berühmten „schwarzen Listen" Hollywoods, infizierte weite Teile des öffentlichen Lebens mit dem Ungeist der Denunziation. Die Führung der Kommunistischen Partei der USA wurde inhaftiert und die Regierung ermächtigt, subversive Ausländer zu deportieren und im Falle eines Notstands, Verdächtige präventiv in Haft zu nehmen. Das reale Ausmaß der Repression darf allerdings nicht übertrieben werden. Insgesamt wurden einige tausend Karrieren zerstört und rund 200 Personen zu Haftstrafen meist bis zu zwei Jahren verurteilt. Der spektakulärste und zugleich bedenklichste Fall war die Verurteilung und Hinrichtung des Ehepaars Rosenberg, Mitglieder der Kommunistischen Partei, die angeblich das Geheimnis der Atombombe an die Sowjets verraten hatten. Immerhin wurde die amerikanische Öffentlichkeit schließlich auch der Hexenjagden McCarthys überdrüssig und der Demagoge Mitte der 50er Jahre vom Senat kaltgestellt.

Kein Krieg der US-Geschichte war derart umstritten wie der Vietnamkrieg, an dem die USA rund zehn Jahre (1964-1973) als Krieg führende Macht beteiligt waren. Seit 1967 entstand eine beispiellose Antikriegsbewegung vor allem unter der akademischen Jugend. Schätzungsweise eine halbe Million Wehrpflichtige verbrannten ihre Einberufungsbefehle, verweigerten den Kriegsdienst oder flohen ins Ausland. Auf Massendemonstrationen kam es zu gewalttätigen Zusammenstößen mit Polizei und Nationalgarde wie etwa im Mai 1970, als auf dem Campus der Kent State Universität in Ohio vier Studenten erschossen wurden. Die Administrationen der Präsidenten Lyndon B. Johnson (1963-1969) und Richard Nixon (1969-1974) bemühten sich nach Kräften, die Kriegsgegner zu diskreditieren und schreckten dabei weder vor Rufmord noch illegaler Bespitzelung zurück.

Gleichwohl erstaunt das hohe Maß an Toleranz, das die amerikanische Gesellschaft während des Vietnamkrieges gegenüber radikalem Dissens zeigte, vielleicht auch deshalb, weil dieser von Kindern des liberalen Establishments selbst kam. In der Rückschau markiert die Vietnam-Ära auch in dieser Hinsicht eine deutliche historische Zäsur. Die afroamerikanische Bürgerrechtsbewegung, die Antikriegsbewegung und die anderen Protestbewegungen der so genannten Gegenkultur haben die Traditionen des bürgerlichen Ungehorsams und der moralisch-politischen Dissidenz erneuert und gefestigt. Die Enthüllungen der Watergate-Affäre (1972-1974), welche die kriminellen Machenschaften Präsident Nixons gegen Kriegsgegner, Dissidenten und politische Konkurrenten zutage förderten, und das unrühmliche Ende des Vietnamkrieges bestätigten in den Augen vieler Amerikaner nachträglich die Berechtigung des Protests, auch wenn umgekehrt die amerikanische Version einer Dolchstoßlegende immer noch zahlreiche Anhänger findet.

2 Die politische Kultur der Freiheit nach den Terroranschlägen

Das traditionelle Misstrauen gegenüber staatlicher Macht beschränkt sich nicht auf das liberale oder linke Lager, sondern ist gerade auf der konservativ-libertären Seite zum Teil noch sehr viel ausgeprägter und trägt bisweilen paranoide Züge. So wird das Individualrecht auf Waffenbesitz (2. Zusatzartikel der Verfassung) gern mit dem Argument verteidigt, die Bürger müssten notfalls zum Widerstand gegen eine tyrannische Regierung in der Lage sein. Für staatsfixierte Europäer ist ein solches Freiheitsverständnis häufig irritierend, es bildet jedoch objektiv eine hohe Hürde für alle Versuche zur Einschränkung bürgerlicher Freiheitsrechte.

Das integrative Pendant zum amerikanischen Individualismus ist freilich ein nicht minder starker Patriotismus, dessen Fahnen schwenkende Expressivität vor allem von Deutschen oft mit aggressivem Nationalismus verwechselt wird, die ihr eigenes gebrochenes Verhältnis zur Nation zum Maßstab für andere Länder machen. Während gerade einmal die Hälfte aller Deutschen stolz auf ihr Land ist, bekennen sich bei Umfragen bis zu 99 Prozent der Amerikaner zum Nationalstolz. Zu diesem patriotischen Bürgerstolz gehören jedoch untrennbar die freiheitlichen Traditionen. Dass die Amerikaner nach dem 11. September ihre Trauer, Solidarität, aber auch ihre Entschlossenheit durch nationale Symbolik zum Ausdruck brachten, ist deshalb keinesfalls ein Anzeichen dafür, dass kritisches Denken und Handeln einem konformistischen Hurrapatriotismus zum Opfer gefallen sind.

Für den Linguisten Noam Chomsky, dem wohl prominentesten intellektuellen Wortführer der radikalen Linken in den USA, waren die Terroranschläge vom 11. September vor allem ein Geschenk an die Rechte, die sie dankbar zum Vorwand für eine aggressive Kriegspolitik und Repression im

Inneren nehmen werde. Was lässt sich zwei Monate später zu den Auswirkungen der Attentate auf die politische Kultur der Freiheit tatsächlich feststellen?

Dass sich das Entsetzen und die Wut über die barbarischen Terrorakte im Ruf nach Vergeltung gegen ihre Urheber Luft machten, ist angesichts der Dimension der Geschehnisse kaum verwunderlich und durchaus verständlich. Zugleich aber gab es zahlreiche Appelle, vor allem von religiösen Führern, nicht in blinden Hass und Rachedenken zu verfallen, so dass ein konservativer Kommentator des Time Magazine schon zweifelte, ob die dem Kult der Psychotherapie verfallene amerikanische Gesellschaft überhaupt noch die emotionale Härte für den Krieg gegen den Terror aufbringen werde.

Zumindest für den Teil der Bevölkerung, der sich den unseligen Traditionen von Selbstjustiz und Mobgewalt verbunden fühlt, dürfte dies kein Problem sein. Nachdem schnell klar wurde, dass die Attentate von islamistischen Fanatikern aus dem Mittleren Osten verübt wurden, kam es zu Ausschreitungen und Drohungen gegen Amerikaner arabischer Abstammung oder orientalisch aussehende Menschen sowie gegen islamische Einrichtungen. In Texas wurde auf ein islamisches Zentrum gefeuert, ein Angehöriger der Glaubensgemeinschaft der Sikhs wurde erschossen, offenbar weil ihn sein Turban und sein Bart als Islamisten verdächtig machten. In Chicago musste die Polizei einen Mob stoppen, der eine Moschee stürmen wollte. Zahlreiche islamische Einrichtungen baten um Polizeischutz und berichteten von Pöbeleien und Übergriffen. Hat mit den Attentaten der Kampf der Kulturen begonnen, den der Harvard-Politologe Samuel Huntington seit den frühen 90er Jahren prognostiziert hatte, und wird dieser Kampf zum Teil des amerikanischen Alltags werden?

Huntington selbst beeilte sich klarzustellen, dass es sich nicht um einen Zusammenstoß der Kulturen, sondern um einen Angriff der Barbarei auf die zivilisierte Gesellschaft als Ganze handele, der durch die Zusammenarbeit und den Dialog der Kulturen abgewehrt werden müsse. Präsident George W. Bush, der New Yorker Bürgermeister Rudolph Giuliani, die Gouverneure betroffener Bundesstaaten, Bürgerrechtsgruppen und zahlreiche Personen des öffentlichen Lebens verurteilten die Übergriffe und forderten zu Toleranz und gegenseitigem Respekt auf. Der Präsident besuchte demonstrativ eine Moschee, zur Trauerfeier in der Nationalkathedrale in Washington waren auch hohe islamische Würdenträger geladen.

Dies mögen selbstverständliche Gesten des Anstands sein, doch reflektieren sie auch den Umstand, dass die USA ihren Charakter als multiethnische und multikulturelle Gesellschaft nicht nur faktisch, sondern auch ideologisch weitgehend akzeptiert haben. Die im öffentlichen Diskurs vorherrschende Synthese aus amerikanischem Wertepatriotismus und Multikulturalismus hat die Option, ethnische und kulturelle Minderheiten offiziell zu Sündenböcken zu stempeln, politisch weitgehend ausgeschlossen. Auch wenn manche konservativen Kommentatoren jetzt eine Abkehr vom Multikulturalismus und eine Rückbesinnung auf amerikanische Werte fordern, darf man davon ausgehen, dass eine kritische Öffentlichkeit jedem Versuch zur Stigmatisierung von Minderheiten unter Berufung auf die amerikanischen Werte der Freiheit und des Individualismus entgegentreten wird.

Dies zeigt sich bereits jetzt in der Reaktion der liberalen Medien und von Bürgerrechtsgruppen wie der *American Civil Liberties Union* (ACLU) und *Human Rights Watch* auf Teile der Antiterrormaßnahmen, die nach den Anschlägen verabschiedet worden sind. Die Kritik bezieht sich vor allem auf den *USA Patriot Act*, der am 26. Oktober 2001 in Kraft getreten ist und dem US-Justizministerium erheblich erweiterte Vollmachten gibt, Ausländer, die sich legal oder illegal in den USA aufhalten, präventiv zu inhaftieren, wenn es „vernünftige Gründe" zu der Annahme hat, dass diese in terroristische Aktivitäten verwickelt sind oder anderweitig die Sicherheit der Vereinigten Staaten gefährden. Präsident Bush hat die Bildung einer Sondereinheit der Einwanderungsbehörde angekündigt, die Ausländer ohne gültiges Visum aufspüren sowie überprüfen soll, ob ausländische Studenten tatsächlich ihr Studium aufnehmen. Offenbar hofft man, auf diese Art und Weise potenzielle Terroristen im Vorfeld zu ermitteln. Nach Recherchen der Washington Post sind zwischen dem 11. September und Anfang November über 1.100 Personen festgenommen worden. Dabei handelt es sich überwiegend um junge Männer zwischen zwanzig und dreißig Jahren aus dem Mittleren Osten. Nur bei wenigen von ihnen gibt es konkrete Hinweise auf eine Verbindung zu den Attentaten, die allermeisten sind wegen Vergehen gegen die Einwanderungsbestimmungen festgenommen worden – für die Washington Post ein Beleg, dass es sich um eine Art Schleppnetzfahndung handelt, in deren Verlauf möglichst viele junge Männer aus dem Mittleren Osten verhaftet werden sollen, um mögliche Terroristen herauszufiltern.

Das Justizministerium beruft sich darauf, alle Inhaftierten hätten Gesetzesverstöße begangen, und vergleicht die Aktion mit der Kampagne, die Justizminister Robert Kennedy in den 60er Jahren gegen das organisierte Verbrechen führte. Die Weigerung, Auskunft darüber zu geben, wer aufgrund welcher Vorwürfe verhaftet oder inzwischen wieder freigelassen worden ist, hat allerdings bereits zu massiver Kritik geführt. Die Washington Post sprach von einer Verhaftungswelle, wie sie die USA seit dem Zweiten Weltkrieg nicht mehr erlebt hätten. Bürgerrechtler verglichen die summarische Verhaftung von Personen aus dem Mittleren Osten mit der Internierung der *Japanese Americans* oder erinnerten an die Massenverhaftungen während der *Red Scare* nach dem Ersten Weltkrieg. Die Erinnerung an die Verfolgung Unschuldiger in Krisenzeiten ist offenkundig nicht in Vergessenheit geraten.

Die Menschenrechtsorganisation *Human Rights Watch* protestierte in einem Brief an führende Kongressmitglieder, die neuen Befugnisse zur Inhaftierung von Ausländern verstießen sowohl gegen die amerikanische Verfassung als auch gegen den Internationalen Pakt über Bürgerrechte und Politische Rechte der Vereinten Nationen, zu dessen Unterzeichnerstaaten auch die

USA gehören. Um den verfassungs- und völkerrechtlich gebotenen Schutz vor willkürlicher Verhaftung zu garantieren, müssten konkrete Richtlinien formuliert, die Inhaftierten wie normale Verdächtige spätestens nach 48 Stunden einem Richter vorgeführt und ihnen alle üblichen Prozessrechte gewährt werden. Die *American Civil Liberties Union* beklagte, mit dem Gesetz werde die bereits nach dem Terroranschlag von Oklahoma City im Jahre 1995 eingeleitete Tendenz weitergetrieben, exekutive Maßnahmen der richterlichen Kontrolle zu entziehen, die gerade in Krisenzeiten unverzichtbar sei. In der Tat bleibt abzuwarten, wie der Oberste Gerichtshof entscheiden wird, sollte die Verfassungsmäßigkeit der neuen Bestimmungen angefochten werden, womit zweifellos zu rechnen ist. Mehrere Bürgerrechtsgruppen versuchen bereits, die Regierung – auf der Basis des Gesetzes über Informationsfreiheit – zur Auskunft über die seit September erfolgten Verhaftungen zu zwingen.

Die Proteste haben bislang wenig genützt. Der *USA Patriot Act* wurde mit dem von der US-Regierung gewünschten Inhalt vom Kongress verabschiedet. Angesichts der Tatsache, dass die Anschläge des 11. Septembers von Ausländern aus dem Mittleren Osten verübt wurden, erscheint es der Mehrheit der Kongressmitglieder offenbar nicht als unverhältnismäßig, diese Personengruppe unter Generalverdacht zu stellen und besonderen Überprüfungen zu unterziehen. Immerhin müssen Verdächtige spätestens nach sieben Tagen einem Richter vorgeführt werden. Auch neue Befugnisse zur Überwachung von Telefonen und Computern sowie erweiterte Kompetenzen und Mittel für die Bundespolizei und die Geheimdienste werden der Gesetzgeber und die amerikanische Öffentlichkeit vorerst im Interesse der Sicherheit akzeptieren. Erfahrungsgemäß wird die Exekutive versuchen, ihre Kompetenzen noch weiter auszudehnen, zumal die führenden Mitglieder der gegenwärtigen Administration, insbesondere der erzkonservative Justizminister John Ashcroft, nicht gerade als glühende Verfechter liberaler Prinzipien bekannt sind. Im Namen der Sicherheit werden gewiss auch weiterhin extreme Forderungen erhoben, wie unlängst der Vorschlag einiger Leitartikler, zur Abwendung terroristischer Anschläge notfalls auch psychische Folter zu erlauben. Die Gefahr, dass solche Exzesse jemals vom Gesetz gebilligt werden, ist allerdings sehr gering. Bedenklicher ist der Vorschlag, ausländische Terroristen, derer man habhaft wird, vor Militärgerichte zu stellen. Dass der Oberste Gerichtshof dies zulassen wird, erscheint aber ebenfalls eher unwahrscheinlich.

Die liberale Demokratie steht nicht nur in den USA vor der permanenten Herausforderung, sich wirksam gegen ihre Feinde zu schützen, ohne ihre Grundwerte aufzugeben, zu denen Toleranz gegenüber Minderheiten ebenso gehört wie die Freiheit des Einzelnen. Gegenwärtig, darüber kann kein Zweifel bestehen, ist das Pendel stark zugunsten der Sicherheit ausgeschlagen, was vor dem Hintergrund der Ereignisse des 11. Septembers auch durchaus verständlich ist. Der Blick auf die amerikanische Geschichte lehrt jedoch, dass solche Ausschläge niemals von Dauer waren und die Amerikaner stets misstrauisch gegenüber allzu viel Zuwachs an staatlicher Macht geblieben sind. Die historische Erinnerung an die Internierung der *Japanese Americans* bleibt eine Mahnung zur Toleranz, und der Missbrauch staatlicher Macht im Namen der nationalen Sicherheit während des Kalten Krieges ist ebenfalls noch frisch im Gedächtnis.

Mit einer wachsamen Gegenöffentlichkeit darf in jedem Fall gerechnet werden. Nur drei Tage nach den Anschlägen von New York und Washington trafen sich eine Reihe von Bürgerrechtsgruppen und bildeten eine informelle *„Koalition zur Verteidigung der Freiheit"*, die den staatlichen Aktionismus gegen den Terror kritisch zu beobachten versprach. Nicht nur Liberale, sondern auch konservative Gegner einer verstärkten Kontrolle des privaten Waffenbesitzes, mahnen zum Respekt vor den verfassungsmäßigen Freiheitsrechten. Von einer Forderung der Bush-Administration nach einer Verschärfung der Waffengesetze ist allerdings noch nichts bekannt geworden. Auf scharfen Protest ist auch der unsinnige Versuch der US-Regierung gestoßen, die Ausstrahlung eines Interviews mit Usama bin Ladin, dem mutmaßlichen Drahtzieher der Terrorakte, zu verhindern. Dass sich die amerikanischen Medien, deren kritische und respektlose Haltung gegenüber staatlicher Autorität ihresgleichen sucht, umfassender Zensur unterworfen werden, ist unvorstellbar.

Bei nüchterner Betrachtung ist festzustellen, dass die amerikanische Gesellschaft bislang erstaunlich gelassen auf die Ereignisse des 11. Septembers reagiert hat. Selbst die Anschläge mit Milzbranderregern, die inzwischen vier Todesopfer gefordert haben und ganz offenkundig darauf abzielen, Massenpanik zu erzeugen und das öffentliche Leben lahmzulegen, haben keine Hysterie und keine summarischen Verdächtigungen gegen einzelne Bevölkerungsgruppen ausgelöst. Von Anfang an ist die Möglichkeit eingeräumt worden, es könne sich bei den Tätern um Trittbrettfahrer aus der amerikanischen Extremistenszene handeln, ein Verdacht, der sich nach jetzigem Erkenntnisstand zu erhärten scheint. Die amerikanische Bevölkerung verlangt zu Recht von seiner Regierung, dass diese alle zum Schutz der öffentlichen Sicherheit erforderlichen Maßnahmen trifft, und die allermeisten Amerikaner sind bereit, Einschränkungen ihrer persönlichen Bewegungsfreiheit, etwa bei Flugreisen und bei Großveranstaltungen, hinzunehmen. Aber zugleich ist man sich völlig darüber im Klaren, dass es keine totale Sicherheit geben kann. Alle historischen Erfahrungen sprechen dafür, dass die ganz große Mehrheit nicht bereit sein wird, ihre freiheitlichen Traditionen dem Kampf gegen den Terrorismus zu opfern. Der 11. September, so steht zu hoffen, wird nicht alles verändern.

Literatur

Adams, Willi Paul; Lösche, Peter (Hrsg.) (1998): Länderbericht USA. Geschichte, Politik, Geographie, Wirtschaft, Gesellschaft, Kultur. Schriftenreihe der Bundeszentrale für politische Bildung. Bonn.

Bodenhamer, David J.; Ely, James W. (Hrsg.) (1993): The Bill of Rights in Modern America. Bloomington and Indianapolis.

Hall, Kermit L. (Hrsg.) (1987): Civil Liberties in American History United States Constitutional and Legal History. New York and London.

Hall, Kermit L. (Hrsg.) (1991): By and for the People. Constitutional Rights in American History. Arlington Heights, Illinois.

Heideking, Jürgen (1996): Geschichte der USA. Tübingen und Basel.

Walker, Samuel (1990): In Defense of American Liberties. A History of the ACLU. New York – Oxford.

Internetseiten:

American Civil Liberties Union: www.aclu.org/
Human Rights Watch: www.hrw.org/

Kasten: Terroranschläge im 20. Jahrhundert

6. September 1901	Ein Anarchist erschießt den amerikanischen Präsidenten William McKinley in Buffalo.
18. Juni 1914	Der österreichische Thronfolger Erzherzog Franz Ferdinand und seine Frau werden von dem bosnischen Studenten Princip im Auftrag der Geheimorganisation „Schwarze Hand" in Sarajewo erschossen.
24. Juni 1922	Der deutsche Außenminister Walter Rathenau wird von der rechtsextremen Gruppe „Organisation Consul" ermordet. 1921 wurden der Zentrumspolitiker Matthias Erzberger, 1919 Kurt Eißner Opfer politischer Morde.
22. November 1963	Der amerikanische Präsident John F. Kennedy wird in Dallas erschossen.
21. Februar 1965	Der amerikanische Bürgerrechtler Malcolm X wird erschossen.
5. September 1972	Die palästinensische Terrororganisation „Schwarzer September" erschießt während der olympischen Spiele zwei israelische Sportler. Während eines misslungenen Befreiungsversuches kommen fünf Terroristen, neun israelische Sportler und ein Polizist ums Leben.
18. Oktober 1977	Mitglieder der Roten Armee Fraktion ermorden den Präsidenten der Bundesvereinigung der deutschen Arbeitgeberverbände Hanns Martin Schleyer.
16. März 1978	Die italienische Terrororganisation „Rote Brigade" entführt und ermordet den italienischen Politiker Aldo Moro.
2. August 1980	Eine rechtsextreme Gruppe verübt auf dem Bahnhof von Bologna einen Bombenanschlag.
6. Oktober 1981	Der ägyptische Präsident Anwar el Sadat wird von der ägyptischen Terrorgruppe „Dschihad Islami" erschossen.
30. Oktober 1989	Die RAF tötet den Vorstandssprecher der Deutschen Bank Alfred Herrhausen.
21. März 1991	Tamilen ermorden den ehemaligen indischen Premier-Minister Rajiv Gandhi bei einer Gedenkveranstaltung für seine 1984 ermordete Mutter Indira Gandhi.
1. April 1991	Die RAF erschießt den Chef der Treuhandanstalt Detlev Karsten Rohwedder.
4. November 1995	In Tel Aviv ermordet ein rechtsextremer jüdischer Student den israelischen Ministerpräsidenten Jitzhak Rabin.
20. März 1995	In Tokyo verübt die Aum-Sekte Giftgasanschläge in der U-Bahn, bei denen elf Menschen sterben und mehr als 5.000 verletzt werden.
27. Juli 1996	Bei einem Openairkonzert anlässlich der Olympischen Spiele in Atlanta explodiert eine Bombe und verletzt 111 Menschen. Zwei Menschen sterben.
18. September 1997	Die Terrorgruppe „Heiliger Krieg" ermordet neun deutsche Touristen und den Busfahrer vor dem ägyptischen Museum in Kairo.
17. November 1997	Eine islamistische Terrorgruppe ermordet in Luxor 58 Touristen.

Andreas Etges

Die Auswirkungen des 11. September auf die amerikanische Sicherheitspolitik

„*America under Attack*", „*America's New War*", „*Der erste Krieg des 21. Jahrhunderts*" und schließlich „*America's War Against Terror*" – so lauteten die Schlagzeilen nach den verheerenden Terroranschlägen am 11. September, nach denen angeblich nichts mehr so war wie zuvor. Die amerikanische Regierung verkündete eine neue Art des Krieges im In- und Ausland gegen ein globales terroristisches Netzwerk und deren Unterstützer. Und dieser Krieg, so US-Verteidigungsminister Donald H. Rumsfeld, müsse diplomatisch, politisch, militärisch und ökonomisch mit aller Härte geführt werden.[1]

Sicherlich ist nach dem 11. September 2001 nicht alles anders, auch nicht in den Vereinigten Staaten. Doch die Anschläge auf das World Trade Center in New York und das Pentagon in Washington mit all ihren Folgen werden ein neuer Markstein in der amerikanischen Geschichte werden, bei dem zukünftig von einem „*vor*" und einem „*nach*" dem 11. September die Rede sein wird. Im Folgenden soll ein erster Versuch über Veränderungen in der amerikanischen Außen- und Sicherheitspolitik seit dem 11. September gegeben werden.

1 Das Jahrzehnt der Amerikaner

Wenn das 20. Jahrhundert das „*American Century*" war, wie es der Herausgeber des Nachrichtenmagazins Time, Henry R. Luce, im Jahre 1941 vorausgesagt hatte, waren die 1990er Jahre das „*American Decade*", das Jahrzehnt der Amerikaner. Die Vereinigten Staaten waren als „*Sieger*" aus dem Kalten Krieg hervorgegangen, konnten nach Jahren der wirtschaftlichen Depression atembe-

---

1 Donald H. Rumsfeld: A New Kind of War. In: New York Times (NYT) 27. Sep. 2001.

raubende Wachstumsraten vorweisen und streiften mit dem aus ihrer Sicht erfolgreich verlaufenen Golfkrieg weitgehend den Schatten von Vietnam ab.

Die Hoffnung nach dem Ende des Kalten Krieges auf umfassende Abrüstung und eine „*Friedensdividende*" währte nur kurz. Die Vereinigten Staaten sind weiter hoch gerüstet und halten selbst in Friedenszeiten etwa 1,5 Millionen Soldaten ständig einsatzbereit. Allein der Etat für die 40.000 Mann der Spezialeinheiten wie *Delta Force*, *Green Berets*, *Navy Seals* und *Marines* beläuft sich auf ca. vier Milliarden Dollar jährlich.

Der umstrittene Ausgang der Präsidentschaftswahl im Jahr 2000 zeigte zwar peinliche Pannen bei der Stimmenauszählung in der selbst erklärten Musterdemokratie, und auch das Wirtschaftswachstum stockte spürbar. Dennoch war die Grundstimmung der letzten verbliebenen Supermacht weiterhin optimistisch. Der Glaube an die Überlegenheit des amerikanischen Modells bis hin zu einer manchmal überheblichen Selbstgerechtigkeit drückte der amerikanischen Außenpolitik nach dem Amtsantritt von George W. Bush wieder den Stempel auf. In Fragen der internationalen Kooperation, ob Klimaschutzabkommen oder Abrüstungspolitik, dominierte erneut ein amerikanischer Unilateralismus nach dem Motto: *Die USA brauchen die Welt nicht, aber die Welt braucht die USA.*

Bis auf wenige „*Schurkenstaaten*" wie Irak (so die Sicht US-Regierung) schien kaum noch Gefahr von außen zu drohen. Und auf diese Gefahr glaubte man durch ein Raketenabwehrsystem eine Antwort gefunden zu haben. Washington war willens, es auch gegen den Widerstand der westlichen Alliierten und unter möglichem Bruch von Verträgen mit der früheren Sowjetunion aufzubauen.

Kritiker bezeichneten den Glauben an ein *National Missile Defense System* schon vor dem 11. September als Illusion: Es spiegele eine falsche Sicherheit vor. Die terroristischen Anschläge mit Hilfe von Passagierflugzeugen hätte ein solches Abwehrsystem jedenfalls nicht verhindern können.

Die Bilder der einstürzenden Twin Towers des World Trade Centers und des brennenden Pentagons zerstörten schlagartig den Glauben an die eigene Unangreifbarkeit und Unverwundbarkeit. Zwar hatte es auch während des Kalten Krieges kein völliges Gefühl der Sicherheit gegeben; die Kubakrise machte das überdeutlich. Doch die große symbolische Bedeutung der Ereignisse vom 11. September liegt nicht zuletzt darin begründet, dass nach fast 200 Jahren wieder das amerikanische Festland angegriffen wurde. Das war zuletzt 1814 geschehen, als britische Truppen das Kapitol in Washington in Brand setzten. Die Zerstörung der Pazifikflotte durch den Überraschungsangriff der Japaner in Pearl Harbor am 7. Dezember 1941 war ein vergleichbarer Schock für die amerikanische Öffentlichkeit, doch das Geschehen spielte sich in der Nähe von Hawaii ab: weit entfernt vom amerikanischen Kernland.

Die Terroristen trafen nicht nur das Finanzzentrum New York und mit dem Pentagon das Symbol des US-Militärs, sie trafen ins Herz der Amerikaner. Sie trafen Amerika unvorbereitet und legten für eine Weile das öffentliche Leben lahm, als handele es sich wirklich um eine groß angelegte Invasion des Landes: Seine Sicherheitskräfte überzeugten Präsident Bush, dass es für ihn in Washington zu gefährlich sei, weshalb er auf einer Luftwaffenbasis in Omaha im Bundesstaat Nebraska den Fortgang der Ereignisse abwartete. Währenddessen übernahm Vizepräsident Cheney aus einem sicheren Bunker im Weißen Haus die Führung. Der Kongress wurde geräumt und Regierungsgebäude im ganzen Land geschlossen. Der komplette Flugverkehr wurde eingestellt.

Für die amerikanischen Sicherheitsbehörden stellte der 11. September eine Art Super-GAU dar. Trotz jährlicher Ausgaben von 10 Milliarden Dollar zur Terrorismusbekämpfung, trotz eines Jahresbudgets von 30 Milliarden Dollar für Aufklärung und Spionage waren sie nicht in der Lage, solche Terrorakte zu verhindern. Dass bislang nur der Sicherheitschef des Bostoner Logan Airports seinen Hut nehmen musste, jedoch keiner der Verantwortlichen bei CIA, FBI oder anderen Sicherheitsbehörden seinen Rücktritt eingereicht hat, liegt nur daran, dass das zum jetzigen Zeitpunkt die Unsicherheit auch im Sicherheitsapparat noch verstärken würde.

2 Aussenpolitik und Kriegsführung: Aus der Geschichte lernen?

Die Niederlage im Vietnamkrieg stellte eine Zäsur für das siegesgewohnte amerikanische Militär dar, dessen Glaube an die Allmacht militärischer Konfliktlösungen schwer erschüttert wurde. Auch wenn viele Beteiligte der Auffassung waren, der Krieg wäre zu gewinnen gewesen – die Regierung und die Bevölkerung hätten das Militär aber zu sehr in seiner Kriegführung eingeschränkt –, mangelte es nicht an selbstkritischen Fragen und Analysen. Seit der Mitte der 70er Jahre gab es folgerichtig wichtige Reformen innerhalb der amerikanischen Streitkräfte. So wurde 1973 die Wehrpflicht abgeschafft. Von jetzt ab war die *U.S. Army* eine Freiwilligenarmee. Den *Reserves* wurden Schlüsselfunktionen bei der Versorgung und Unterstützung der Truppe übertragen. Damit brauchte bei einer Truppenreduzierung in Friedenszeiten die Zahl der Divisionen nicht verringert zu werden.

Die Aufwertung der Reserve hat weit reichende Folgen für künftige Kriege. Da ohne sie keine größeren Militäreinsätze mehr durchführbar sind, ist ihre frühe Mobilisierung unausweichlich. Das geschah sowohl im Golfkrieg als auch beim jetzigen Krieg in Afghanistan und relativierte die martialisch anmutende Einberufung von hunderttausenden Reservisten. Der intendierte Effekt ist, dass durch die Einberufung der Reservisten Kriegsvorbereitungen nicht mehr an der Zivilgesellschaft vorbei durchgeführt werden können. Die nationale Öffentlichkeit ist unmittelbar involviert. Die Macht des

Präsidenten, ohne explizite Zustimmung des Kongresses, dem die amerikanische Verfassung das alleinige Recht gibt, Krieg zu erklären, wurde 1973 durch den *War Powers Act* eingeschränkt.

Eine weitere Folge des Vietnamkrieges, dem auch in den USA selbst eine wachsende Opposition gegenüber gestanden hatte, war die unbedingte Vermeidung amerikanischer Kriegstoter. So sollte die Zustimmung einer skeptischen Öffentlichkeit für Kampfeinsätze gesichert werden. Tatsächlich gelang es, die Zahl der amerikanischen Opfer extrem niedrig zu halten. Bei der Invasion von Grenada (1983) waren auf US-Seite lediglich 19, bei der Panama-Invasion (1989) 23, im Golfkrieg (1990) knapp 300 Tote zu beklagen, von denen viele bei Unfällen ums Leben gekommen waren.

Schließlich setzte sich bis Mitte der 80er Jahre eine neue Militärdoktrin durch, die zwar nie offiziell verkündet wurde, doch die bis heute enorm einflussreich ist und besonders von der Offiziersgeneration mit Vietnamerfahrung internalisiert wurde. Sie besagt, dass Truppen nur noch als letzter Ausweg eingesetzt werden sollen; das nationale Interesse am Einsatz amerikanischer Soldaten muss deutlich sein; die Ziele des Einsatzes müssen klar und erreichbar sein; die Zustimmung der Öffentlichkeit ist unabdingbar; die Mittel, um die Ziele zu erreichen, müssen bereit gestellt werden, sprich: militärische Übermacht. Außerdem sollen Pläne für einen möglichen Rückzug existieren. Die Generäle gewannen in der Folge gegenüber der als versagend betrachteten politischen Führungsebene einen entscheidenden Einfluss darüber, wann und wo Truppen eingesetzt werden. Wie kein anderer steht der heutige Außenminister Colin Powell, während des Golfkrieges Vorsitzender des Generalstabs, für diese Position. Deshalb wird sie oft als „*Powell Doctrine*" bezeichnet.

Der Golfkrieg spielt nicht allein wegen der auch nach seinem Ende fortbestehenden amerikanischen Militärpräsenz im Nahen und Mittleren Osten eine fatale Rolle im gegenwärtigen Konflikt. Die radikal-islamistischen Feinde der USA schlachten die Anwesenheit der US-Soldaten in der Nähe der heiligen islamischen Stätten – etwa 30.000 amerikanische Soldaten, 2 Flugzeugträger und 300 Kampfjets sind permanent in der Golfregion stationiert – erfolgreich für ihre antiwestliche Propaganda aus. Doch auch auf der amerikanischen Seite gibt es Unzufriedenheit mit dem Status quo in der Golfregion. Für die vom stellvertretenden Verteidigungsminister Paul D. Wolfowitz angeführten „*Falken*" in der Bush-Administration steht die endgültige Abrechnung mit dem irakischen Machthaber Saddam Hussein immer noch aus, weshalb sie zum Entsetzen der westlichen wie der arabischen Alliierten auf Angriffe gegen den Irak drängen. Außerdem verleitete der Golfkrieg zu möglicherweise falschen Schlussfolgerungen. In diesem Krieg traten die amerikanischen Streitkräfte auf offenem Schlachtfeld gegen einen Gegner an, der mit überlegener Feuerkraft schnell niedergerungen werden konnte. Doch dieser Krieg entsprach eher den jahrzehntelang geprobten Kalten-Kriegs-Szenarios als einem Krieg neuer Art. Der „gewonnene" Golfkrieg, der Vietnam vergessen machen sollte, bestärkte die US-Militärs in ihrem traditionellen Fokus auf Hightech-Waffen und *Air Power* für einen konventionellen Krieg.

Das Vertrauen in die überragende Bedeutung der Luftwaffe für eine erfolgreiche Kriegsführung zeigt sich auch in Afghanistan überdeutlich. Und nicht nur aus diesem Grund erscheint *„der erste Krieg des 21. Jahrhunderts"* gar nicht so neu. Dagegen sprechen amerikanische Kommentatoren von einer neuen Form der Kriegsführung, vom Ende der *„Powell Doktrin"* und, wie Edward N. Luttwak vom *Center for Strategic and International Studies*, von einer radikal gewandelten US-Außenpolitik.[2]

Was ist dran an solchen Thesen?

Eine turnusmäßig alle vier Jahre erfolgende Überarbeitung der amerikanischen Militärstrategie stand am 11. September kurz vor der Fertigstellung. Die seitdem noch einmal revidierte Fassung vollzieht in mindestens einem Kernpunkt einen deutlichen Wandel: Sie schlägt das Ende der herrschenden Strategie vor, zeitgleich zwei (konventionelle) Kriege an verschiedenen Orten der Welt führen und gewinnen zu können. Künftig heißt das Ziel: einen Krieg klar gewinnen, im anderen, der auch ein Kampf gegen Terrorismus sein kann, den Feind zumindest eindämmen und von seinem Ziel abhalten.

Auch ein Umbau der bisherigen internationalen Kommandostrukturen der US-Streitkräfte wird diskutiert. Diese noch aus dem Kalten Krieg rührende regionale Aufteilung in vier Oberkommandos erweist sich im gegenwärtigen Konflikt als zu starr, weshalb eine Konzentrierung bestimmter Kompetenzen in Washington selbst, z.B. beim *Special Operations Command*, erwogen wird.

So wichtig diese Änderungen auch sein mögen, so stellen sie noch keine fundamentale Abkehr von der bisherigen militärischen Ausrichtung dar. Gegen die jetzt deutlich gewordene sog. *„asymmetrische Bedrohung"*, bei der ein hochgerüstetes Land wie die USA nicht auf klassischem Wege durch Land-, Luft- oder Seestreitkräfte angegriffen, sondern durch terroristische Anschläge mit großer Symbolkraft, möglicherweise großer Zahl an Todesopfern, aber vor allem noch größerer psychologischer Wirkung, attackiert wird, bieten auch sie keinen überzeugenden Schutz.

Wie sieht es mit dem angeblichen Ende der *„Powell Doktrin"* aus?

Dass der Kampf gegen die Verantwortlichen für die Anschläge am 11. September im nationalen Interesse ist, auch militärisch gefochten werden muss und breite öffentliche Unterstützung hat, steht außer Frage. Die Bereitschaft der Bevölkerung, im Unterschied zu den Kriegen seit Vietnam eine größere Zahl amerikanischer Todesopfer zu akzeptieren, ist konstant hoch. An der militärischen Übermacht der Vereinigten Staaten kann ebenso wenig gezweifelt werden.

---

2   Michael R. Gordon: A New Kind of War Plan. In: NYT 7. Okt. 2001; Edward N. Luttwak: New Fears, New Allies. In: NYT 2. Okt. 2001.

Die Ziele des Einsatzes erscheinen dagegen zunehmend diffus. Noch problematischer ist der Kongressbeschluss, durch den Präsident Bush ermächtigt wird, *„alle notwendige und angemessene Gewalt"* gegen diejenigen Personen einzusetzen, bei denen er zu dem Schluss kommt, sie hätten die Anschläge am 11. September geplant, autorisiert, durchgeführt oder den Terroristen dabei geholfen. Als ließe diese Formulierung noch nicht genug Interpretationsspielraum, werden mit Blick auf den geplanten und mittlerweile begonnenen Militäreinsatz weder konkrete Länder oder Gruppen noch ein Zeitlimit dieser Ermächtigung genannt. Das erinnert nicht nur Historiker an den fatalen Blankoscheck in Form der Tonking-Golf-Resolution für Lyndon Johnson, der ihm den Einsatz *„aller notwendigen Maßnahmen"* gegen die US-Gegner im Vietnamkrieg erlaubte, und von denen der amerikanische Präsident reichlich Gebrauch machte.

Es gibt weitere bedenkliche Anzeichen für einen Rückfall in die Zeiten des Kalten Krieges. Die sog. *„Bush Doktrin"*, die zum neuen Paradigma in der amerikanischen Außenpolitik erhoben werden soll, hat im Kern eine bipolare Welt zum Inhalt. Auf der guten Seite stehen die Amerikaner und alle, die mit ihnen den Terrorismus bekämpfen wollen; wer sich dieser internationalen Koalition nicht anschließen will, steht auf der Seite des Bösen. Zwischentöne sind nicht mehr erlaubt.[3]

Genau wie zu Zeiten des Kalten Krieges sind die Vereinigten Staaten wenig wählerisch bei der Auswahl ihrer Partner, solange sie in dieser Frage auf der richtigen Seite stehen. Welche fatale Folgen die Aufrüstung solcher Gruppen haben kann, zeigt sich momentan in Afghanistan. Und noch 1998 verschloss die Clinton-Regierung weitgehend die Augen vor den Menschenrechtsverletzungen des Taliban-Regimes und unterstützte einen amerikanischen Erdölkonzern bei Verhandlungen über Erdöl- und Gaspipelines durch Afghanistan.[4]

Eines der zentralen amerikanischen und in seiner Konsequenz katastrophalen Versäumnisse im Vietnamkrieg, davon ist Robert McNamara, Verteidigungsminister unter Kennedy und Johnson überzeugt, war die Ausblendung historischer, kultureller, religiöser und sozialer Wurzeln von internationalen Konflikten. Dass der beim Geheimdienst CIA für Saudi-Arabien Verantwortliche nicht einmal die Landessprache beherrscht, ist nur ein Indiz dafür, dass sich an der von McNamara beklagten Ignoranz wenig geändert hat. Statt in *„menschliche"* wurde immer mehr in technische Ressourcen investiert. Und wieder einmal scheinen die Amerikaner ihren „Feinden" weitgehend unwissend und verständnislos gegenüber zu stehen.

---

3   Karen De Young, Allies Are Cautious On „Bush Doctrine", in: Washington Post
    (WP) 16. Okt. 2001. Verteidigungsminister Rumsfeld zieht selbst den Vergleich zum
    Kalten Krieg, zit. in Michael R. Gordon: A New Kind of War Plan. In: NYT 7. Okt.
    2001.
4   SPIEGEL 39/2001, S. 14-19.

Doch momentan wird weniger über solche Versäumnisse als vielmehr über ein Ende von Restriktionen für die *Central Intelligence Agency* diskutiert. Künftig will man auch wieder solche Agenten anheuern können, die Menschenrechtsverletzungen begangen haben. Außerdem soll es eine neue „*licence to kill*" geben; das gezielte Töten war den US-Geheimagenten nach skandalösen Enthüllungen, bei denen auch Mordanschläge auf ausländische Staatschefs bekannt geworden waren, vor 25 Jahren verboten worden.

Aber ist nicht zumindest eine radikale Hinwendung zu einer neuen, internationalistisch ausgerichteten Außenpolitik zu erkennen?

Vor allem der von Außenminister Colin Powell repräsentierte Flügel in der Bush-Administration setzt auf internationale Kooperation auf diplomatischem, ökonomischem, geheimdienstlichem und militärischem Gebiet. Dazu gehört auch eine aktivere Rolle der USA im Nahostkonflikt. Unterstützung für diesen Kurs findet er unter anderem bei der Minderheit im amerikanischen Politikestablishment, das sich in der Region wirklich auskennt. So drängen 28 frühere amerikanische Botschafter und Konsuln im Mittleren Osten und Südasien in einem offenen Brief auf eine politische Lösung in Afghanistan.

Um die Akzeptanz einer möglichen Mittlerinstanz wie den Vereinten Nationen ist es bei den regierenden Republikanern schlecht bestellt. Im Vorfeld der UN-Abstimmung über Militäraktionen gegen die Verantwortlichen für die Anschläge vom 11. September überwiesen die USA einen Teil ihrer immensen Schulden bei den *United Nations*; gerade genug, um sich das Wohlwollen der Weltgemeinschaft zu erhalten. In der Frage der Einrichtung eines internationalen Gerichtshofs, der sich die USA bislang entschieden widersetzt haben, gibt es ebenfalls keine neuen Signale aus Washington. Stattdessen sieht eine von Präsident Bush am 13. November unterschriebene *Executive Order* vor, des Terrorismus Beschuldigte vor Militärtribunale in den USA zu stellen, wo ihre Rechte als Angeklagte gegenüber dem zivilen Rechtssystem deutlich eingeschränkt wären.

Die bisherige Kriegsführung ist trotz aller internationalen Allianzen vor allem durch den amerikanischen Unilateralismus gekennzeichnet, für den die Bush-Regierung die uneingeschränkte Zustimmung der Alliierten einfordert. Selbst wenn sie diese nicht bekäme, würde sich nicht viel ändern. „*Letzten Endes*", so brachte der Pentagonberater Richard Perle, von 1981 bis 1988 *Under Secretary of State* im Verteidigungsministerium, die in Washington herrschende Meinung auf den Punkt, „*müssen wir das amerikanische Volk verteidigen, und wenn uns dabei keiner hilft, machen wir es eben alleine.*"[5]

Auch das widerspricht einer fundamentalen Lehre, die McNamara gezogen hat: Um nicht die Fehler der Vergangenheit zu wiederholen, sollten die

---

5   Perle zit. n. Karen De Young, Allies Are Cautious On „Bush Doctrine". In: WP 16. Okt. 2001.

USA ihren Allmachtsglauben ablegen, sich in Bündnisse einordnen und in künftigen Kriegen einem kollektiven Entscheidungsprozess unterwerfen.

3 Innenpolitik: Sicherheit versus Freiheit

Auf dem Gebiet der inneren Sicherheit waren die Vereinigten Staaten bisher deutlich liberaler als die europäischen Staaten. Die freie und offene, von Beginn an durch Einwanderung geprägte amerikanische Gesellschaft ist durch die Terroranschläge in ihrem Kern getroffen worden. Das wird auf längere Sicht nicht ohne Folgen bleiben.[6] Hier sollen aber die kurz- und mittelfristigen Auswirkungen für die innere Sicherheit dargestellt werden, wie sie sich besonders in zwei wichtigen Entscheidungen niedergeschlagen haben: der Schaffung eines *Office of Homeland Security* und der Verabschiedung des umfassenden Gesetzpakets *U.S.A. Patriot Act*.

Durch die Einrichtung eines *Office of Homeland Security* wird eine bessere Koordination der etwa fünfzig Bundesbehörden und Ministerien, die auf vielfältige Weise für die innere Sicherheit der Vereinigten Staaten zuständig sind, angestrebt. Unter der Leitung von Tom Ridge, der dafür von seinem Amt als Gouverneur des Staates Pennsylvania zurücktrat, werden künftig 100 Mitarbeiter in elf Teams für solche Felder wie Überwachung und Spionage, Massenvernichtungswaffen, medizinische Vorbeugung, Schutz der Grenzen und die Sicherung von Luftraum, Küsten und des Verkehrssystems zuständig sein. Langfristig, so heißt es in der Aufgabenbeschreibung, soll das *Office* *„eine umfassende nationale Strategie entwerfen und koordinieren, um die USA vor terroristischen Attacken und Drohungen zu schützen"*.[7]

Wie das genau aussehen und welchen Status die neue Behörde künftig haben wird, ist noch umstritten. Durch eine *Executive Order* des Präsidenten geschaffen und zunächst mit 25 Millionen Dollar aus seinem Budget ausgestattet, ist sie momentan eine Art Unterabteilung des Weißen Hauses. Bislang fehlt Ridge die direkte Kontrolle über die Küstenwache, Grenzbeamte oder die Nationalgarde. Doch es gibt Forderungen, die Behörde zu einem eigenständigen Ministerium für *National Homeland Security* auszubauen: so stark wie das Verteidigungsministerium und mit einem vom Kongress bewilligten jährlichen Etat.

Das zweite Feld der inneren Sicherheit, in dem sich gravierende Veränderungen abzeichnen, ist das rechtliche. Bereits nach den Anschlägen auf das World Trade Center 1993 und auf ein Bundesgebäude in Oklahoma 1995 wurden verschärfte Antiterrorgesetze verabschiedet. Die seit den 70er Jahren

---

6   Siehe dazu auch den Aufsatz von Manfred Berg in diesem Band.
7   NYT 4. Nov. 2001.

verfügte Trennung von polizeilicher und geheimdienstlicher Ermittlung wurde gelockert – mit der Folge, dass es vermehrt zu einer Zusammenarbeit zwischen der Bundespolizei FBI, den Geheimdiensten und anderen Behörden kam. Der am 26. Oktober 2001 von Präsident Bush unterzeichnete *U.S.A. Patriot Act*[8] hob weitere Beschränkungen dieser Art auf, so dass Polizei, FBI und Geheimdienste künftig einfacher Informationen austauschen können. Die CIA hat nun auch ohne richterliche Genehmigung Zugang zu Gerichtsakten und FBI-Informationen. Für das FBI selbst, dessen Etat noch einmal deutlich erhöht wurde, könnte eine neue Zeitrechnung anbrechen. Die bislang schwerpunktmäßig mit Polizeiaufgaben wie Mord, Drogenhandel und Banküberfällen befasste Behörde soll in Zukunft vor allem präventiv arbeiten und zu einer Art Inlandsgeheimdienst werden, um terroristische Anschläge zu verhindern. Auch innerhalb des Justizministeriums wird an einer größeren Umschichtung von Personal und Ressourcen hin zur Terrorismusbekämpfung gearbeitet.

Das von beiden Häusern des Kongresses mit überwältigender Mehrheit, in Rekordzeit und z.T. an den zuständigen Ausschüssen vorbei verabschiedete Gesetzespaket *U.S.A. Patriot Act* folgt weitgehend dem, was *Attorney General* John Ashcroft gefordert hatte. Vieles davon war schon seit Jahren von Konservativen und den Sicherheitsbehörden gefordert worden, und manches bringt die bestehenden Gesetze lediglich auf den neuesten Stand. Das gilt im Fall der Ausweitung der Überwachungsmöglichkeiten von E-Mail und Internet. Wenig umstritten waren auch härtere Strafen für Terroristen, verstärkte Sicherheit an der Grenze zu Kanada oder auch neue Gesetze gegen Geldwäsche, mit denen die Kompetenzen des Finanzministeriums erweitern werden.

Das von der Regierung geforderte Recht, Nicht-US-Bürger, bei denen ein Verdacht auf Nähe zum Terrorismus besteht, unbefristet inhaftieren zu können, fand dagegen keine Zustimmung. Der Kongress beschränkte diese Möglichkeit auf sieben Tage; allerdings kann die Dauer der Inhaftierung in Ausnahmefällen auf bis zu sechs Monate ausgedehnt werden. Außerdem wurde beschlossen, einige der zentralen Punkte des neuen Gesetzes nach vier Jahren auslaufen zu lassen. Datenschützer und Bürgerrechtsgruppen kritisieren dennoch, dass viele der neuen Gesetze zu unspezifisch gefasst sind und einen breiten Interpretationsspielraum erlauben, so dass ein Missbrauch nicht auszuschließen ist.

Schließlich hat das Justizministerium Mitte November einen weiteren tiefen Einschnitt in verbriefte Freiheiten durchgesetzt. In bestimmten Fällen ist es fortan erlaubt, Gespräche zwischen inhaftierten Ausländern und ihren Anwälten auch ohne richterliche Genehmigung abzuhören.

---

8   Der Titel des Gesetzes ist eine Kombination aus dem vom Senat verabschiedeten „Uniting and Strengthening America (USA) Act" und dem „Patriot Act" des Abgeordnetenhauses.

In zwei weiteren, eng mit den Anschlägen vom 11. September zusammenhängenden Problemfeldern werden ebenfalls bereits weitgehende Änderungen diskutiert oder sogar schon umgesetzt.

Das erste Feld ist die Sicherheit des Flugverkehrs und des Luftraums. Ohne Zweifel haben die laschen Sicherheitskontrollen auf den amerikanischen Flughäfen den Terroristen die Durchführung ihrer Anschläge erleichtert. Anders als in Europa und Israel, wo das Sicherheitspersonal entweder im staatlichen Dienst oder doch zumindest unter strenger öffentlicher Kontrolle steht, waren in den USA bislang die Fluglinien selbst für die Gepäck- und Personenkontrolle zuständig. Denen ging es in erster Linie darum, ihre Passagiere nicht unnötig zu belästigen sowie diese Dienstleistung möglichst billig einzukaufen. Die Folge: Das Personal ist kaum geschult, unterbezahlt, bekommt keine Sozialleistungen und keine Krankenversicherung. Bei solch schlechten Arbeitsbedingungen kann es wenig verwundern, dass an manchen US-Flughäfen wegen massenhafter Kündigungen das komplette Sicherheitspersonal bis zu viermal jährlich ausgetauscht werden musste. Hinzu kam noch, dass ein nicht unbeträchtlicher Teil des Personals über Vorstrafenregister verfügte.

Um diesen skandalösen Zustand zu beenden, soll die amerikanische Bundesregierung künftig eine größere Verantwortung übernehmen. Die ca. 28.000 Gepäck- und Personenkontrolleure an den US-Flughäfen werden einer neuen Aufsichtsbehörde, der „Transportation Security Agency", unterstellt. Es sollen nur noch amerikanische Staatsbürger in solch sensiblem Bereich arbeiten dürden, außerdem wird die Ausbildung des Sicherheitspersonals verbessert und die Bezahlung erhöht. Als weitere Maßnahmen zur Flugsicherung wird ab 2003 sämtliches Gepäck überprüft. Außerdem sollen regelmäßig so genannte *Sky Marshals* in den Flugzeugen sitzen.

Um im Ernstfall dennoch zu verhindern, dass entführte Passagierflugzeuge wieder als fliegende Bomben eingesetzt werden, sind mindestens 100 statt zuvor 14 Kampfjets auf 26 Basen im Land jederzeit startbereit. Deren „*Einsatz*", sprich den Abschuss von Passagiermaschinen, können nun im Notfall auch zwei Luftwaffengeneräle ohne Rücksprache mit dem Präsidenten befehlen. Am 11. September waren Abfangjäger wenige Minuten zu spät über Manhattan und über dem Pentagon eingetroffen.

Die im internationalen Vergleich sehr liberalen Einreise- und Einwanderungsbestimmungen sind durch die Anschläge ebenfalls auf den Prüfstand geraten und werden verändert. Neue Einwanderer müssen bei der Einreise künftig Finger- und Handabdrücke machen lassen. Mitgliedern oder Sympathisanten von Gruppen, die aus US-Sicht dem Terrorismus nahe stehen, wird generell die Einreise verweigert. Diejenigen Ausländer, die bereits im Lande sind, müssen mit genaueren Kontrollen rechnen. Ein Überschreiten der genehmigten Aufenthaltsdauer hatte bislang kaum Konsequenzen. Das soll sich jetzt ändern, denn bei mindestens zwei Attentätern war das Visum bereits abgelaufen – ohne Folgen für sie. Auch die Überwachung ausländischer Studenten nach ihrer Einreise, lange auch von deren Gastuniversitäten heftig bekämpft, soll möglich werden.

Unter den restriktiveren Bedingungen für die Einwanderung haben auch unschuldige Gruppen zu leiden. Eine von einer breiten Koalition von hispanischen Gruppen, Gewerkschaften, Wirtschaftsvertretern, liberalen und religiösen Gruppen sowie den Republikanern befürwortete weitreichende Amnestie für illegal eingewanderte *Hispanics* stand vor dem 11. September kurz vor der Verabschiedung. Jetzt ist sie auf unbekannte Zeit verschoben worden.

Eine weitere Verordnung von Präsident Bush, die von der breiteren Öffentlichkeit kaum beachtet wurde, stößt vor allem bei Historikern auf scharfe Kritik. Dabei geht es um die Bedingungen für die Freigabe von Präsidentenakten. In Abänderung des *Presidential Records Act* von 1978, demzufolge zwölf Jahre nach der Amtszeit eine systematische Freigabe von Dokumenten beginnt, sollen nun nicht nur der betroffene frühere Präsident sowie der amtierende Präsident ein Veto-Recht bei der Aktenfreigabe bekommen, sondern sie haben auch noch unbefristet Zeit dafür. Diese von Bush verfügte massive Einschränkung der historischen Forschung steht nicht in einem logischen Zusammenhang mit den Terroranschlägen. Sie war aber seit langer Zeit besonders von konservativen Kreisen gefordert worden, denen die im internationalen Vergleich sehr liberale Möglichkeit der Akteneinsicht entschieden zu weit ging. Pikant ist die Angelegenheit aus zwei Gründen. Zum einen kann diese neue Verordnung den jetzigen Amtsinhaber später vor unliebsamen Enthüllungen schützen. Zum anderen, und das ist momentan der wichtigere Punkt, schützt sie seinen Vater, der von 1988 bis 1992 Präsident war. Indirekt schützt sie eine ganze Reihe der Berater und Minister von Bush Senior, die im Golfkrieg wichtige Positionen inne hatten und heute der Administration seines Sohnes angehören. Dazu zählen Colin Powell, Dick Cheney, Paul Wolfowitz und die jetzige Sicherheitsberaterin Condoleeza Rice.

4 Ausblick

Vom weiteren Verlauf der Ereignisse in Afghanistan und in den Vereinigten Staaten selbst wird abhängen, ob und wie sich die beschriebenen Entwicklungen fortsetzen. Die Briefe mit Milzbranderregern und die fast panische Reaktion auf einen Flugzeugabsturz im New Yorker Stadtteil Queens zeigen deutlich das Ausmaß der Verunsicherung, die die Amerikaner erfasst hat. Das wird nur bedingt dadurch abgemildert, dass der oder die Verantwortlichen für die Milzbrandanschläge nach neuesten Erkenntnissen eher auf amerikanischer Seite, möglicherweise in der rechtsextremen Szene, zu suchen sind. Die Sorge um Angriffe chemischer, biologischer oder nuklearer Art ist groß, auch wenn Experten solche Szenarios weiterhin für eher unwahrscheinlich halten.

Aber wer hätte vor dem 11. September gedacht, dass Terroristen vollgetankte Linienmaschinen als gigantische Brandbomben benutzen? Es wird dauern, bis das Land wirklich zur Normalität zurückkehren kann. Und wahrscheinlich wird es eine neue „Normalität" einer weniger offenen Gesellschaft sein.

Insgesamt bedeuten die beschriebenen innenpolitischen Maßnahmen eine klare Macht- und Kompetenzverlagerung hin zur Exekutive, mit einem viel stärkeren Präsidenten. Viele der in den 70er und 80er Jahren gerade wegen Machtmissbrauchs und aufgedeckter Politskandale eingeleiteten Reformen werden rückgängig gemacht. Es wird vom Augenmaß der Politiker und der Gerichte abhängen, ob und in welchem Ausmaß es zum Missbrauch der neuen Kompetenzen durch die Sicherheitsbehörden kommt. Der Kongress hat zwar durch die zeitliche Befristung bestimmter Maßnahmen bereits einige Vorsichtsmaßnahmen eingebaut, doch schaut er andererseits den immer neuen, aus dem Weißen Haus kommenden Verordnungen fast tatenlos zu. Über tausend Ausländer wurden seit dem 11. September inhaftiert, meist ohne dass ihnen bislang etwas nachgewiesen wurde, in vielen Fällen sogar ohne konkrete Anschuldigungen. Terroristen und ihre Helfershelfer seien Kriegsverbrecher und hätten deshalb nicht den gleichen Anspruch auf Rechtsschutz wie US-Bürger, so verteidigt die Bush-Administration auch die Einführung von Militärtribunalen, die es zuletzt im Zweiten Weltkrieg gegeben hatte. Ein schnelles Urteil ohne Einspruchsmöglichkeit – bis hin zur Todesstrafe – wird dadurch möglich, auch ohne die Schuld eindeutig nachweisen zu müssen. Die amerikanische Bundesregierung legt dabei die Richtlinien fest, ist Ankläger, Richter und Vollstrecker in einer Person.

Da gehen selbst bei strammen Konservativen wie William Safire von der *New York Times* die Warnleuchten an. Zu einer Zeit, wo sogar schon Liberale die Folter von gefangenen Terroristen diskutierten, sei es notwendig, dass „*eingetragene Hardliner die amerikanischen Werte verteidigen*" gegen „*diktatorische Machtanmaßungen*", so der einflussreiche Kolumnist. Auch andere Kommentatoren ziehen Vergleiche zu der von George Orwell in seinem Roman „*1984*" beschriebenen totalitären Gesellschaft. Endlich aufgewachte Kongressmitglieder bezeichnen die Militärtribunale, die von den Vereinigten Staaten anderswo aufs Schärfste verurteilt werden, als „*Siegerjustiz*".[9]

Im außenpolitischen Bereich ist zu hoffen, dass sich der Powell-Flügel und damit die Erkenntnis, dass nur wirkliche internationale Kooperation mittelfristig Krisen verringern kann, entscheidend und dauerhaft durchsetzt. Die komplette Begleichung der bislang verweigerten UN-Beiträge wäre ein klares Bekenntnis zur organisierten Völkergemeinschaft. Eine kooperativere Haltung in der Frage eines internationalen Gerichtshofs, dessen Urteilen sich dann auch die USA zu fügen hätten, wäre ein weiterer willkommener Aus-

---

9   William Safire, Seizing Dictatorial Power. In: NYT 15. Nov. 2001. Richard Cohen, Ashcroft on the Line. In: WP 15. Nov. 2001.

druck eines neuen Internationalismus der Amerikaner. Der Ankündigung, einen Palästinenserstaat zu unterstützen, endlich auch Taten folgen zu lassen, könnte entscheidend zur Befriedung des Nahen Ostens beitragen.

Noch hat sich Amerika, hat sich die Bush-Administration nicht für einen eindeutigen Kurs entschieden. Letztere wird nicht müde zu erklären, dass man sich im Krieg befinde; das erfordere und legitimiere außergewöhnliche Mittel. Doch die Amerikaner sind dabei, die nach dem Attentat zunächst gewonnene internationale Sympathie wieder zu verspielen und den Angriff der Terroristen auf ihre offene Gesellschaft selbst weiter zu führen.

Literatur

George C. Herring (2000): Preparing *Not* to Refight the Last War: The Impact of the Vietnam War on the U.S. Military. In: Neu, Charles E. (Hrsg.): After Vietnam: Legacies of a Lost War. Baltimore: Johns Hopkins University Press, S. 56-84.

Robert S. McNamara (1999): Argument Without End: In Search of Answers to the Vietnam Tragedy. New York: Public Affairs.

Robert S. McNamara (2000): Reflections on War in the Twenty-first Century. In: Neu, Charles E. (Hrsg.): After Vietnam: Legacies of a Lost War. Baltimore: Johns Hopkins University Press, S. 105-129.

Internetseiten:

Sonderseiten des US-Außenministeriums: http://usinfo.state.gov/topical/pol/terror/
Webseiten des US-Verteidigungsministeriums: http://www.defenselink.mil/
Webangebot der New York Times: http://www.nytimes.com/
Webangebot der Washington Post: http://www.washingtonpost.com/

Die Auswirkungen der Anschläge auf die internationale Staatengemeinschaft

Tilman Brück und Klaus F. Zimmermann

Die ökonomischen Konsequenzen des neuen globalen Terrors

Der Angriff vom 11. September 2001 auf das World Trade Center in New York hat deutlich gemacht, dass die Terroristen auch wirtschaftliche Zwecke mit ihrem Selbstmordkommando verfolgten. Einige wirtschaftliche Schäden durch Mord und Zerstörung sind offensichtlich, andere werden in diesem Kapitel genauer untersucht. Es wird gezeigt, wie der neue globale Terrorismus strukturelle Verschiebungen in der Weltwirtschaft verursacht, welche indirekten Auswirkungen die Angriffe auf das Verbrauchervertrauen hat und wie die Wirtschaftspolitik auf die neuen Herausforderungen reagieren könnte. Dabei ist es wichtig, die Motivation und Mittel der Terroristen zu verstehen und wie diese auf die Volkswirtschaft wirken können. Politische Maßnahmen, die die Festung Europa verstärken, würden das weltweite Wirtschaftswachstum schwächen und den Terroristen in die Hände spielen. Wirtschaftliches Handeln erfordert Sicherheit und Freiheit, und beides sollte bei der Terrorbekämpfung nicht angetastet werden.

Der nächste Abschnitt zeigt die direkten, indirekten und scheinbaren Konsequenzen des Terrors auf, der darauf folgende Abschnitt definiert und diskutiert den Begriff *„neuer globaler Terror"* aus ökonomischer Sicht. Der letzte Abschnitt diskutiert kurzfristige, strukturelle und vorbeugende Politikoptionen. Dieser Text ist keine endgültige Analyse der ökonomischen Konsequenzen des neuen globalen Terrors, sondern vielmehr eine Bestandsaufnahme und ein Wegweiser durch ausgewählte Themen, die für die ökonomische Analyse des Terrorismus relevant erscheinen.

1 Eine ökonomische Charakterisierung des neuen globalen Terrors

Gewalt und Zerstörung sind globale Phänomene. Wir lesen täglich von Computerviren, dramatischen Unfällen, gewalttätigen Demonstrationen, Terrorismus, Naturkatastrophen und Militäreinsätzen. Diese Ereignisse sind in Europa so üblich wie in den USA, wofür Städte wie Genua, Belfast und Oklahoma Belege sind. Die ökonomischen Auswirkungen dieser Gewalt scheinen weniger dramatisch zu sein als die der Terroranschläge vom September 2001. Einerseits verdrängen wir die genaue Analyse der täglichen Gewalthandlungen, die auf Dauer nicht so medienwirksam sind. Andererseits gibt es ökonomische Gründe, warum der neue globale Terror dramatischere wirtschaftliche Auswirkungen haben kann.

Der Unterschied zwischen dem neuen globalen Terror und dem bislang bekannten Terror liegt in den Ursachen und dem Charakter von Gewalt und Zerstörung, die Ausschlag gebend für den Charakter ihrer ökonomischen Konsequenzen sind. So wirkt ein lange andauernder Krieg anders auf die betroffenen Volkswirtschaften als ein kurzer Krieg, ein internationaler Krieg unterscheidet sich auch auf ökonomischer Ebene von einem Bürgerkrieg, und staatliche Gewalt hat andere Auswirkungen als nicht-staatliche Gewalt. Erdbeben wie das in San Francisco führen ebenso zu Tod und Kapitalvernichtung wie die Zerstörung des World Trade Centers in New York, aber ihre Folgen sind sehr viel begrenzter.

Der Terror vom September 2001 ist neu, da er sich uneingeschränkter und brutalster Gewalt bedient, auch unter dem Einsatz des eigenen Lebens der Terroristen – ein bisher im Westen seltenes Phänomen. Neu ist auch die Austragung von islamisch-motivierten und internationalen Konflikten auf amerikanischem Boden. Pearl Harbor war der letzte vergleichbare Angriff auf Amerika, der aber nach Beginn eines Weltkrieges erfolgte.

Neu ist auch das auf den maximalen Schaden ausgerichtete Handeln der Terroristen. Viele westliche Terroristen erhoffen sich durch ihre Aktionen hauptsächlich Aufmerksamkeit. Die IRA warnt zum Beispiel häufig vor dem Zünden ihrer Bomben, wo und wann ein Anschlag bevorsteht. Damit wird die Anzahl der Opfer vermindert, ohne dass die Medien weniger genau über die Aktionen berichten. Der Schaden der Angriffe vom 11. September sollte anscheinend sowohl symbolischer also auch politischer und ökonomischer Natur sein. Der Zeitpunkt des Angriffs auf das globale Finanzzentrum kurz vor einer simultanen Rezession in den reichsten Ländern der Welt war teuflisch gut gewählt.

Schließlich ist diese Form des Terrors neu, da sie eine bisher ungekannte Dimension der Symbolik und der medialen Darstellung bewirkt hat. Diese Aspekte sind auch für die ökonomische Analyse von Bedeutung. Langfristig können die emotionalen Reaktionen und das erschütterte Vertrauen der Verbraucher und der Firmen größere Schäden anrichten als die direkte Zerstörung.

Der Terror vom September 2001 ist global, obwohl die Ursachen des Hasses, die Motivation der Attentäter und die Angriffspunkte teilweise örtlich begrenzt gewesen sein mögen. Die Planung der Angriffe jedoch, die Rekrutierung der Attentäter, die Nationalitäten der Opfer, die Bestürzung über die Taten sowie die indirekten Folgen sind grenzüberschreitend. Andere Terroristen, wie die RAF in der Bundesrepublik der 70er Jahre, erhielten internationale Unterstützung für ihre Taten, koordinierten ihre Angriffe mit anderen Gruppen oder trafen Symbole und Zentren internationaler Handlungen, wie bei dem Anschlag auf die Olympischen Spiele in München. Mit den dramatischen technischen Entwicklungen in den Medien und der Computertechnik ist eine wahrlich globale Übertragung des Terrors und der Reaktionen auf den Terror möglich geworden.

Außerdem ist seit dem Ende des Kalten Krieges die Chance entstanden, auch die globale Verfolgung von Terroristen aufzunehmen. Die Möglichkeit, die Verantwortlichen für diese Taten überall auf der Welt aufzuspüren, hat das globale Denken der amerikanischen Regierung beflügelt, wie sich im Einsatz amerikanischer Truppen sogar auf dem Gebiet der ehemaligen Sowjetunion zeigt. Diese Möglichkeit hat aber auch die Notwendigkeit für eine neue multilaterale Politik bestärkt, die der amerikanische Präsident George W. Bush sonst wohl nicht versucht hätte. Das verbleibende Hindernis auf dem Weg zu einer wahrlich globalen Handlungsfähigkeit in der militärischen und strafrechtlichen Verfolgung von Terrorismus ist der Nahostkonflikt. Solange dieser schwelt, werden Terroristen die jeweiligen Gegner des Konfliktes für sich einnehmen können und Unterschlupf finden.

Die ökonomisch relevanten Ziele des neuen globalen Terrorismus beinhalten außer der Zerstörung von Leben und Kapital die symbolische Darstellung der Hilflosigkeit der Amerikaner, die bewusste Konfrontation mit dem Gegner auf dessen eigenen Territorien, die Erzeugung von Angst, die Zuspitzung des vermeintlichen Kampfes der Kulturen sowie die Herausforderung an die USA, sich zu deren möglichen Schäden in Asien direkt militärisch zu engagieren. Die Durchführung dieser Terrorakte zeugt also von kühler Überlegung und der Bereitschaft, die Konfrontation der Parteien zuzuspitzen, um so auch die Radikalisierung und somit die islamische Unterstützung der Terroristen zu stärken.

Das sinkende wirtschaftliche Vertrauen in den westlichen Staaten seit dem 11. September ist somit nicht ein zufälliger Kollateralschaden des Terrors. Außer der direkten, physischen Zerstörung und den politischen Zielen der Terroristen sind die Wirkungen des Terrors auf das Vertrauen und die Zuversicht der Amerikaner sowie ihrer Verbündeten ein Kernziel der Terroristen.

Die Mittel der neuen globalen Terroristen sind in Anbetracht ihrer enormen Wirkungen erstaunlich einfach. Die direkten Werkzeuge zur Durchführung der Flugzeugentführungen waren wahrscheinlich unbedeutende Artikel des täglichen Lebens oder einfache Waffen. Die Neuigkeit in der Wahl der Waffen betrifft die Nutzung von Flugzeugen als indirekte Waffe sowie der damit verbundene Weg als Selbstmordattentäter. Bislang nicht nachweisbar und auch nicht wahrscheinlich ist eine Verbindung der Flugzeugentführungen mit den Milzbrandanschlägen oder mit neu entstandenen Computerviren. Auch chemische Angriffe, wie sie Terroristen in der Vergangenheit in Japan durchgeführt haben, oder nukleare Angriffe scheinen nicht Teil der aktuellen Strategie der Terroristen zu sein.

Diese Mittel stehen jedoch durchaus zur Verfügung, gerade auch nach dem Zerfall der Sowjetunion, in Zeiten noch durchlässiger und halbherziger Kontrollen des internationalen Waffenhandels und solange Unrechtsstaaten wie der Irak ein Interesse an der Destabilisierung der internationalen Politik haben. Außerdem bietet sich gerade der Cyberterror für weitere Anschläge an, da er die modernen Volkswirtschaften an ihrer empfindlichsten Stelle, dem Kommunikationsnetz, treffen kann und zudem billig und ortsungebunden ist.

Der neue globale Terror vom 11. September sollte deshalb auch Anlass sein, andere mögliche Strategien des Terrorismus in Erwägung zu ziehen und sich gegen diese Art der Anschläge zu wappnen, auch wenn solche düsteren Gedanken die Spirale des Misstrauens und des mangelnden Vertrauens kurzfristig verstärken mögen.

Ein weiterer Bestandteil der aktuellen Krise, der Relevanz für die ökonomischen Auswirkungen des Terrors hat, ist die militärische Reaktion auf den Terror. In den ersten drei Monaten nach den Anschlägen beschränkte sich die amerikanische Reaktion auf das schnelle Aufbauen einer imposanten Streitkraft rund um Afghanistan und auf Luftangriffe auf die Taliban in Afghanistan.

Einerseits wirkt die Reaktion auf den Anschlag besonnen, zum Beispiel im Vergleich zur punktuellen aber sehr rasanten militärischen Reaktion der amerikanischen Regierung auf die Botschaftsanschläge in Nairobi und Dar es Salaam. Auch scheinen die Planungen nicht so weit zu reichen wie nach dem irakischen Einmarsch in Kuwait, als die Befreiung Kuwaits weitgehend vom Einsatz amerikanischer Truppen abhing. Eine amerikanische Besetzung Afghanistans scheint also nicht Teil der amerikanischen Strategie gewesen zu sein. Die Bekämpfung der Taliban wird an vorderster Front der Nordallianz überlassen, die jedoch stark von den USA unterstützt wird.

Andererseits betont der amerikanische Aufbau der Luft-, See- und Landstreitkräfte, einschließlich der Mobilisierung von über 50.000 Reservisten, die militärische Dramatik der Situation. Es scheint wahrscheinlich, dass die Konzentration auf eine militärische Reaktion sogar die Symbolik der Attentate deutlich verstärkt. Zwar sind die Attentate der weitreichendste Angriff auf amerikanischem Boden seit Pearl Harbor, aber die sicherheitspolitische Lage ist keinesfalls so dramatisch zugespitzt oder unerwartet aussichtslos wie nach dem japanischen Angriff. So hat die Fokussierung auf eine militärische Reaktion seit dem 11. September die negativen psychologischen Auswirkungen der Attentate nochmals verstärkt, wie es auch im Sinne der Angreifer gewesen sein mag.

Schließlich ist es wichtig, die Motivation aller Konfliktparteien zu verstehen, um die ökonomischen Konsequenzen ihrer Handlungen besser zu analysieren. Auch wenn die Handlungen der Selbstmordattentäter nur schwer nachzuvollziehen sind, so sind ihre Handlungen deshalb nicht irrational. Die ökonomische Analyse vieler Konflikte zeigt, dass die Befehlshaber und die Befehlsempfänger meist rational handeln. Es sind die gesetzten Ziele, die Terroristen von normalen wirtschaftlichen Akteuren unterscheiden, beziehungsweise die Anreize, die sie motivieren. So mag ein Selbstmordattentäter aus Überzeugung handeln oder weil er sich Vorteile in einem erwarteten zukünftigen Leben oder für hinterbliebene Angehörige verspricht.

Natürlich mögen einige Attentäter auch unter Druck oder unter der Vortäuschung falscher Tatsachen gehandelt haben. Dies ist aber immer noch kein irrationales Handeln, sondern ein Handeln mit unvollständiger Information. Die wichtige Schlussfolgerung ist, dass es sich um weitgehend normale Akteure handelt, die gegebenenfalls im Zusammenhang mit neuen Informationen, Anreizen oder Umständen anders gehandelt hätten. Wären die Attentäter tatsächlich irrational, so könnte man ihr Verhalten nicht analysieren, vorhersagen oder beeinflussen.

Ebenso kann auch die Motivation der gegnerischen Akteure analysiert werden, was wiederum die Analyse der ökonomischen Folgen ihrer Handlungen unterstützt. War beim Golfkrieg die Sorge um die Versorgung des Westens mit Erdöl ein wichtiges Anliegen der Alliierten, so stehen nun andere Motive im Vordergrund. Die amerikanische Regierung muss ihre Handlungsfähigkeit beweisen und in einem gewissen Ausmaß Vergeltung für die Familien der Opfer üben.

Weitere, vielschichtigere Motivationen für ein amerikanisches Militärengagement sind jedoch denkbar, einschließlich der Präferenz der Bush-Administration für hohe Militärausgaben, die mögliche Einbindung Russlands in amerikanische Strategien für Zentralasien und auch persönliche Motive von Präsident Bush, seine Handlungsfähigkeit dem nationalen Publikum demonstrieren zu wollen, sowie ungelöste außenpolitische Aufgaben aus der Administration von Bush Senior nachzuholen.

Hier sei darauf verwiesen, dass das Ausmaß und die Art der amerikanischen Reaktion wichtige wirtschaftliche Auswirkungen haben wird, auch wenn die Motivation der militärischen Reaktion nicht von solchen ökonomischen Beweggründen getragen wird. Die Motivation der Amerikaner wird außerdem die Beständigkeit der so genannten Anti-Terror-Koalition mitbestimmen. Es ist wahrscheinlich, dass die Koalition nicht lange bestehen wird, sollten innenpolitische amerikanische Motive ausschlaggebend für die Art der militärischen Gegenschläge sein. Ähnlich wie nach dem Zweiten Welt-

krieg mag die Anti-Terror-Koalition auseinander brechen, sobald ihr primä-
res Ziel, die Zerschlagung des Taliban-Terror-Komplexes, erreicht ist.

2   Die ökonomischen Konsequenzen im Detail

Die ökonomischen Konsequenzen von Terror sind vielschichtig und – drei
Monate nach den Anschlägen – noch nicht gänzlich abzuschätzen. Aufgrund
einer Reihe von Bewertungskriterien lässt sich jedoch zeigen, dass die Auswirkungen des Terrors durchaus mit ökonomischen Methoden zu erfassen
sind, und wie die direkten wirtschaftlichen Auswirkungen in den ersten Monaten dominiert haben. Wir werden hier außerdem zeigen, welche Auswirkungen fälschlicherweise erwartet wurden, welche Konsequenzen nur scheinbar auf die Anschläge zurückzuführen sind, wie sich direkte von indirekten
und kurzfristige von langfristigen Effekten unterscheiden, und ob – und in
welchem Umfang – einige der Schäden wieder gutzumachen beziehungsweise umkehrbar sind.

Dieses Kapitel dient dabei als eine erste Übersicht über die entstandenen
wirtschaftlichen Schäden. Zukünftig wird man das monetäre Ausmaß des
Schadens und die Übertragungswege der Auswirkungen genauer bestimmen
können, wobei Vergleiche mit vergangenen Krisen hilfreich sein dürften.
Insbesondere der Golfkrieg, verschiedenste Erdölpreisschocks, die Erdbeben
in Kobe und San Francisco sowie weitere Naturkatastrophen in Nordamerika,
der japanische Terrorismus, die Auswirkungen der finanziellen Mexiko- und
Ostasienkrisen der vergangenen Jahre sowie Erfahrungen aus der ökonomischen Analyse von Kriegen und Aufständen in Entwicklungsländern und
Südosteuropa dürften hierfür hilfreich sein.

Vergleiche lassen sich zwischen betroffenen und nicht betroffenen Ländern oder zwischen dem Zustand vor und nach dem Eintreffen einer Katastrophe anstellen. Methodisch anspruchvoller sind Schätzungen von ökono-
metrischen Modellen, die solche Ereignisse explizit beinhalten und so Rück-
schlüsse auf die Bedeutung dieser Variablen zulassen. Diese Untersuchung
beschränkt sich jedoch auf eine Analyse der wichtigsten ökonomischen Auswirkungen, um so aufzuzeigen, wie Terror auf die Wirtschaft und Gesellschaft wirken kann und wie die Politik gegebenenfalls reagieren sollte.

Die wichtigste, dramatischste und traurigste Folge der Terroranschläge
sind die voraussichtlich knapp 4.000 Toten in New York, Washington und
Pennsylvania und das damit verbundene Leid der Opfer und Hinterbliebenen.
Die Zerstörung von Kapital, wie den Flugzeugen, den Bürotürmen und anderer Infrastruktur, ist ebenfalls eine dramatische und offensichtliche Terrorfol-
ge, deren direkter Wert mehrere Milliarden Dollar ausmachen dürfte.

Langfristig wird die Zahl der Toten noch viel höher liegen, wenn man die Opfer der militärischen Gegenschläge und der dadurch induzierten Flüchtlingsbewegungen berücksichtigt. Die Luftangriffe der Amerikaner und Briten haben kurzfristig Hilfslieferungen nach Afghanistan erschwert, langfristig aber durch die Beseitigung der Herrschaft der Taliban das Entwicklungspotenzial von Afghanistan erhöht. Unter den Flüchtlingen, Armen, Frauen, Kindern und Soldaten in Afghanistan wird es also kurzfristig zusätzliche Opfer geben. Die Frage der richtigen Politik als Reaktion auf die Anschläge ist aus entwicklungsökonomischer und humanitärer Sicht schwer zu beantworten. Auf jeden Fall bedeuten sowohl die Anschläge selbst als auch jede Form der Reaktion (einschließlich der Option, nicht zu reagieren) weiteres menschliches Leid und Verlust an Kapital.

In den USA und in anderen von den Anschlägen betroffenen Ländern ergeben sich außerdem indirekte Verluste durch verlorene Arbeitstage und Produktionsverluste in vorübergehend stillgelegten Wirtschaftszweigen (wie der Luftfahrtindustrie). Die meisten Unterbrechungen waren kurzfristiger Natur. Die Unterbrechung einiger wirtschaftlicher Aktivitäten für einige Tage reduziert das Bruttoinlandsprodukt, kann aber durch Mehrarbeit oder zusätzliche Aufträge wieder ausgeglichen werden.

Eine große Befürchtung der Finanzmärkte war, dass die Anschläge den Mittleren Osten destabilisieren und so einen Ölpreisschock analog zum Golfkrieg induzieren könnten. Der Preis für Brent Rohöl fiel von gut 28 US-Dollar pro Barrel am Tag vor den Anschlägen auf knapp 20 US-Dollar pro Barrel zwei Monate später. Dieser Fall der Ölpreise ist ein gutes Beispiel für befürchtete Effekte, die nicht Realität geworden sind.

Die 2001 eintretende Wachstumsschwäche in Nordamerika und Europa hat die Nachfrage nach Rohöl stark eingeschränkt. Außerdem haben wachsende Lagerbestände in den USA das potenzielle Angebot an Öl erhöht und so seinen Preis weiter geschwächt. Die OPEC, die circa 40 Prozent der Welterdölproduktion vertritt, wünscht sich einen Ölpreis von 22 bis 28 US-Dollar pro Barrel und versucht, eine Förderbegrenzung durchzusetzen. Aber gerade Saudi-Arabien als strategischer Partner der USA möchte diese nicht verstimmen und widersetzt sich einer solchen Regelung.

So ist der Vergleich mit dem Golfkrieg in diesem Zusammenhang nicht passend. Vielmehr können die Erfahrungen der Ostasienkrise helfen, den Fall des Ölpreises zu verstehen, denn von 1997 bis 1998 fiel der Ölpreis ebenfalls stark als Reaktion auf eine sinkende Nachfrage. Damals lag der Ölpreis zeitweilig sogar unter 10 US-Dollar pro Barrel. Es ist nicht auszuschließen, dass in dieser Krise ein ähnlich niedriges Preisniveau erreicht wird, gerade wenn die Rezession in den USA und in Europa stärker und länger andauern sollte, als anfänglich erwartet wurde.

Außer den Effekten auf den Ölpreis wurde im September 2001 erwartet, dass der Terror den Dollar-Euro Wechselkurs beeinflussen könnte. Dies ist jedoch ebenfalls nicht eingetreten. Auch hier dominiert der Einfluss der rela-

tiven Wachstumsprognosen und nicht die Art und das Ausmaß des Terrors in
den USA oder die Reaktion auf den Terror in Afghanistan.

Verschiedene wirtschaftliche Effekte werden gelegentlich den Terroranschlägen zugeschrieben, obwohl sie andere Gründe haben. So ist die weltweite Krise der Fluggesellschaften, in Europa deutlich geworden durch die
Pleiten von Swissair und Sabena, eine sich seit längerer Zeit abzeichnende
Krise. Eine Sättigung des Marktes, bedeutende Größenvorteile, das Sinken
der staatlichen Subventionen, Deregulierung und die Wachstumsschwäche
trugen alle schon vor dem 11. September zu der Krise der Luftfahrtbranche
bei.

Verschiedene konjunkturelle Indikatoren deuteten bereits Anfang September 2001 auf eine drohende Rezession in den USA und in der EU hin. So
fielen die Vertrauensbarometer für private Verbraucher und für die verarbei-
tende Industrie in Europa seit Jahresbeginn stetig ab und lagen unmittelbar
vor dem Auftreten des neuen Terrors in einem Bereich trüber Konjunkturaus-
sichten. In den nächsten drei Monaten verloren diese Indikatoren aber weiter
deutlich an Boden. Der Terror hat also das bereits niedrige Vertrauen der gesamten Wirtschaft nochmals erschüttert, mit wichtigen Auswirkungen für die
Konjunktur auf beiden Seiten des Atlantiks.

Bei der Rezession, die in Nordamerika und Europa im Sommer 2001 an-
fing, handelt es sich nicht um eine nur terrorbedingte Rezession. Stattdessen
befanden sich die USA, Europa und Japan unmittelbar vor den Anschlägen
zum ersten Mal seit den 30er Jahren des 20. Jahrhunderts vor einer synchro-
nen Rezession und somit in einer konjunkturell sehr fragilen Lage.

Mit verursacht wurde diese Lage durch das Ende des Booms der New
Economy. Verbraucher, gerade auch in den USA, bauten ihre Schuldenberge
ab und passten ihren Verbrauch ihrem geschrumpften Vermögen an. Im Oktober und November 2001 gewann die Rezession in den USA dann an Fahrt,
wie man an der stark steigenden Arbeitslosenquote sehen konnte, die im Oktober 2001 bei 5,4 Prozent lag. Die standardisierte und deshalb vergleichbare
deutsche Quote lag zu diesem Zeitpunkt bei 8 Prozent.

Amerikanische Rezessionen seit 1945 hatten im Durchschnitt eine Dauer
von elf Monaten. Der neue globale Terror wirkte negativ auf die Konjunktur,
so dass nach den Anschlägen nicht mehr mit einer durchschnittlichen Rezes-
sionslänge zu rechnen war. Aber wenn die Rezession teilweise von dem Fortschritt des Krieges und dem ungewissen Ausbleiben weiterer Terroranschlägen abhängt, kann diese Rezession durchaus länger andauern, mit allen negativen Folgen für eine ohnehin sehr schwache Weltkonjunktur.

Der niedrige Ölpreis und die im Zuge der Krise deutlich gesenkten Zin-
sen werden zur Überwindung der Rezession beitragen. Die Terrorkrise hat
aber dazu geführt, dass das Vertrauen der Verbraucher und der Firmen erschüttert wurde, und dass das weitere Vertrauen stärker von politischen und
militärischen Entwicklungen abhängig sein wird, als es in einer normalen
Rezession der Fall gewesen wäre. Das heißt, die Krise hat eventuell die Ab-

hängigkeit der Konjunktur von subjektiven Faktoren verschärft, während gleichzeitig die Fähigkeit der Märkte, dieses Vertrauen vorherzusehen, gesunken ist.

Die Weltwirtschaft muss in den Monaten nach den Terrorschlägen außerdem mit einem weiterhin schwachen Konjunkturverlauf in Japan rechnen sowie mit einer Verschärfung der Krise in Argentinien und anderen Schwellenländern. Einerseits fließt in Zeiten von Krisen noch mehr Kapital aus den fragilen Schwellenländern ab. So haben sich die Risikoprämien für argentinische beziehungsweise brasilianische Bonds in den sechs Wochen nach dem 11. September um 1,9 beziehungsweise 1,2 Prozentpunkte erhöht. Andererseits haben auch die reicheren OECD-Staaten selber weniger Mittel zur Verfügung, um das internationale Finanzsystem zu stützen. So stehen nicht alle Mittel und Möglichkeiten aus Zeiten der Mexiko- und Ostasienkrisen zur Verfügung, um ein erneutes Aufflackern des finanziellen Flächenbrandes im Keim zu ersticken.

Es gibt eine Reihe indirekter Auswirkungen des neuen globalen Terrors, die schwer statistisch messbar sind, die aber langfristig wichtige strukturelle Auswirkungen für das Wirtschaftsgefüge der betroffenen Länder haben werden. Der Terror, der besonders Banken und andere Finanzdienstleister im World Trade Center traf, erhöhte die Unsicherheit an den Finanzmärkten. Dies wirkte sich auch auf die Variabilität von Umsätzen, Kursen und Erwartungen aus, so dass Firmen und Anleger erhöhte Kosten durch diese Formen der zusätzlichen Unsicherheiten erwarten mussten.

Diese Effekte wurden durch die wechselhaften Erwartungen an den Aktienmärkten verstärkt, die nach den Attacken noch von einem starken Wachstum in den USA und Europa für 2002 ausgingen, und so die unmittelbaren negativen Terroreffekte an den Aktienmärkten schnell wieder ausglichen. Erst nachdem im Laufe des Novembers 2001 deutlich wurde, wie stark sich das amerikanische Verbraucherverhalten seit dem 11. September verschlechtert hatte, nahm der Kursanstieg an den Börsen wieder ab. So ist drei Monate nach den Attentaten noch nicht endgültig deutlich, ob die Kursrallye der Nachterrorzeit sich nicht doch noch umkehren kann, die Attentate die Aktienmärkte auch langfristig noch belasten werden.

Wichtige strukturelle Veränderungen zeichnen sich besonders in den direkt betroffenen Wirtschaftszweigen wie Transport und Kommunikation ab. Dort führen Kostenveränderungen zu neuen Marktbedingungen. So haben sich Flughafengebühren, Postlaufzeiten (aufgrund der Milzbrandvorfälle), die Steuern in Deutschland für Versicherungen und Tabak sowie die Versicherungsprämien für terrorgefährdete Objekte erhöht. Auch Kapazitätsauslastungen in einigen Sektoren, der zeitliche Aufwand für einige Abläufe, das Image von einigen Waren und Dienstleistungen werden sich verändern.

Zum Teil existieren Märkte und Regelungen, die diese Probleme auffangen können. So können Versicherungen ihre Risiken rückversichern lassen, während Banken zum Teil durch staatliche Garantien gedeckt sind. Eine Verschiebung von Marktanteilen zwischen Firmen einer Branche (zum Beispiel zu anscheinend sichereren Fluggesellschaften oder leistungsstärkeren Rückversicherern), die Verschiebung der Wertschöpfung zwischen Produkten (zum Beispiel von klassischen Postdienstleistungen zu elektronischen Versanddienstleistungen) oder zwischen Branchen (zum Beispiel von Fluggesellschaften zu Eisenbahnen) stellt keine bedenkenswerte Entwicklung dar.

Aus ökonomischer Sicht bedenklich sind lediglich Entwicklungen, die zu weniger Effizienz führen, zum Beispiel durch höhere Transaktionskosten, durch eine Verlangsamung von technologischen Entwicklungen oder durch eine Unterhöhlung von öffentlichen Institutionen. So sind erhöhte Versicherungssteuern zur Finanzierung von zusätzlichen staatlichen Ausgaben zur Gewährleistung eines konstanten Niveaus öffentlicher Sicherheit ordnungspolitisch bedenklich. Die wahrscheinliche Verlängerung der Postlaufzeiten zur Vermeidung von Milzbrandattacken entspricht einer technologischen Rückentwicklung, die gesamtwirtschaftliche Effizienzverluste zur Folge hat. Ebenso sind der Verlust an Vertrauen aufeinander und zueinander sowie der Anstieg von Fremdenfeindlichkeit Verluste wichtiger Institutionen im Sinne der Transaktionskostentheorie von Douglas North, die die Kohäsion und Effizienz privatwirtschaftlichen und staatlichen Handelns unterminieren.

Weltweit können diese Faktoren zusammenwirken und den Austausch und die Mobilität von Personen, Waren, Dienstleistungen, Kapital, Informationen und Kommunikation reduzieren. Indirekt ist von den Terroranschlägen auch der Globalisierungsprozess empfindlich getroffen worden, was durchaus ein Ziel der Attentäter gewesen sein dürfte. Paradoxerweise haben die Terroranschläge die Kritik an der Globalisierung von der linken Ecke in eine extrem rechte Ecke geschoben. Während vor dem 11. September die Vertreter von Attac und anderen Nichtregierungsorganisationen (NGOs) die Meinungsführerschaft in der Anti-Globalisierungsdebatte hatten, so dominieren jetzt dumpfe rechte Argumente, die in der Globalisierung eine Bedrohung ihrer Werte und Kulturen sehen. Es wird interessant sein, zu beobachten, ob die Antwort auf solch extreme Globalisierungskritik die bisherigen Kritiker dazu motiviert, die liberalen und wachstumsorientierten Aspekte der Globalisierung zu betonen.

Schließlich dürften die Terroranschläge auch wichtige Verschiebungen in der Einkommensverteilung bewirken, obwohl die Auswirkungen von Krieg und Terror auf die Einkommensverteilung in Nord und Süd noch wenig erforscht sind. Es ist jedoch wahrscheinlich, dass die terrorbedingte Kapitalzerstörung erst einmal die einkommensstarken Kapitaleigentümer trifft. Die Toten von New York, Washington und Pennsylvania stammen aus vielen Einkommensschichten, wie die große Anzahl der Opfer unter den Feuerwehrleuten von New York plastisch zeigt. Und auch die nunmehr verstärkte Rezession schafft Arbeitslosigkeit, der Krieg in Afghanistan trifft besonders Arme, und die versprochene Erhöhung der Entwicklungshilfe wird in Rezessionsjahren wohl auf sich warten lassen.

3   Neue Anforderungen für die Politik?

Der neue globale Terror zwingt nicht nur die Wirtschaft zu neuen Verhaltensmustern, sondern stellt neue, globale Anforderungen an die Politik. Aus ökonomischer Sicht lassen sich drei Handlungsebenen unterscheiden, die im Folgenden kurz beschrieben und bewertet werden: die kurzfristigen wirtschaftspolitischen, die strukturpolitischen und die vorbeugenden Reaktionen auf den neuen globalen Terror.

Die kurzfristigen Reaktionen auf den Terror waren von der Ungewissheit über das Ausmaß und die Auswirkungen der Anschläge geprägt. Die Unsicherheit in den Medien, an den Finanzplätzen und in den Regierungen, wie man am besten auf die neue Situation reagieren sollte, verstärkte das Gefühl der Unsicherheit noch weiter. Hier gibt es nur wenige relevante Erfahrungen, anders als bei Naturkatastrophen oder internationalen Kriegen zwischen Ländern der Dritten Welt oder in Südosteuropa. Wichtige Schlüsselinstitutionen verhielten sich jedoch zuverlässig, insbesondere die amerikanischen und europäischen Zentralbanken und Finanzaufsichten sowie Institutionen der Verkehrssicherheit. Es scheint keine Institution, einschließlich des amerikanischen Militärs, unbesonnen oder übereilt reagiert zu haben.

Die Notenbanken und die staatlichen Instanzen waren zum Teil durch die Ostasienkrise auf die Kontrolle der Finanzmärkte vorbereitet. So sorgten massive Zinssenkungen in den USA und in Großbritannien sowie schließlich auch durch die Europäische Zentralbank (EZB) für Liquidität, auch wenn die weiteren Zinssenkungen – gerade auch durch die EZB – nicht so umfassend und mutig waren, wie sie es in der Ostasienkrise noch für möglich gehalten hatte. Die unmittelbare Stabilisierungspolitik der betroffenen Regierungen wirkte beruhigend, und die Unterlassung von sofortigen Ausgabenprogrammen war angemessen. Schließlich war eine erste wichtige Erkenntnis, dass ein enges Zusammenspiel zwischen politischen, wirtschaftlichen und gesellschaftlichen Kräften national und international notwendig sein würde, um angemessen auf die Herausforderung durch den Terrorismus zu reagieren.

Eine der wichtigsten wirtschaftspolitischen Debatten, die durch den neuen globalen Terror ausgelöst worden sind, betrifft die Rolle des Staates bei der Gestaltung der strukturellen Anpassungsmaßnahmen an die Welt nach dem Terror. Hier gilt es, zwischen den oben beschriebenen, unvermeidlichen strukturellen Anpassungsbewegungen in der Wirtschaft, den terrorbedingten und ineffizienten Transaktionskosten und den teilweise terrorbedingten Wachstumsverlusten zu unterscheiden. Staatliche Eingriffe scheinen nur zugunsten der Effizienzsteigerung und der Konjunkturbelebung gerechtfertigt, nicht aber bei der Abfederung langfristiger Probleme, zum Beispiel in der Luftfahrtindustrie.

Es zeichnet sich sowohl in Europa als auch in den USA ein neuer pragmatischer Keynesianismus ab, der durch Effizienzsteigerungen und die

Konjunkturbelebung aktiv auf die Herausforderungen durch den Terror wirkt. In Deutschland sind bisher eher die konjunkturellen Maßnahmen diskutiert worden, da die direkten Folgen des Terrors für die amerikanische Wirtschaft schwerwiegender sind.

Die Konjunktur ist in Deutschland im Jahre 2001 wesentlich durch die erste Stufe der Steuerreform gestützt worden. Ohne diesen massiven Impuls wäre Deutschland wesentlich früher und wesentlich tiefer in die Rezession gerutscht. Deshalb kann man der Bundesregierung nur schwerlich den Vorwurf machen, sie kümmere sich nicht ausreichend um die Konjunktur. Aber wenn sich die jetzige Krise vertieft, dann sollten weitere, ähnliche Maßnahmen diskutiert werden, um die negativen Auswirkungen einer Rezession, beispielsweise in Form der Erhöhung der Sockelarbeitslosigkeit, möglichst stark einzugrenzen.

Zusätzlich sollte Deutschland weiter die öffentlichen Schulden abbauen, aber auch die tatsächlich vorhandenen Reserven des Stabilitätspaktes nicht ungenutzt verstreichen lassen. Hielte die Bundesregierung an ihren Verschuldungsplänen fest, so könnten die automatischen Stabilisatoren nicht wirken, und die konjunkturelle Krise fände neue Nahrung. Die Chancen zum erfolgreichen makroökonomischen Management, für einen Kurs der dynamischen Stabilisierung, sind also enorm. Es gibt auch in Zeiten des Terrors keinen Grund, sich kaputtzusparen.

Aus Effizienzgründen wäre die Bundesregierung gut beraten, die terrorbedingten Steuererhöhungen genauer zu durchdenken. Der Versicherungsbranche Steuererhöhungen aufzubürden heißt, einen der wichtigsten Märkte für die Bewältigung von Terrorschäden unnötig zu belasten. Außerdem sollten die europäischen Regierungen und die Europäische Kommission unnötige Subventionen an Fluggesellschaften verhindern, die sich in einer langfristigen Anpassungskrise befinden.

Schließlich muss wohl überlegt werden, wie viel Militärausgaben sich der Westen langfristig leisten kann. Militärausgaben mögen kurzfristig expansiv wirken, sie sind aber sehr ineffiziente keynesianische Wachstumsprogramme. Anders verhält es sich mit den Ausgaben für den Wiederaufbau in New York und in Afghanistan, der langfristig eher Dividenden bringen wird, zumindest in der Form von erhöhter Stabilität und Sicherheit.

Im dritten Bereich der Politik, den vorbeugenden Maßnahmen gegen Terror, müssen fundamentale Entscheidungen diskutiert werden, die die vermeintliche Abwägung von Freiheit und Sicherheit betreffen. Der psychologische Druck, durch politische Maßnahmen auf den Terror zu reagieren, war in den ersten zehn Wochen enorm, und viele politische Maßnahmen sind in dieser Zeit diskutiert worden, die sonst niemals für notwendig oder sinnvoll erachtet worden wären. Angesichts der vielen sicherheitspolitischen Schnellschüsse vermisst man hier eine empirisch fundierte Analyse des neuen globalen Terrors.

Falls wir eine Festung Europa um uns herum errichten, besteht die reelle Gefahr, dass den Terroristen in die Hände gearbeitet wird. Die Politik sollte durchaus ein subjektives Sicherheitsgefühl vermitteln, aber nicht auf Kosten elementarer Rechte und wirtschaftlicher Chancen. So wäre es sinnvoll, neue Maßnahmen zeitlich zu begrenzen, so dass ihre Wirkung überprüft werden kann.

Aus ökonomischer Sicht ist es wichtig, dass die Politik die Grundvoraussetzungen für Handel, Wettbewerb und unternehmerische Aktivität sichert. Diese profitieren besonders von Offenheit, Vertrauen und einer verlässlichen Politik. Diese Institutionen sollten wir uns also nicht durch den Terror erschüttern lassen! Als Beispiel sei die Diskussion um das deutsche Zuwanderungsgesetz aufgeführt.

Deutschland hat im Laufe des Jahres 2001 eine erstaunliche Kehrtwende vollzogen, indem zum ersten Mal in der Geschichte eine ökonomisch motivierte Politik der Zuwanderung diskutiert und fast beschlossen wurde. Dann kam die Umsetzung im September ins Stocken, und die Diskussion wurde unter dem Eindruck des Terrors von Vorurteilen und Ängsten überlagert. Eine Verschärfung des Ausländerrechts wegen vermeintlicher Bedrohungen und realer Ausländerfeindlichkeit ist nicht sinnvoll und nicht angemessen. Immigration und Terrorismus sind nicht inhaltlich miteinander verknüpft, die Behauptung des Gegenteils beruht auf Fremdenfeindlichkeit. Aus unserer Sicht ist die schnelle und umfassende Umsetzung des Zuwanderungsgesetzes gerade jetzt ein wichtiges und positives Signal.

Der neue globale Terror ist nur möglich gewesen, weil Terrornetzwerke über Jahre international operieren konnten, Regierungen nicht ausreichend kooperierten, Sicherheitsmaßnahmen an Flughäfen und in Flugzeugen unzureichend waren und die westliche Politik gegenüber islamischen Entwicklungsländern von wenig Konsistenz und Interesse geprägt war. Es ist also wichtig zu fragen, ob der neue globale Terror Regierungen und Gesellschaften genügend aufgerüttelt hat, um aktive Maßnahmen zur Vermeidung zukünftigen Terrors und zur Unterstützung zukünftigen Wachstums in entwickelten und unterentwickelten Ländern zu ergreifen.

Aktive Anregungen aus der Politik und Gesellschaft beinhalten in den ersten Monaten nach den Anschlägen unter anderem gezielte Aktionen gegen weltweite Geldwäsche und Steuerhinterziehung, einen besseren Schutz der Computernetze, eine versprochene Erhöhung der EU-Entwicklungshilfe, eine Stärkung von multilateralen Organisationen einschließlich der WTO, mehr Engagement der Eliten in der westlichen Welt für Globalisierung und freien Handel, Fortschritte in der Lösung wichtiger Handelskonflikte (zum Beispiel zwischen den USA und der EU betreffend Hormonfleisch, Gen-Nahrungsmittel, Agrarsubventionen, Stahlexporte, das neue Airbuswerk in Hamburg etc.), einen genaueren Blick im Norden auf die Ursachen der Armut und Intoleranz sowie allgemein eine Verbesserung der Vorbereitungen auf die nächste Krise.

Wünschenswert wären ebenfalls ein verlässlicherer Schutz der weltweiten Menschenrechte, mehr internationale und sicherheitspolitische Stabilität und somit eine Konzentration auf wesentliche wirtschaftliche Probleme. Die Bewältigung des Nahostkonflikts ist ein Lackmustest für diese Form der neuen multilateralen Zusammenarbeit. Ohne ein Ende des Blockdenkens im Nahen Osten, ohne ein Ende der permanenten politischen Gewalt werden sich die sozialen und ökonomischen Konflikte im arabischen und islamischen Raum nicht lösen lassen. Wirtschaftliche Entwicklung in der ganzen Welt wird so zur wichtigsten Waffe im Kampf gegen den neuen globalen Terror.

Hannes Federrath

Die bedrohte Sicherheit von Informationsnetzen

Mit der zunehmenden Abhängigkeit unserer Informationsgesellschaft von schnellen Kommunikationsverbindungen über Internet und Telefon wächst auch deren Verletzlichkeit. In nahezu allen Lebensbereichen ist Informationstechnologie (IT) heute anzutreffen. Alle größeren technischen Systeme nutzen informationstechnische Ausstattungen. Selbst jedes moderne Fahrzeug ist heute mit mehreren Mikrorechnern ausgerüstet.

Die aus dieser Abhängigkeit von IT entstehenden Bedrohungen hängen vom Anwendungsbereich ab und von der Wichtigkeit der verarbeiteten Daten. Bisher wurde manch möglicher Angriff auf Kommunikationsnetze in der Realität alleine deshalb ausgeschlossen, weil niemand die Motivation, den Angriff tatsächlich durchzuführen, für wahrscheinlich hielt. Mit den Terroranschlägen in den USA haben sich auch diese Wahrscheinlichkeiten geändert. Die Hauptbedrohungen für unsere Netze gehen momentan aus von mangelhafter Software und daraus resultierenden so genannten Denial-of-Service-Angriffen, Datenspionage und Viren, Würmern und trojanischen Pferden. Softwarefehler werden oft erst spät, manchmal zu spät, entdeckt und können zu hohen Schäden führen.

Dieter Kaundinya, Abteilungsleiter für internationalen Terrorismus des deutschen Auslandsgeheimdienstes, unterstrich auf der Herbsttagung des Bundeskriminalamtes in Wiesbaden diese Bedrohung: *„Zunächst waren es Angriffe vom Boden, dann vom Wasser und dann aus der Luft. Das Nächste wäre vielleicht der Cyberwar, eine Attacke, mit der die Daten- und Kommunikationsverbindungen der modernen Gesellschaft getroffen werden sollen."*[1]

Bei langjähriger und guter Vorbereitung wäre es Cyber-Terroristen möglich, die westlichen Finanzmärkte mit Hilfe von Computerviren und trojanischen Pferden derart zu stören, dass ernsthafte (auch dauerhafte) Schäden nicht ausgeschlossen wären. Vermutlich würden beispielsweise Börsen nicht mittels Denial-of-Service-Angriffen gestört, vielmehr könnten Hacker die

---

1 Berliner Zeitung, 15. Nov. 2001, S. 3.

Transaktionen unauffällig manipulieren und das Finanzsystem subtil durcheinanderbringen.

Die Schutzmöglichkeiten gegen solche Attacken sind momentan noch sehr begrenzt: Heterogenität, d.h. keine Monokultur im Software- und Hardwarebereich, Offenlegen der Software (Open Source), um Programmierfehler besser zu finden, Einsatz von Verschlüsselungsverfahren zur Vermeidung von unberechtigtem Mitlesen und Datenspionage, Vermeidung von Abhängigkeiten von einem einzigen Kommunikationsnetz und damit Aufrechterhaltung alternativer, diversitärer Kommunikationsinfrastrukturen.

In diesem Beitrag wird zunächst eine kurze Systematisierung der Bedrohungen aufgestellt (Abschnitt 1). Anschließend sollen konkrete Angriffe als Fallbeispiele für die bedrohte Sicherheit von Informationsnetzen dienen: Abschnitt 2 beschäftigt sich mit Denial-of-Service-Angriffen im Internet, in Abschnitt 3 geht es um mangelhafte Software, Abschnitt 4 beschäftigt sich mit Computerviren, Würmern und trojanischen Pferden. Abschnitt 5 beschreibt die Datenspionage als eine besondere Form der Bedrohung unserer Wirtschaft. Der Text endet mit der Darstellung von Regulierungsversuchen auf nationaler, europäischer und internationaler Ebene.

1 Bedrohungen

Bedrohungen von IT-Systemen lassen sich grundsätzlich kategorisieren[2] nach Verlust der *Vertraulichkeit*, Verlust der *Integrität* und Verlust der *Verfügbarkeit*.

So können beispielsweise bereits der Ausfall eines Krankenhaus-Informationssystems und die damit verbundene Unverfügbarkeit von Patientendaten (beispielsweise Labordaten) oder die unerkannte Manipulation von Medikationsdaten zu bedrohlichen Situationen führen. Bereits kurzzeitige Ausfälle der Datennetze, die die Handelsplätze und Finanzmärkte miteinander verbinden, können zu hohen finanziellen Verlusten führen.

Das Ausspionieren von Firmengeheimnissen durch die Konkurrenz, etwa vertraulichen Forschungsergebnissen, kann ein Unternehmen in Wettbewerbsnachteile bringen. Selbst unser Telefonnetz, das heute im Innern über ein digitales Netz realisiert ist, und dessen permanente Verfügbarkeit wir mit hoher Selbstverständlichkeit erwarten, ist nicht hundertprozentig vor Bedrohungen geschützt.

---

2   Viktor L. Voydock, Stephen T. Kent: Security Mechanisms in High-Level Network Protocols. ACM Computing Surveys 15/2 (1983) S. 135-170.

Obwohl perfekter und vollständiger Schutz niemals realisierbar ist, sollten präventive Maßnahmen ergriffen werden, um das Risiko dieser Bedrohungen zu minimieren.

IT-Sicherheit versucht nun, die Systeme gegen diese Bedrohungen, die durch Fehlfunktionen und natürliche Phänomene ausgelöst werden können (genannt Fehlertoleranz), gegen „intelligente Angreifer" zu schützen. Der Schutz vor böswilligen Aktionen setzt ein Modell des unterstellten Angreifers voraus, in dem dessen Stärke beschrieben wird (Angreifermodell). Wissenschaftler versuchen nun, Mechanismen zu finden, die gegen eine definierte Stärke des Angreifers wirken.

Vertraulichkeit

Vertrauliche Daten dürfen nicht in die Hände unberechtigter Personen, Institutionen oder Staaten kommen und sind deshalb vor unberechtigter Kenntnisnahme zu schützen.

Gegen das Ausspähen von Daten bei der Übertragung (Verlust von Vertraulichkeit) helfen *Verschlüsselungsverfahren* sowie *Steganographie*. Bei Steganographie werden vertrauliche Informationen in unscheinbare, unverdächtige Hülldaten eingebettet, ohne dass die Existenz der Geheimbotschaft entdeckbar ist.

Zum Schutz vor Informationsflussanalysen (kurz: Verkehrsanalysen) müssen Verfahren zur *Anonymität und Unbeobachtbarkeit* – ebenfalls Vertraulichkeitsaspekte – eingesetzt werden. Anonymität und Unbeobachtbarkeit können durch so genannte datenschutzfreundliche Techniken realisiert werden. Solche Verfahren erfordern einen höheren Aufwand als die reine Verschlüsselung der Inhalte. Im Bereich E-Commerce sind die bekanntesten Verfahren, die zur Klasse der anonymen Verfahren zählen, die digitalen anonymen Zahlungssysteme und Verfahren zum unbeobachtbaren Web-Surfen im Internet.[3] In mobilen Kommunikationsnetzen (Mobiltelefon, Mobiles Internet) könnten diese Verfahren auch angewendet werden, um die Aufenthaltsorte mobiler Teilnehmer zu schützen[4], was aus Kostengründen bisher leider unterbleibt.

---

3 The JAP Anonymity & Privacy Homepage. http://anon.inf.tu-dresden.de/.
4 Hannes Federrath: Sicherheit mobiler Kommunikation. DuD Fachbeiträge. Vieweg, Wiesbaden, 1999. Info: http://www.inf.tu-dresden.de/ hf2/mobil/buch.shtml.

Integrität

Integere Daten sind unverfälscht und müssen einem Verantwortlichen zure-
chenbar sein.

Gegen die bewusste Verfälschung von Nachrichten (Verlust an Integrität) können *Message Authentication Codes* eingesetzt werden. Das sind spezielle Prüfsummen, die sofort eine Verfälschung erkennbar machen. Mit Hilfe der *digitalen Signatur* ist Zurechenbarkeit, d.h. die Integrität der Nachricht
zusammen mit der Gewissheit über die Authentizität des Absenders, realisierbar: Nachrichten können so ihrem „Unterzeichner" eindeutig zugeordnet
werden.

Verfügbarkeit

Verfügbarkeit bezieht sich sowohl auf Daten als auch auf Kommunikations-
dienste, die von jedem, der dazu berechtigt ist, innerhalb vorgegebener Zeit-
schranken nutzbar sein sollen beziehungsweise ihren Dienst erbringen.

Gegen den Verlust von Verfügbarkeit existieren bisher keine ausgereif-
ten Verfahren. So genannte Denial-of-Service-Angriffe (siehe nächster Abschnitt) führen immer wieder zur Unverfügbarkeit von Internet-Diensten und
machen damit die katastrophale Situation deutlich. Besonders für E-Com-
merce-Firmen, für die die Verfügbarkeit des Internets die geschäftliche Basis
ist, kann dies zu hohen finanziellen Verlusten und Imageschäden führen,
wenn deren Dienste angegriffen werden. Solche Formen der Störung werden
neuerdings auch als *Cybercrime* bezeichnet. Die Verfügbarkeit von Daten
und Diensten kann erreicht werden durch Diversität und redundante Ausle-
gung von Leitungskapazitäten, Rechenressourcen und Datenspeichern.[5]

In den folgenden Abschnitten werden vier typische und weit verbreitete
Bedrohungen erläutert: Denial-of-Service-Angriffe, fehlerhafte Software, die
Virenproblematik und Datenspionage.

---

5   Eine ausführliche Darstellung der Basistechnologien zum Schutz vor intelligenten
     Angreifern ist z. B. zu finden in: Hannes Federrath, Andreas Pfitzmann: Datenschutz
     und Datensicherheit. In: Uwe Schneider, Dieter Werner (Hg.): Taschenbuch der In-
     formatik. Fachbuchverlag Leipzig im Carl Hanser Verlag, München, 3. Aufl., 2000, S.
     586-604. Außerdem in: Hannes Federrath, Andreas Pfitzmann: Bausteine zur Reali-
     sierung mehrseitiger Sicherheit. In: Günter Müller, Andreas Pfitzmann (Hg.): Mehr-
     seitige Sicherheit in der Kommunikationstechnik. Addison-Wesley-Longman, 1997,
     S. 83-104. http://www.inf.tu-dresden.de/ hf2/publ/1997/FePf_97Baust/.

2 Denial-of-Service-Angriffe

Die Entwicklung des Internets hat seine Ursprünge im militärischen Bereich. Man wollte ein dezentralisiertes Kommunikationsnetz, bei dem der Ausfall einzelner Rechner oder Kommunikationsverbindungen – etwa nach einem atomaren Angriff des Gegners – nicht zum Totalausfall des gesamten Netzes führte. Die hohe Verfügbarkeit erreicht man durch mehrfach redundante Vernetzung der Rechner und alternative Routen zum Transport der Daten. Somit ist es tatsächlich fast ausgeschlossen, den Datentransport im Internet vollständig zu stören. Punktuelle Angriffe führen nur zu punktuellen Ausfällen der Kommunikation.

Das Internet besteht nun nicht nur aus einem hochverfügbaren Transportsystem, sondern auch aus einzelnen Internet-Diensten (E-Mail, World Wide Web, News etc.). Die Internet-Dienste erreichen jedoch bei weitem nicht die hohe Verfügbarkeit des zugrunde liegenden Transportsystems. Sie sind vielmehr stark anfällig gegen gezielt herbeigeführte Ausfälle durch intelligente Angreifer (Denial-of-Service oder kurz DoS).

Ein sehr einfacher Denial-of-Service-Angriff ist das *E-Mail-Bombing*. Hier werden durch einen Angreifer sehr viele und sehr große E-Mail-Nachrichten an einen einzelnen Empfänger oder eine Gruppe versendet. Die Nachrichten enthalten meist unsinnige, aber sehr große Dateianhänge (Attachments), deren Zweck es ist, den vorhandenen Speicher auf dem Mail-Server des Empfängers auszuschöpfen, bis die tatsächlichen Nachrichten mangels Speicher abgewiesen werden müssen. Dieses *Spamming* gleicht somit dem Verstopfen des Postbriefkastens. Da ein Mail-Server meist mehrere Benutzer (z.B. alle Mitarbeiter eines Unternehmens) verwaltet, sind durch einen solchen Angriff gleich mehrere Benutzer oder sogar das ganze Unternehmen betroffen.

Weiterhin könnte ein Angreifer versuchen, die Website eines Unternehmens derart häufig abzurufen, dass der Rechner (Webserver) überlastet wird und die regulären Anfragen nicht mehr bedienen kann und unter der Last zusammenbricht. Hierzu sind – wie beim Mail-Bombing – seitens des Angreifers keinerlei Hackermethoden, d.h. Einbrüche in fremde Rechner, erforderlich. Er muss nur die nötige Menge Verkehr produzieren. Da der angegriffene Server förmlich mit Nachrichten überflutet wird, sind diese Angriffe auch Beispiele für so genannte *Flooding*-Angriffe.

Der Webserver könnte nun „aufrüsten" und seinen Server mehrfach redundant ausführen, so dass ein einzelner Angreifer niemals die nötige Last erzeugen kann, um alle Server zu blockieren. Unternehmen, die auf die Verfügbarkeit ihrer Internet-Dienste angewiesen sind (z.B. Web-Portale, Internet-News-Services, Online-Shops), gehen tatsächlich diesen Weg. Die Angreifer haben jedoch ebenfalls aufgerüstet: Mittels so genannter distributed Denial-of-Service (dDoS)-Angriffe gelang es ihnen beispielsweise, die Web-

server der Firmen Yahoo.com und Amazon.com für mehrere Stunden unver-
fügbar zu machen.[6] Bei dDoS-Angriffen bemächtigt sich der Angreifer (meist
mittels Hacker-Methoden) vieler schlecht gesicherter fremder Rechner, die er
zur Erzeugung des nötigen Datenverkehrs missbraucht. Er flutet gewissermaßen das Opfer von mehreren Stellen gleichzeitig.

3   Fehlerhafte Software

Neben Flooding beruhen viele erfolgreiche Denial-of-Service-Angriffe auf
fehlerhafter Software. So könnte ein Angreifer beispielsweise durch Ausnutzung eines Programmierfehlers den Server zum Absturz bringen. Ein kleines
Programm, das solche Angriffe ohne weiteres Wissens – sozusagen mit einem Doppelklick – realisierbar macht, wird als *Exploit* bezeichnet. Exploits
werden von Hackern veröffentlicht, um den Fehler bzw. die Schwachstelle
sichtbar zu machen und die Anwender dadurch für die Sicherheitsproblema-
tik zu sensibilisieren. Beispiele für bekannte Exploits für die Windows-
Betriebssysteme sind WinNuke und TearDrop.[7] Sie führen zum Stillstand des
Rechners und erfordern schließlich einen Neustart *(Reboot)*. So wurden beispielsweise im sehr weit verbreiteten Programm BIND, das in Firmennetzen
und bei Internet Service Providern die Umsetzung von IP-Nummern zu den
Rechnernamen im Domain Name Service (DNS) vornimmt, entsprechende
Lücken entdeckt.[8]
    Man kann davon ausgehen, dass die Zahl tatsächlich existierender Ex-
ploits deutlich höher liegt als die Zahl bekannter Exploits. Nicht alle Hacker
veröffentlichen ihr Wissen, weil sich sonst Aufträge im Bereich der Wirt-
schafts- und Industriespionage nicht mehr so gut erfüllen ließen: Noch
schlimmer als DoS-Exploits sind solche, die einem Hacker Administratorrechte auf dem angegriffenen Rechner verleihen. Ein Angreifer kann dann
nicht nur die Verfügbarkeit beeinträchtigen, sondern gleichfalls die Vertraulichkeit und Integrität von Daten und Diensten.
    Auf diese Weise berühmt geworden ist beispielsweise die Software WU-
FTP, die einen FTP-Server (FTP: File Transfer Protocol) realisiert. WU-FTP
ist unter den Linux-Betriebssystemen weit verbreitet. Für WU-FTP wurden
wiederholt Exploits veröffentlicht, die – durch einen sog. *Buffer Overflow*
ausgelöst – einem Hacker Administratorrechte auf dem Server verliehen. Das
Sicherheitsloch wurde zwar durch Security-Updates jeweils gestopft, aller-

---

6   Florian Rötzer: Sicherheitshysterie. Telepolis, 13. Febr. 2000. http://www.heise.de/bin/
     tp/issue/dl-artikel.cgi?artikelnr=5785 mode=html.
7   Nuke Information and Patches. http://www.irchelp.org/irchelp/nuke/info.html.
8   Silicon-News: Großes Sicherheitsrisiko bei Domain-Servern. http://www.silicon.
     de/a40853.

dings informieren sich Benutzer vielfach nicht über neue Versionen und Sicherheitslücken der auf ihrem Rechner installierten Software und setzen sich so unwissentlich einem hohen Risiko aus.

Manche Angriffsprogramme zur Ausführung von Exploits oder DoS-Angriffen sind überraschend komfortabel zu bedienen. Die Benutzungsschnittstellen sind teilweise sehr übersichtlich und selbsterklärend. Sie sind im Internet frei verfügbar und sogar auf CD[9] im Buchhandel veröffentlicht, natürlich stets mit dem Hinweis, dass sie nicht zum Angreifen fremder Rechner benutzt werden dürfen, sondern als Analysewerkzeuge zum Testen der eigenen Sicherheit vor Angriffen dienen. Somit existieren kaum noch technische Hürden, die normale PC-Benutzer überwinden müssen, um zu Hackern zu werden. Dadurch unterschätzen die naiven Hobby-Hacker – manchmal auch *Script-Kiddies* genannt – schnell die Ernsthaftigkeit und Strafbarkeit solcher Angriffe.

4 Computerviren, Würmer und trojanische Pferde

Eine der sehr ernst zu nehmenden Bedrohungen der Zukunft für unsere Gesellschaft sind Computerviren, Würmer und trojanische Pferde. Sie haben gemeinsam, dass sie eine Schadensfunktion ausführen, die sich auf alle drei Bereiche (Vertraulichkeit, Integrität, Verfügbarkeit) erstrecken kann. Computerviren besitzen darüber hinaus einen Mechanismus zur Replikation, der es ihnen ermöglicht, sich auf lokale Dateien auszubreiten. Würmer können sich sogar über Computernetze ausbreiten, z.B., indem sie sich selbst an die E-Mail-Adressen eines lokalen Adressbuches versenden.

Computerviren und Würmer verursachen schon heute gravierende finanzielle Schäden in Unternehmen. Durch ihre unkontrollierbare Verbreitung über das Internet „verstopfen" sie Mail-Accounts und damit fremde Server (Verlust der Verfügbarkeit), zerstören und manipulieren möglicherweise Daten (Verlust der Integrität) und können sogar Geschäftsgeheimnisse ausspionieren und unbefugt nach außen transportieren (Verlust der Vertraulichkeit).

Ein Beispiel für einen besonders aggressiven und mit hohen Schäden verbundenen Virus ist der Loveletter-Virus (auch *I-love-you-Virus*), der sich über das Adressbuch der E-Mail-Software Microsoft Outlook verbreitete und neben verstopften digitalen Postfächern auch Dateien auf lokalen Festplatten zerstörte und veränderte. Der Virus besteht aus etwa 300 Zeilen Quellcode der Sprache Visual Basic.

---

9 Datenschutz-CD 2001. Hacker's Best friend. CD-ROM für Windows ab 95, NT/2000 und Linux. Utech-Verlag, Oldenburg, 2001.

Backorifice ist ein trojanisches Pferd für Windows-Betriebssysteme, das einem Angreifer unbemerkt die vollständige Kontrolle über sein Opfer gibt, da der angegriffene Rechner vollständig ferngesteuert werden kann. Backorifice wird deshalb auch gern als „Fernwartungswerkzeug" eingesetzt.

Die meisten der moderneren Viren und Würmer wurden von ihren Entwicklern ohne ein spezifisches Infektionsziel (Opfer) entwickelt. Vielmehr ging es um die schnelle und zahllose Verbreitung und den schnellen, aber kurzzeitigen und zweifelhaften Ruhm seines Programmierers. Durch die Monokultur bei den verwendeten Betriebssystemen und der Anwendungssoftware können vorhandene Schwächen der (System)-Software vielfachen Schaden anrichten. Nicht vorhandene oder ungeeignete Zugriffskontrollmechanismen (beispielsweise Schreibrechte auf ausführbaren Dateien, automatisches Öffnen bzw. Ausführen von E-Mail-Attachments) verschlimmern die Situation.

Inzwischen ist festzustellen, dass die Angriffswerkzeuge immer universeller werden und gleichzeitig konvergieren. Der Internet-Wurm *Code Red*, der hauptsächlich im Juli 2001 auftrat, nutzte beispielsweise gleichzeitig einen Programmierfehler in dem von Microsoft entwickelten Webserver ISS aus, enthielt gewissermaßen auch ein Exploit. Code Red replizierte sich zunächst auf viele ISS-Server. Die befallenen Rechner wurden schließlich für eine dDoS-Attacke auf den Webserver des Weißen Hauses missbraucht. Im August 2001 tauchte ein neuer Wurm namens *Code Red II* auf, der auf den befallenen Servern eine Hintertür installierte, mit dem das Opfer ferngesteuert werden konnte, beispielsweise um das Ziel einer dDoS-Attacke festzulegen.

Der Internet-Wurm *Nimda* (rückwärts geschrieben gelesen: Admin), der erstmals am 18. September 2001 entdeckt wurde, benutzt ebenfalls mehrere Methoden, um sich fortzupflanzen und Schaden anzurichten. Zunächst sucht Nimda nach Microsoft ISS-Servern, versucht dann in diese einzudringen und kopiert sich bei Erfolg unter dem Namen Admin.dll dorthin. Anschließend verschickt er sich selbst an alle E-Mail-Adressen eines etwa vorhandenen Adressbuches. Der Empfänger erhält den Wurm als Anlage mit dem Namen readme.exe, die von Microsoft Outlook und Outlook Express automatisch geöffnet (hier: gestartet) wird. Handelt es sich bei dem infizierten Opfer um einen Webserver, werden alle webbezogenen Dateien um ein Stückchen Code erweitert. Besucht ein Surfer eine der manipulierten Webseiten, wird unbemerkt eine ausführbare Datei readme.eml heruntergeladen, die ebenfalls den Virus enthält. Sofern JavaScript im Web-Browser aktiviert ist, wird readme.eml bei einigen Browsern (z.B. Internet-Explorer) automatisch gestartet, in alle schreibbaren Netzwerkverzeichnisse kopiert und der Replikationsmechanismus beginnt von vorn. Wenn sich mehrere Benutzer Verzeichnisse teilen, werden deren Dateien beim Zugriff auf das Verzeichnis ebenfalls infiziert. Zusätzlich installiert Nimda auf dem infizierten Rechner noch eine Hintertür, indem der den Benutzer *Guest*, der unter Windows kein Passwort benötigt, zum Mitglied der *Administrators*-Gruppe macht.

Viren und insbesondere trojanische Pferde eignen sich auch für die gezielte Schädigung eines Opfers. Sie könnten – lange bevor sie ihren Schaden anrichten sollen – unbemerkt platziert werden und so programmiert sein, dass sie ihren Schaden erst nach einer Handlungsanweisung durch den Angreifer auslösen. So könnten Unternehmen, Finanzmärkte und Behörden bereits lange „verseucht" sein, ohne dass dies den Verantwortlichen bekannt wäre. Das Heimtückische an dieser Bedrohung ist, dass die Überprüfung der Computersysteme auf das Vorhandensein von trojanischen Pferden und der zweifelsfreie Ausschluss dieser Bedrohung nicht möglich sind, da man einem trojanischen Pferd die „Hinterlist" eben nicht ansieht. Virenscanner und Firewalls stellen somit keinerlei Schutz vor dieser speziellen Bedrohung dar.

5 Datenspionage

Je mehr Daten über Kommunikationsnetze ausgetauscht werden, umso wahrscheinlicher wird es für einen Angreifer, darunter auch sensible Informationen – z.B. Geschäftsgeheimnisse oder Privates – zu finden. Solange Daten nicht verschlüsselt übermittelt werden, können sie sehr leicht mitgelesen werden. Zwar sind Verschlüsselungstechnologien inzwischen ausgereift und entsprechende Produkte verfügbar, jedoch werden sie aus Bequemlichkeit, Unwissen oder Dummheit noch nicht überall dort angewendet, wo auch sensible Daten anfallen.

Beispiele für die breite Verfügbarkeit und hervorragende Bedienbarkeit von Verschlüsselungssoftware sind die Programme *Pretty Good Privacy* (PGP)[10] und *Gnu Privacy Guard (GnuPG)*[11], mit denen heute private wie auch geschäftliche E-Mails und Dateien sicher verschlüsselt werden können.

Dass Kommunikationsverbindungen tatsächlich belauscht und überwacht werden, bezweifelt heute niemand mehr. Das Überwachungssystem *Echelon*[12] soll beispielsweise dem amerikanischen Geheimdienst Informationen aus der Überwachung von internationalen Telefonverbindungen, E-Mails und Satellitenkommunikation liefern. Man kann davon ausgehen, dass nicht nur westliche Geheimdienste mit solchen Methoden schnüffeln, wenn andere auch vielleicht über weniger Ressourcen und Hightech verfügen.

Verschlüsselung hilft gegen Mitlesen der Inhalte auf den Kommunikationsstrecken und erlebt derzeit seine weite Verbreitung. Beim Empfänger müssen die Nachrichten jedoch entschlüsselt werden und liegen somit auch dort im Klartext vor. Deshalb versuchen die Angreifer neuerdings verstärkt,

10   The International PGP Homepage. http://www.pgpi.org/.
11   The Gnu Privacy Guard Homepage. http://www.gnupg.org/.
12   Interception capabilities 2000. http://www.iptvreports.mcmail.com/ic2kreport.htm.

direkt beim Rechner des Senders oder Empfängers anzugreifen, z.B. mittels trojanischer Pferde oder Hackermethoden. Auch Strafverfolger benutzten bereits solche Mittel. So soll das amerikanische FBI die Tastatureingaben eines Verdächtigen angezapft haben, um an verschlüsselte Dateien zu kommen.[13]

Durch Ausnutzung von Konfigurations- und Programmierfehlern (meist Buffer Overflows) in Serveranwendungen (z.B. File Transfer zum Datenaustausch zwischen den Filialen einer Bank) kann ebenfalls Datenspionage betrieben werden. Hierzu wird in den Rechner des Opfers eingebrochen – ausgelöst durch einen Ausnahmezustand der Serversoftware, die vom Programmierer so nicht beabsichtigt war. Der Angreifer kann dann beliebige Aktionen auf dem Server ausführen: Er kann Daten kopieren, verändern oder löschen.

Einem Betrüger gelang es beispielsweise mit Hilfe von ausgespähten Sozialversicherungsnummern, im Namen seiner Opfer Kreditschecks über Beträge von bis zu 44.000 Dollar zu erhalten und damit einkaufen zu gehen.[14]

6   Regulierungsversuche

Um der bedrohten Sicherheit der Informationsnetze zu begegnen, hatte die Bundesregierung im April 2000 die Task-Force *„Sicheres Internet"*[15] eingerichtet und einen Katalog mit fünfzehn Sofortmaßnahmen zur Eindämmung der Internetkriminalität vorgelegt. Angesichts der Internationalität des „Netzes der Netze" ist der Nutzen nationaler Regelungen allerdings recht begrenzt, da Kriminelle in Zonen, Regionen und auf Server ausweichen können, für die die nationalen Regelungen nicht gelten.

Der Europarat hat auf die neuen Risiken beispielsweise mit *der „Cybercrime Convention"*[16] reagiert, die der Anfang eines internationalen Regelungswerkes zur Verfolgung von Straftaten – insbesondere DoS-Angriffen, Verletzungen des Urheberrechts und Bereitstellung anderer illegaler Inhalte – im und durch das Internet sein soll. Dann wären auch Besitz und Herstellung

---

13   Florian Rötzer: Nichts mehr mit Pretty Good Privacy? Telepolis, 6. Dez. 2000. http://www.heise.de/tp/deutsch/inhalt/te/4418/1.html.

14   Heise-News: Identitätsklau via Internet, 4. Sept. 2000. http://www.heise.de/newsticker/data/jk-04.09.00-000/.

15   Heise-News: Schily empfiehlt Sofortmaßnahmen für sichereres Internet, 25. Apr. 2000. http://www.heise.de/newsticker/data/fm-25.04.00-000/. Frank W. Felzmann: Die Task Force „Sicheres Internet". KES Zeitschrift für Kommunikations- und EDV-Sicherheit 16/3 (2000), S. 61-68.

16   Draft Convention on Cybercrime. http://conventions.coe.int/Treaty/EN/projets/Final Cybercrime.htm.

von Anleitungen und Software zur Begehung von Computerkriminalität strafbar.

Ein weiterer Versuch zur Harmonisierung der Gesetze, die das Internet besser regulierbar machen sollen, ist die *„Hague Convention on Jurisdiction and Foreign Judgments in Civil Matters"*.[17]

Juristische Regeln allein werden Angriffe nicht verhindern können: Gesetzlose lassen sich leider nicht durch angedrohte Strafen abschrecken. Deshalb muss der Schutz der Informationsnetze auch auf technischer Ebene und präventiv erfolgen. Da hundertprozentige Sicherheit in der Praxis niemals erreichbar ist, kommt es darauf an, Bedrohungen wenigstens rechtzeitig zu erkennen und Schutzmaßnahmen zu treffen, damit die Risiken beherrschbar sind und möglichst minimiert werden können.

---

17 Julia Lawlor: From the Trenches: Do laws know no bounds?, 16. Okt. 2001. http://www.redherring.com/index.asp?layout=story_imu doc_id=1570020357 channel=10000001.

Andreas von Arnauld und Ulf Marzik

Das Völkerrecht und der internationale Terrorismus: Welche Gegenreaktionen erlauben allgemeines Völkerrecht, NATO-Vertrag und UNO-Charta?

Die Anschläge vom 11. September 2001 haben die Völkerrechtswissenschaft vor eine wichtige Aufgabe gestellt: Wege zu suchen, auf denen dem internationalen Terrorismus mit funktionsfähigen rechtlichen Instrumentarien begegnet werden kann. Dabei geht es nicht darum, die Gegenschläge der USA und ihrer Verbündeten zu rechtfertigen, sondern um eine besonnene Bestandsaufnahme. Sie muss sich der Grenzen des Völkerrechts ebenso bewusst sein wie der Tatsache, dass sich eindeutige Antworten auf die Frage der Einordnung der Anschläge und nach zulässigen Gegenreaktionen nicht geben lassen. Hier ist die vorrangige Aufgabe des Juristen in Erinnerung zu rufen – nämlich zu bestimmen, welche rechtlichen Regeln gegenwärtig gelten. Erst in zweiter Linie können Juristen künftige Rechtsentwicklungen beratend und kommentierend begleiten. Dies kann zu einer Diskrepanz führen zwischen dem, was gegenwärtig gilt und dem, was nach einem vorherrschenden Rechtsgefühl gelten sollte. Diese Diskrepanz ist im allgemeinen Völkerrecht immer wieder deutlich zu spüren, weil es ihm im Gegensatz zum innerstaatlichen Recht an einer zentralen Rechtsetzungsinstanz fehlt, die auf neue Entwicklungen schnell mit einer Änderung der bisherigen Rechtslage reagieren könnte.

Das allgemeine Völkerrecht geht von der prinzipiell unbeschränkten Souveränität der Staaten aus, die nur mit Zustimmung des jeweiligen Staates begrenzt werden kann. Eine solche freiwillige Beschränkung kann sich v.a. aus Verträgen mit anderen Staaten ergeben oder aus Völkergewohnheitsrecht, also jenen Regeln, die im Verkehr zwischen den Staaten als rechtsverbindlich angesehen werden und auf eine Praxis von einiger Dauer gestützt werden können. Hier deutet sich bereits an, dass das allgemeine Völkerrecht sich nur langsam neuen Situationen anpasst.

1 Völkerrecht und Maßnahmen im innerstaatlichen Bereich

Das Völkerrecht behandelt im Grundsatz das Recht zwischen Staaten. Aus dem eben genannten Prinzip staatlicher Souveränität folgt dabei, dass rechtliche Regelungen innerhalb eines Staates nicht Gegenstand des Völkerrechts sind, soweit die staatliche Souveränität nicht im Verhältnis zu anderen Staaten eingeschränkt ist. Der *U.S.A. Patriot Act*, ein Gesetz zur innerstaatlichen Terrorismusbekämpfung in den USA, ist damit ebenso wie die „*Anti-Terror-Pakete*" in Deutschland, nur insoweit Gegenstand völkerrechtlicher Betrachtung, als Konventionen zum Schutz der Menschenrechte oder zum Schutz von Flüchtlingen ihren Mitgliedstaaten hier völkerrechtliche Grenzen der innerstaatlichen Gesetzgebung aufzeigen. Auch die innerstaatliche Bestrafung von Terroristen ist zunächst ein Thema des innerstaatlichen Rechts. Völkerrechtlich ist lediglich gefordert, dass eine anerkannte Verbindung zwischen der Tat und dem bestrafenden Staat besteht. Diese kann sich v.a aus dem Tatort (Territorialitätsprinzip) oder aus der Staatsangehörigkeit von Tätern oder Opfern ergeben (Personalitätsprinzip). Nicht nur die USA als Hauptbetroffene, sondern alle anderen Staaten, deren Staatsangehörige bei den Anschlägen getötet wurden, hätten insoweit Strafgewalt. Die Aburteilung von Straftaten, die von keinem der beiden erstgenannten Grundsätze erfasst werden, aber einem Drittstaat aufgrund der Schwere der Tat zukommt (Weltrechtsprinzip) ist nicht allgemein für terroristische Straftaten geregelt. Allerdings verpflichten schon heute mehrere Konventionen ihre Vertragsstaaten, einen Terroristen, der sich auf ihrem Staatsgebiet aufhält, entweder auszuliefern oder selbst vor Gericht zu stellen.

2 Konventionen zur Bekämpfung des internationalen Terrorismus

Der Terrorismus, insbesondere die Luftpiraterie, ist keine neue Erscheinung, auch wenn Ziele und Ausmaß der Anschläge sich verändert und in den Anschlägen vom 11. September 2001 einen tragischen Höhepunkt erreicht haben. Schon jetzt existiert eine Vielzahl internationaler Verträge, in denen sich die Vertragsparteien verpflichten, Maßnahmen gegen den Terrorismus zu treffen. Einen Schwerpunkt bildet der zivile internationale Luftverkehr, der als grenzüberschreitende und besonders verwundbare Infrastruktur bereits häufig das Ziel terroristischer Angriffe war. Die erste Konvention dieser Art war das Abkommen von Tokio vom 14.9.1963 über strafbare und bestimmte andere an Bord von Luftfahrzeugen begangene Handlungen. Ihr folgten die Übereinkommen von Den Haag (16.12.1970) und Montreal (23.9.1971), die ebenfalls dem Schutz der internationalen Zivilluftfahrt dienen. Ziel dieser Abkommen ist in erster Linie, Lücken in der Ahndung von Straftaten gegen den zivilen Luftverkehr zu schließen. Hierzu verpflichten sich die Mitgliedstaaten, in den Verträgen näher bestimmte Taten in ihre Strafgesetze aufzunehmen. Jenseits dieser Verpflichtung zur innerstaatlichen Regelung sehen die Konventionen von Den Haag und Montreal eine Verpflichtung der Vertragsparteien zur Auslieferung von Straftätern vor, sofern diese nicht im Inland verfolgt werden (*aut dedere aut iudicare*: entweder ausliefern oder gerichtlich verfolgen). Auch wenn die Regelungen zur Strafverfolgung in diesen drei Konventionen für Selbstmordattentäter wirkungslos sind, bleiben sie für Maßnahmen gegen Drahtzieher oder weitere Täter und zum Schutz vor künftigen Anschlägen von Bedeutung.

Unter der Ägide der Vereinten Nationen ist in den vergangenen Jahren das Recht gegen internationalen Terrorismus auch über den Bereich der Luftpiraterie hinaus fortentwickelt worden. Die zustande gekommenen Verträge sehen in Anlehnung an die Luftverkehrs-Konventionen ebenfalls Verpflichtungen der Mitgliedstaaten zur Schaffung von Strafnormen und zur Begründung der Strafgewalt im innerstaatlichen Recht vor sowie eine Verpflichtung auf den Grundsatz *aut dedere aut iudicare*. Hierzu zählen die Diplomatenschutzkonvention vom 14.12.1973, das Internationale Übereinkommen gegen Geiselnahme vom 18.12.1979 und das Übereinkommen über terroristische Bombenattentate vom 15.12.1997. Neben der Frage der Strafverfolgung und der Auslieferung ist die Finanzierung des Terrorismus ein zentrales Problem, dem sich ein bereits im Jahr 2000 im Rahmen der Vereinten Nationen ausgehandeltes Übereinkommen[1] widmet, das zur Zeichnung und Ratifikation durch Staaten offen steht. Auf regionaler Ebene[2] wurde ebenfalls ein umfangreiches rechtliches Instrumentarium zum Schutz vor Terrorismus geschaffen. Auch die islamische Welt hat sich in verschiedenen Dokumenten zur Terrorismusbekämpfung verpflichtet. Die Konvention zur Bekämpfung des Terrorismus der Organisation der Islamischen Konferenz (OIC), der neben 45 anderen islamischen Staaten auch Afghanistan angehört, ist ebenfalls noch nicht in Kraft getreten[3].

Der Befund zeigt, dass schon heute eine große Zahl von Abkommen zur Bekämpfung des internationalen Terrorismus existiert, wenngleich eine umfassende weltweit geltende Konvention fehlt. Insbesondere wurde durch die

---

1 International Convention for the Suppression of the Financing of Terrorism vom 9.12.1999, UN Doc. A/RES/54/109 und C.N.327.2000.TREATIES of 30 May 2000, Stand: 71 Staaten (darunter Deutschland) haben unterzeichnet, 5 bereits ratifiziert; noch nicht in Kraft; Text abrufbar unter: http://untreaty.un.org/English/Terrorism/Conv12.pdf.

2 Europäisches Übereinkommen zur Bekämpfung des Terrorismus vom 27.1.1977, BGBl. 1978 II S. 321, in Kraft für 36 Staaten (Stand 9.11.2001). Weitere Beispiele unter http://untreaty.un.org/English/Terrorism.asp.

3 Convention of the Organization of the Islamic Conference on Combating international Terrorism, 1.7.1999, Annex to Res. No. 59/26-P, http://www.oic-un.org/26icfm/ c.html.

Beschränkung auf einzelne Erscheinungsformen des Terrorismus vermieden,
den Begriff des Terrorismus zu definieren: Alle Verträge sprechen von
Straftaten im Sinne des Übereinkommens oder verweisen auf andere Übereinkommen. Soweit die genannten Konventionen inhaltlich reichen, ist mit
der Verpflichtung zur Anpassung der nationalen Strafgesetze und mit der
Pflicht zum *aut dedere aut iudicare* ein wichtiger Schritt getan.

Bisher stellte die zögerliche Bereitschaft der Staaten, entsprechende internationale Rechtsverpflichtungen einzugehen, ein entscheidendes Hindernis
bei der Bekämpfung des internationalen Terrorismus dar. Zudem besteht in
der Frage der Auslieferung, soweit Übereinkommen anwendbar sind, ein
zentrales praktisches Problem bei der Bekämpfung des internationalen Terrorismus: So zogen sich die Auseinandersetzungen über die Auslieferung zweier libyscher Verdächtiger nach dem Flugzeugabsturz von Lockerbie über fast
elf Jahre hin, da Libyen der Auffassung war, durch das Übereinkommen von
Montreal nur zur Entscheidung über eine Strafverfolgung im Inland, nicht
aber zur Strafverfolgung selbst verpflichtet zu sein, wenn es die Tatverdäch-
tigen nicht ausliefern wolle. Ein Kompromiss gelang erst unter dem Eindruck
von UN-Sanktionen gegen Libyen, wonach ein schottisches Gericht in den
Niederlanden nach modifiziertem schottischen Prozessrecht gegen die dem
Schutz der UN unterstellten Angeklagten verhandelte. Der Fall Usama bin
Ladens macht deutlich, dass die Pflicht des *aut dedere aut iudicare* zusätzlich
dadurch leer laufen kann, dass zwischen dem Aufenthaltsstaat und dem Auslieferung fordernden Staat Meinungsverschiedenheiten darüber bestehen, ob
genügend Beweise für eine Tatbeteiligung des Verdächtigen vorliegen.

Allen oben dargestellten Konventionen ist gemeinsam, dass sie Maßnahmen betreffen, die von einem Staat gegenüber Terroristen zu ergreifen
sind, die sich auf ihrem Staatsgebiet oder in ihnen zugehörigen Luft- oder
Seeschiffen befinden. Nicht gelöst ist damit das Problem, dass der Aufenthaltsstaat nicht willens oder nicht in der Lage ist, gegen Terroristen auf seinem Staatsgebiet vorzugehen oder diese aktiv unterstützt; denn das allgemeine Völkerrecht ist auf eine Kooperation des Aufenthaltsstaates angewiesen,
um Terroristen ergreifen zu können: Jeder Zugriff ohne dessen Willen verletzt den Staat in seinem Souveränitätsanspruch, sofern nicht ausnahmsweise
die Maßnahme wegen eines vorangegangenen Völkerrechtsverstoßes des
Aufenthaltsstaates gerechtfertigt ist. Wann dies der Fall ist, soll im Folgenden
dargestellt werden. Hierbei ist zwischen gewaltfreien Maßnahmen und der
Anwendung von Gewalt zu differenzieren.

3 Gewaltfreie Maßnahmen gegenüber ausländischen Staaten

Das Völkerrecht kennt als gewaltfreie Maßnahmen eines Staates gegenüber einem anderen Verfahren zur friedlichen Streitbeilegung, die *Retorsion* und die Repressalie. Als Retorsionen werden unfreundliche, aber *per se* nicht rechtswidrige Maßnahmen bezeichnet, von verbalen Angriffen bis hin zum Abbruch diplomatischer Beziehungen. Repressalien sind Maßnahmen, die an sich einen Völkerrechtsbruch darstellen, jedoch als Antwort auf einen vorangegangenen Völkerrechtsverstoß gerechtfertigt sind, weil eine vertragliche Pflicht zur Auslieferung verletzt wurde. Als eine solche vom Völkerrecht grundsätzlich verbotene, gegenüber einem Verletzerstaat und seinen Staatsangehörigen aber zulässige Gegenmaßnahme unterhalb der Gewaltschwelle könnte das Einfrieren von Bankkonten zu betrachten sein, soweit es sich um Gelder handelt, die im begründeten Verdacht stehen, zur Unterstützung von Terroranschlägen verwendet zu werden, und zwar auch dann, wenn eine völkerrechtliche Pflicht gegenüber dem anderen Staat zur Freigabe der Gelder besteht. Voraussetzung ist, dass die Repressalie sich gegen einen Staat richtet, dem selbst völkerrechtswidriges Verhalten vorgeworfen werden kann, sonst wäre sie ihrerseits eine nicht gerechtfertigte Völkerrechtsverletzung.

4 Gewaltanwendung gegenüber ausländischen Staaten

Im Zentrum des Interesses steht derzeit die Frage, ob die Anschläge vom 11. September die militärischen Einsätze der USA und ihrer Verbündeten gegen Afghanistan rechtfertigen. Es geht darum, ob die Vereinigten Staaten das völkerrechtliche Selbstverteidigungsrecht geltend machen können. Diese Frage ist im Rahmen der nach 1945 geschaffenen Friedensordnung der Vereinten Nationen zu beantworten.

Das Gewaltverbot

Art. 2 Nr. 4 UN-Charta verbietet den Mitgliedstaaten der Vereinten Nationen in ihren internationalen Beziehungen jede Anwendung von Gewalt. Dieses umfassende Gewaltverbot hat inzwischen zudem gewohnheitsrechtliche Geltung erlangt und bindet auch Nichtmitglieder der UNO. Die militärischen Einsätze der USA und ihrer NATO-Verbündeten stellen zweifelsohne Gewalt in diesem Sinne dar und bedürfen der Rechtfertigung, um nicht völkerrechtswidrig zu sein. Die UN-Charta sieht drei Gründe vor, die eine Gewaltanwendung zu rechtfertigen vermögen: Von Bedeutung sind Zwangsmaß-

nahmen des Sicherheitsrates nach Kapitel VII oder Selbstverteidigung nach
Art. 51.

Charta der Vereinten Nationen vom 26.6.1945:

Art. 2 [Grundsätze] Die Organisation und ihre Mitglieder handeln im Verfolg der in
Artikel 1 dargelegten Ziele nach den folgenden Grundsätzen:
Alle Mitglieder unterlassen in ihren internationalen Beziehungen jede gegen die territo-
riale Unversehrtheit oder die politische Unabhängigkeit eines Staates gerichtete oder
sonst mit den Zielen der Vereinten Nationen unvereinbare Androhung oder Anwendung
von Gewalt.

**Kapitel VII. Maßnahmen bei Bedrohung oder Bruch des Friedens und bei An-
griffshandlungen**

Art. 39 [Feststellung der Friedensgefährdung] Der Sicherheitsrat stellt fest, ob eine Bedrohung oder ein Bruch des Friedens oder eine Angriffshandlung vorliegt; er gibt Emp-
fehlungen ab oder beschließt, welche Maßnahmen auf Grund der Artikel 41 und 42 zu
treffen sind, um den Weltfrieden und die internationale Sicherheit zu wahren oder wie-
derherzustellen.

Art. 41 [Friedliche Sanktionsmaßnahmen] Der Sicherheitsrat kann beschließen, welche
Maßnahmen – unter Ausschluß der Waffengewalt – zu ergreifen sind, um seinen Be-
schlüssen Wirksamkeit zu verleihen; er kann die Mitglieder der Vereinten Nationen auf-
fordern, diese Maßnahmen durchzuführen. Sie können die vollständige oder teilweise
Unterbrechung der Wirtschaftsbeziehungen, des Eisenbahn-, See- und Luftverkehrs, der
Post-, Telegraphen- und Funkverbindungen sowie sonstiger Verkehrsmöglichkeiten und
den Abbruch der diplomatischen Beziehungen einschließen.

Art. 42 [Militärische Sanktionsmaßnahmen] Ist der Sicherheitsrat der Auffassung, daß
die in Artikel 41 vorgesehenen Maßnahmen unzulänglich sein würden oder sich als unzulänglich erwiesen haben, so kann er mit Luft-, See- oder Landstreitkräften die zur
Wahrung oder Wiederherstellung des Weltfriedens und der internationalen Sicherheit
erforderlichen Maßnahmen durchführen. Sie können Demonstrationen, Blockaden und
sonstige Einsätze der Luft-, See- oder Landstreitkräfte von Mitgliedern der Vereinten
Nationen einschließen.

Art. 51 [Selbstverteidigungsrecht] Diese Charta beeinträchtigt im Falle eines bewaffneten Angriffs gegen ein Mitglied der Vereinten Nationen keineswegs das naturgegebene Recht zur individuellen oder kollektiven Selbstverteidigung, bis der Sicherheitsrat
die zur Wahrung des Weltfriedens und der internationalen Sicherheit erforderlichen
Maßnahmen getroffen hat. Maßnahmen, die ein Mitglied in Ausübung dieses Selbstverteidigungsrechts trifft, sind dem Sicherheitsrat sofort anzuzeigen; sie berühren in
keiner Weise dessen auf dieser Charta beruhende Befugnis und Pflicht, jederzeit Maßnahmen zu treffen, die er zur Wahrung oder Wiederherstellung des Weltfriedens oder
der internationalen Sicherheit für erforderlich hält.

Zwangsmaßnahmen der Vereinten Nationen

Der Sicherheitsrat der Vereinten Nationen hat gemäß Art. 42 UN-Charta das Recht, militärische Zwangsmaßnahmen gegen einen Mitgliedstaat anzuordnen, wenn er friedliche Sanktionen, wie sie Art. 41 vorsieht, für nicht (mehr) ausreichend erachtet. Zwar geht die UN-Charta davon aus, dass die Mitgliedstaaten insoweit Truppen zur Verfügung stellen, die unter dem Kommando der Vereinten Nationen kämpfen; hierüber ist die Praxis mit guten Gründen hinweggegangen, so dass es allgemein als zulässig erachtet wird, wenn der Sicherheitsrat, wie im Falle der Besetzung Kuwaits durch den Irak, die UN-Mitglieder ermächtigt, in seinem Auftrag selbständig militärisch einzugreifen. Formelle Voraussetzung für Zwangsmaßnahmen des Sicherheitsrates ist, dass der Rat zunächst gemäß Art. 39 eine Friedensgefährdung feststellt. Dass in den Anschlägen von New York und Washington eine solche Friedensgefährdung liegt, hat der Sicherheitsrat am 12. September 2001 in der Resolution 1368 (2001) beschlossen. Allerdings enthält weder diese noch eine folgende Resolution des Sicherheitsrates die ausdrückliche Ermächtigung der Mitgliedstaaten, militärische Maßnahmen gegenüber Afghanistan zu ergreifen. Eine Rechtfertigung der Einsätze auf Grundlage von Kapitel VII der UN-Charta scheidet daher aus.

Das Selbstverteidigungsrecht

Art. 51 UN-Charta anerkennt das *"naturgegebene Recht"* der Staaten zur individuellen und kollektiven Selbstverteidigung, bis der Sicherheitsrat die zur Wahrung des Weltfriedens und der internationalen Sicherheit erforderlichen Maßnahmen getroffen hat. Anerkannt ist insbesondere das Recht, Selbstverteidigung kollektiv im Rahmen eines Verteidigungsbündnisses wie der NATO zu üben.

Bewaffneter Angriff

Voraussetzung für das Recht zur Selbstverteidigung ist gemäß Art. 51 UN-Charta, dass ein bewaffneter Angriff (*armed attack*) vorliegt. Die UN-Charta verlangt für eine gerechtfertigte Gewaltanwendung mehr, als dass bloß eine einfache Gewaltanwendung im Sinne von Art. 2 Nr. 4 beantwortet werden soll. Ein Staat, der Opfer von Gewalt unterhalb der Schwelle eines bewaffneten Angriffs wird, ist nach überwiegender Ansicht in der Völkerrechtslehre verpflichtet, sich seinerseits auf gewaltfreie Maßnahmen zu beschränken. Hierdurch soll einzelstaatliche Gewalt und eine Gewalteskalation im höchstmöglichen Maße ausgeschaltet werden. Daran, dass die Anschläge vom 11. September ihrer Schwere nach als bewaffnete Angriffe gewertet werden können, kann kein Zweifel bestehen. Die Attentate hatten zusammen genommen ein so erhebliches Gewicht, dass sie einem Angriff auf das Territorium oder einer Bombardierung größeren Umfangs entsprechen. Die Anschläge erfolgten koordiniert und waren gegen das Staatsgebiet und sich dort aufhaltende Staatsangehörige der USA gerichtet.

Zurechnung des Handelns von Individuen

Terroristische Anschläge werden in aller Regel von privaten Personen oder Gruppen verübt. Diesen gegenüber gewährt das Völkerrecht aber kein Selbstverteidigungsrecht, da dies zur Verletzung der Souveränität des Aufenthaltsstaates führen müsste. Um Selbstverteidigung üben zu dürfen, muss daher ein an sich privater Terroranschlag einem Staat zugerechnet werden können. Für eine abschließende Beurteilung mit Blick auf das afghanische Taliban-Regime ist eine genaue Kenntnis von dessen Verwicklung in die Anschläge vom 11. September, die der Al-Qaida-Gruppe Usama bin Ladens zugeschrieben werden, unerlässlich. Angesichts dessen, dass zur Zeit entscheidende Beweismittel nicht öffentlich zugänglich sind, um die Ermittlungen nicht zu gefährden, sind rechtliche Festlegungen nur unter Vorbehalt möglich.

Die Frage, wann und inwieweit Gewalthandlungen nichtstaatlicher Verbände einem diese Gruppen unterstützenden Staat zugerechnet werden können, hat der Internationale Gerichtshof der Vereinten Nationen (IGH) in seiner *Nicaragua*-Entscheidung aus dem Jahre 1986[4] untersucht. Dabei hat er die Bewaffnung und Ausbildung der nicaraguanischen Contras durch die USA als Gewaltanwendung und damit als Verstoß gegen das Gewaltverbot eingestuft, zugleich aber festgestellt, dass nicht jede Unterstützungshandlung unter das Gewaltverbot fällt. Im konkreten Einzelfall ist im Wege einer wertenden Gesamtbetrachtung sämtlicher Umstände zu entscheiden. Sofern Afghanistan die Täter des 11. September oder eine sie steuernde Gruppe in einer Weise unterstützt haben sollte, die ihrerseits die Androhung und Anwendung von Gewalt enthielt und eine wertende Gesamtbetrachtung sämtlicher Umstände ergibt, dass das Gewaltverbot verletzt ist, hätte demnach Afghanistan gegenüber den USA in verbotener Weise Gewalt angewendet.

Nach diesen Ausführungen rechtfertigt die bloße Gewaltanwendung noch nicht militärische Selbstverteidigungsmaßnahmen. Die Unterstützungshandlungen müssen auch geeignet sein, dem unterstützenden Staat einen bewaffneten Angriff im Sinne von Art. 51 UN-Charta zuzurechnen. In der Nicaragua-Entscheidung hat der IGH das Entsenden irregulärer bewaffneter Gruppen durch oder für einen Staat als einen bewaffneten Angriff bewertet; ein

---

4   Case concerning Military and Paramilitary Activities In and Against Nicaragua (*Nicaragua v. United States of America*), Merits, 27 June 1986, ICJ Rep. 1986, p. 14 (147); abrufbar   unter   http://www.icj-cij.org/icjwww/Icases/iNus/inus_ijudgment/inus_ijudgment_19860627.pdf.

derartiges Entsenden setzt aber eine Form von Steuerung voraus, welche die nichtstaatliche Gruppe als verlängerter Arm des Staates erscheinen lässt. Die Beherbergung und Ausbildung sowie die finanzielle und militärische Hilfe der USA für die Contras hielt der Gerichtshof nicht für ausreichend, um von einem bewaffneten Angriff der USA auf Nicaragua sprechen zu können. Im Fall der Attentate vom 11. September 2001 ist unklar, wer die weitgehend dezentral als sog. *Schläfer* abwartenden Terroristen entsandt hat. Eine Befehlsstruktur wie in einer staatlichen Armee ist dafür nicht erforderlich. Hier mögen Belege für eine im Detail noch unbekannte Befehlskette zu Usama bin Laden und seinem Netzwerk Al Qaida, auch in Afghanistan, bestanden haben. Eine Befehlskette zu der Taliban-Regierung von Afghanistan, wie sie bei Anlegung der Maßstäbe des Nicaragua-Urteils erforderlich wäre, wurde bisher nicht offen gelegt.

In die Diskussion geraten ist anlässlich der Attentate vom 11. September die Frage, ob die Gewährung von Rückzugsmöglichkeiten für Terroristen, die Schaffung eines "sicheren Hafens" (*safe haven*), die Zurechnung der terroristischen Anschläge begründen kann. Schließlich ermöglicht die Gewissheit, Terroranschläge unbehelligt vorbereiten zu können und nach den Attentaten vor Verfolgung sicher zu sein, solche Aktionen in erheblichem Maße. Derartige Überlegungen mögen rechtspolitisch beachtlich sein, doch bleibt zweifelhaft, ob diese Sicht das bereits heute geltende Recht reflektiert. Gemessen hieran hätte auch die Hilfeleistung der USA für die nicaraguanischen Contras, deren Trainingslager sich mit Wissen und Unterstützung der Regierung unbehelligt auf US-Territorium befanden, als bewaffneter Angriff der USA auf Nicaragua gewertet werden können, was der IGH seinerzeit abgelehnt hat.

Bedenkenswert könnte in diesem Zusammenhang der Vertragsentwurf zur Staatenverantwortlichkeit sein, den die Völkerrechtskommission der Vereinten Nationen nach langjährigen Ausarbeitungen im August 2001 präsentiert hat[5]. Dessen Artikel 11 sieht vor, dass ein Staat auch für solche Handlungen Privater verantwortlich sein soll, die er als eigene Handlungen anerkennt oder als eigene annimmt (*adopt*). Dies ermöglicht eine Zurechnung nach Begehung der Tat und unabhängig von einer Befehlskette, wie sie oben angesprochen wurde. Allerdings erscheint es sehr fraglich, ob eine derartig weitgehende Zurechnung, welche die Differenzierung des IGH zwischen zurechenbarer Gewaltanwendung und zurechenbaren bewaffneten Angriffen im Nicaragua-Fall nicht aufnimmt, bereits geltendes Gewohnheitsrecht wiedergibt. Hier dürfte die Kommission rechtsgestaltend tätig geworden sein und damit lediglich ein Angebot unterbreitet haben, wie das Völkerrecht künftig aussehen könnte. Das in der Begründung von der Kommission hauptsächlich in Bezug genommene Urteil des IGH zur Geiselnahme in der Teheraner US-

---

5   Im Internet unter http://www.un.org/law/ilc/reports/2001/2001report.htm – Stichwort: „State responsibility".

Botschaft[6] behandelte – im Gegensatz zum Nicaragua-Fall – nicht den Spezialfall der Zurechnung eines bewaffneten Angriffs im Sinne von Art. 51 UN-Charta. Eine Zurechnung der Anschläge vom 11. September zum Staat Afghanistan über die Grundsätze in Art. 11 des Entwurfs der Völkerrechtskommission zur Staatenverantwortlichkeit scheidet somit aus.

Allerdings hat der IGH im Nicaragua-Urteil zugleich die Notwendigkeit betont, bei Prüfung der Zurechnung privater Akte sämtliche Umstände des Einzelfalles zu würdigen. Hier wären die engen Verflechtungen zwischen dem Taliban-Regime und dem Al-Qaida-Netzwerk zu bedenken, wie sie nach den – nur teilweise veröffentlichten – Erkenntnissen westlicher Geheimdienste bestehen sollen. Diese sollen von wechselseitiger personeller Unterstützung und finanziellen Hilfen an das Taliban-Regime bis hin zur Regierungsberatung reichen; umgekehrt hat Afghanistan über Jahre hinweg Ausbildungslager für terroristische Kämpfer geduldet und unterstützt. Insbesondere ist die Taliban-Regierung von Afghanistan ihrer völkerrechtlichen Pflicht zur Eindämmung der Aktivitäten und zur Strafverfolgung nicht nachgekommen. Taliban-Regime und Al Qaida scheinen in wechselseitiger Abhängigkeit zueinander zu stehen und bei der Verfolgung der gemeinsamen politischen Ziele eng zusammenzuarbeiten. Auch wenn die Gewährung eines sicheren Hafens für die Zurechnung bewaffneter Angriffe Privater nicht ausreicht, ließe sich unter Umständen – eine solch enge Verflechtung von Taliban und Al Qaida ebenso vorausgesetzt wie eine maßgebliche Beteiligung von Al Qaida an den Anschlägen – eine Verantwortlichkeit Afghanistans für die Attentate des 11. September in der Gesamtschau wertend begründen, ein bewaffneter Angriff Afghanistans auf die USA insoweit bejahen.

Zudem könnte man die einhellige Reaktion der Staatengemeinschaft in den Blick nehmen. Das Völkerrecht ist, wie jedes Recht, wandelbar. Nicht nur neue Verträge können es verändern; es kann auch eine alte Gewohnheitsrechtsnorm durch eine neue abgelöst werden. Hierzu ist jedoch nicht nur eine gewandelte Rechtsüberzeugung der Staatengemeinschaft nötig, sondern auch eine hinlänglich gefestigte Praxis. Dies führt zu langsamer Änderung bisherigen Gewohnheitsrechts. Seit langem ist aber in der Völkerrechtslehre umstritten, ob es Fälle geben kann, in denen Gewohnheitsrecht angesichts einer klar dokumentierten weithin geteilten Rechtsauffassung auch ohne längere Praxis entstehen kann (man spricht von *instant customary law* oder *hot-cooked law*). Es soll hier nicht vertieft werden, ob eine solche Möglichkeit besteht und ob die Voraussetzungen im Fall der Militärschläge gegen Afghanistan erfüllt gewesen wären. Allerdings könnte die Einmütigkeit, mit der die Einsätze in Afghanistan weltweit als legitim betrachtet wurden – Mahnungen bezogen sich vor allem auf eine zügige Beendigung der Bombenangriffe zum

---

6   United States Diplomatic and Consular Staff in Tehran, Urteil vom 24.5.1980. Zusammenfassung unter http://www.icj-cij.org/icjwww/idecisions/isummaries/iusirsummary 800524.htm.

Schutze der Zivilbevölkerung – zu der Überlegung Anlass geben, ob hier nicht die Völkerrechtsgemeinschaft zum Ausdruck gebracht hat, dass der Grad an Verstrickung des Taliban-Regimes in das Al-Qaida-Netzwerk die Zurechnung der Attentate vom 11. September 2001 zum afghanischen Staat begründen und damit militärische Maßnahmen gegen Afghanistan völkerrechtlich als Selbstverteidigung rechtfertigen kann.

Mehr als ein Indiz für ein solches möglicherweise schnell entstandenes Gewohnheitsrecht lässt sich auch dem Verhalten des Sicherheitsrates der Vereinten Nationen nicht entnehmen. Zwar haben die USA und das Vereinigte Königreich im Einklang mit Art. 51 UN-Charta ihr militärisches Eingreifen als Ausübung des Selbstverteidigungsrechts dem UN-Sicherheitsrat notifiziert. Hieraus und aus der Entgegennahme der Notifikation durch den Sicherheitsrat lässt sich aber keine Aussage über das Vorliegen einer Selbstverteidigungslage ableiten. In den Resolutionen des Sicherheitsrats zu den Anschlägen vom 11. September – Nr. 1368 (2001) und 1373 (2001)[7] – bekennt sich der Rat zwar in der Präambel zum Selbstverteidigungsrecht, bestätigt aber nicht explizit, dass hier ein Fall des Selbstverteidigungsrechts gegeben ist. Auch dass der Sicherheitsrat sich bei der Notifikation ausdrücklich wohlwollend äußerte[8], ändert an dieser Einschätzung nichts: Schließlich ist das Recht auf Selbstverteidigung kein Recht, das erst vom Sicherheitsrat verliehen werden müsste, so dass es nicht in dessen Kompetenz fällt, über das Vorliegen einer Selbstverteidigungslage zu befinden. Auch daraus, dass der Sicherheitsrat eine Friedensgefährdung im Sinne von Art. 39 UN-Charta festgestellt hat, lässt sich nicht das Vorliegen eines Selbstverteidigungsfalles folgern, da der Begriff der Friedensgefährdung weiter ist als der zu einzelstaatlichen Maßnahmen ermächtigende Begriff des bewaffneten Angriffs.

Für die Frage der Zurechnung der Anschläge gegenüber Afghanistan ist es im Übrigen ohne Belang, dass die Taliban als Regierung von den meisten Staaten niemals anerkannt wurden. Die Anerkennung und Nichtanerkennung von Regierungen, die gerade im anglo-amerikanisch geprägten Rechtskreis regelmäßig praktiziert wird, hat nur politische Bedeutung und betrifft lediglich die Frage, ob diplomatische Beziehungen zu einer Regierung unterhalten werden. Völkerrechtlich ist allein notwendig, dass die Taliban zur Zeit der Anschläge und bei Beginn der Luftangriffe (mit Ausnahme weniger Nordprovinzen) die effektive Staatsgewalt in Afghanistan ausübten und damit für den Staat Afghanistan handeln konnten.

---

7   UN Doc. S/Res./1368 (2001) vom 12.9.2001 und S/Res./1373 (2001) vom 28. 9.2001.
8   "The members of the Council were appreciative of the presentation made by the United States and the United Kingdom.", vgl. Pressemitteilung des Präsidenten des Sicherheitsrats vom 8.10.2001, http://www.un.org/News/Press/docs/2001/afg152.doc.htm.

United Nations Security Council Resolution 1368 (2001):

Adopted by the Security Council at its 4370th meeting, on 12 September 2001
The Security Council,
Reaffirming the principles and purposes of the Charter of the United Nations,
Determined to combat by all means threats to international peace and security caused by terrorist acts,
Recognizing the inherent right of individual or collective self-defence in accordance with the Charter,

1. Unequivocally condemns in the strongest terms the horrifying terrorist attacks which took place on 11 September 2001 in New York, Washington, D.C. and Pennsylvania and regards such acts, like any act of international terrorism, as a threat to international peace and security;
2. Expresses its deepest sympathy and condolences to the victims and their families and to the people and Government of the United States of America;
3. Calls on all States to work together urgently to bring to justice the perpetrators, organizers and sponsors of these terrorist attacks and stresses that those responsible for aiding, supporting or harbouring the perpetrators, organizers and sponsors of these acts will be held accountable;
4. Calls also on the international community to redouble their efforts to prevent and suppress terrorist acts including by increased cooperation and full implementation of the relevant international anti-terrorist conventions and Security Council resolutions, in particular resolution 1269 (1999) of 19 October 1999;
5. Expresses its readiness to take all necessary steps to respond to the terrorist attacks of 11 September 2001, and to combat all forms of terrorism, in accordance with its responsibilities under the Charter of the United Nations;
6. Decides to remain seized of the matter.

Grundsatz der Verhältnismäßigkeit

Die Antwort eines angegriffenen Staates auf einen bewaffneten Angriff muss verhältnismäßig sein. Dies hat der IGH in seinem *Gutachten zur Vereinbarkeit der Androhung und des Einsatzes von Nuklearwaffen mit dem Völkerrecht*[9] bestätigt. Voraussetzung ist zuerst, dass die Maßnahmen zur Selbstverteidigung geeignet sind. Hier ergibt sich eine weitere Schwierigkeit: Das Selbstverteidigungsrecht dient nicht der Vergeltung, sondern der Abwehr eines gegenwärtigen Angriffs und ist darauf beschränkt, diesen Angriff zu beenden. Für Terroranschläge ist kennzeichnend, dass es sich um punktuelle Aktionen handelt, die nicht mit herkömmlichen Angriffen durch Streitkräfte vergleichbar sind. Es ist jedoch weitestgehend anerkannt, dass auch gegenüber einer Nadelstichtaktik, die eine Mehrzahl von punktuellen Attacken von einem Staat auf einen anderen umfasst, das Recht zur Selbstverteidigung besteht. Dabei muss die Selbstverteidigung nicht zwischen verschiedenen An-

---

9   Gutachten des Internationalen Gerichtshofs, *Legality of the Threat or Use of Nuclear Weapons*, ICJ Rep. 1996, S. 242.

griffshandlungen ruhen. Voraussetzung ist, dass eine konstante Bedrohung vorliegt, die es zu beseitigen gilt. Man wird die Anschläge vom 11. September im Zusammenhang mit anderen Anschlägen sehen müssen, die in den vergangenen Jahren auf US-Einrichtungen weltweit verübt wurden und für die Al Qaida verantwortlich gemacht wird. Auch sind die Aufrufe der Taliban und Bin Ladens zum *Heiligen Krieg* gegen die USA zu berücksichtigen, welche die Einzelaktionen ideologisch und strategisch verklammern, so dass durchaus von einer noch fortdauernden konstanten und nicht nur latenten Bedrohung der USA durch das Al-Qaida-Netzwerk und seine Verbündeten ausgegangen werden kann.

Mit Blick auf die Verhältnismäßigkeit wirft das erklärte Ziel der USA und ihrer Verbündeten, die Taliban zu stürzen, Fragen auf. Dieses Ziel ist nur legitim, wenn der Sturz des Regimes erforderlich ist, den bewaffneten Angriff abzuwehren, d.h. die Bedrohung durch den von Afghanistan ausgehenden Terrorismus zu beseitigen. Eine Pflicht zur Demokratie ist dem Völkerrecht unbekannt, erst recht deren Durchsetzung durch andere Staaten. Angesichts des militanten Anti-Amerikanismus der Taliban und der allen Angaben nach engen Verflechtung zwischen Taliban und Al Qaida, dürfte der Sturz der Taliban als erforderlich zur Angriffsabwehr anzusehen sein; eine abschließende Beantwortung setzt aber genauere Kenntnis der Tatsachen voraus, als dies aufgrund der bislang veröffentlichten Informationen möglich sein dürfte.

Verhältnismäßigkeit der Selbstverteidigungshandlung bedeutet auch, dass Art und Intensität des Angriffs, aber auch Bewaffnung, Ausrüstung und Art der Kampfesführung des Angreifers sowie die geopolitischen Rahmenbedingungen in den Blick genommen werden müssen. Der sich selbst verteidigende Staat darf keine Mittel einsetzen, die außer Verhältnis zu dem zu bekämpfenden Angriff stehen. Allerdings muss die Selbstverteidigung nicht auf demselben waffentechnischen Niveau wie der Angriff erfolgen. Beim Kampf gegen den internationalen Terrorismus stellt sich das Problem, dass die unterschiedlichen Formen der Unterstützung der terroristischen Gewalt differenzierte Antworten erfordern. So mag die Zerstörung von Lagern der Terroristen zur Selbstverteidigung erforderlich sein, ein Angriff auf Einrichtungen des Staates ist es indes nur so weit, wie diese der terroristischen Logistik dienen oder die Selbstverteidigung behindern. Ob die Art und Weise der Durchführung dieser Einsätze im Einzelfall unverhältnismäßig war, weil die Zivilbevölkerung u.U. zu sehr in Mitleidenschaft gezogen wurde, kann ohne zuverlässige Informationen nicht beantwortet werden. Ein Selbstverteidigungsexzess könnte nur für den ersten Selbstverteidigungsschlag der USA relevant werden; denn sobald die mit Angriff und Selbstverteidigungsmaßnahme begonnene Auseinandersetzung nicht punktuell bleibt, sondern in einen internationalen bewaffneten Konflikt mündet, richtet sich die Zulässigkeit militärischer Maßnahmen nicht mehr nach dem Grundsatz verhältnismäßiger Selbstverteidigung.

Grenzen nach dem Recht des internationalen bewaffneten Konflikts

Um der Vielgestaltigkeit militärischer und paramilitärischer Auseinandersetzungen gerecht zu werden, spricht das moderne Völkerrecht nicht mehr vom Kriegsrecht, sondern vom Recht des internationalen bewaffneten Konfliktes. Mit dem Eintritt in einen solchen Konflikt verändert das Völkerrecht seinen Blickwinkel: Ist das Kriegsverhütungsrecht, zu dem das Gewaltverbot der UN-Charta, aber auch das Recht zur Selbstverteidigung zählen, noch ganz darauf ausgerichtet, den Ausbruch kriegerischer Auseinandersetzungen zu verhindern und Gewalt möglichst auf das erforderliche Minimum zu beschränken, geht es im Recht des internationalen bewaffneten Konfliktes darum, die Auswirkungen des Krieges vor allem auf die Zivilbevölkerung einzudämmen und bestimmte Mindeststandards einer fairen Kriegsführung festzulegen. Diesen Zwecken dienen das IV. Haager Abkommen betreffend die Gesetze und Gebräuche des Landkrieges – die sog. *Haager Landkriegsordnung* – vom 18.10.1907 sowie die vier *Genfer Rotkreuz-Konventionen* vom 12.8.1949, die dem Schutz von Verwundeten und Kranken, Kriegsgefangenen und Zivilpersonen dienen, nebst den wichtigen Zusatzprotokollen vom 8.6.1977. Als wichtigster Grundsatz gilt gemäß Art. 22 der Haager Landkriegsordnung, dass die Kriegführenden kein unbeschränktes Recht in der Wahl der Mittel zur Schädigung des Feindes haben (ebenso Art. 35 Absatz 1 des Ersten Zusatzprotokolls zu den Genfer Konventionen). Legitime Ziele von Angriffen sind nur militärische, nicht zivile Objekte oder Sanitätseinrichtungen (vgl. Grundregel in Art. 48 des Ersten Zusatzprotokolls). Folgerichtig sind daher Angriffe verboten, bei denen zwischen militärischen und zivilen Objekten nicht unterschieden wird oder nicht unterschieden werden kann (sog. unterschiedslose Angriffe). Ebenfalls verboten sind Angriffe, bei denen die zivilen Opfer und Schäden in keinem Verhältnis zu dem erwarteten konkreten und unmittelbaren militärischen Vorteil stehen (Art. 51 Absatz 5 Erstes Zusatzprotokoll). Dies zeigt zugleich, dass das Völkerrecht akzeptiert, dass im Krieg zivile Opfer niemals ausgeschlossen werden können. Auch wird deutlich, dass, anders als im Kriegsverhütungsrecht bei einer Selbstverteidigungsmaßnahme, nicht die bloße Unverhältnismäßigkeit eine militärische Maßnahme unzulässig werden lässt, sondern erst ein völliges Missverhältnis zwischen zivilen Opfern und dem erwarteten militärischen Erfolg. Über die genannten Angriffsmethoden hinaus enthalten die genannten Übereinkommen auch das Verbot des Einsatzes von Waffen, die unnötige Leiden oder ausgedehnte, lang anhaltende und schwere Umweltschäden verursachen. Neue Waffen bedürfen der kontinuierlichen Überprüfung auf ihre rechtliche Zulässigkeit hin (Art. 36 des Ersten Zusatzprotokolls).

Im Zusammenhang mit den Anschlägen vom 11. September und den Gegenschlägen der USA und ihrer Verbündeten war vielfach vom Krieg die Rede. Ob in die Phase des Krieges oder besser: des internationalen bewaffneten Konflikts eingetreten wird, bemisst sich im modernen Völkerrecht sinnvollerweise nicht mehr nach einer förmlichen Kriegserklärung; der Kriegserklärung kann allerdings innerstaatlich Bedeutung zukommen, wenn hieran verfassungsrechtlich bestimmte Konsequenzen geknüpft sind, z.B. bezüglich des Oberbefehls über die Streitkräfte. Terroristische Anschläge wurden bislang nicht in den Begriff des internationalen bewaffneten Konflikts einbezogen, allerdings wird man mit Blick auf die Vorkommnisse des 11. September 2001 und auf die Verwicklung der Taliban-Regierung hier keine schematische Antwort geben können. Seit den länger anhaltenden Luftschlägen der USA gegen Afghanistan ist davon auszugehen, dass ein internationaler bewaffneter Konflikt vorliegt und die eben genannten Regeln des Völkerrechts Anwendung finden. Das Problem bei einer Terror-Strategie ist allerdings, dass diese selbst offen gegen die Regeln des Rechts des internationalen bewaffneten Konflikts verstößt, da sie auf Terrorisierung der Zivilbevölkerung und auf zivile Opfer gerichtet ist. Dies berechtigt nicht dazu, Gleiches mit Gleichem zu vergelten. Das Problem des internationalen Terrorismus lässt sich nicht mit einem allseitigen Dispens vom humanitären Kriegsvölkerrecht lösen.

5   Die Regelungen im NATO-Vertrag

Der Nordatlantikvertrag wirft im Großen und Ganzen keine rechtlichen Fragen auf, die über die oben erörterten hinausgingen. Die NATO begreift sich gemäß Art. 5 des Vertrages als ein Bündnis zur kollektiven Ausübung des Selbstverteidigungsrechts; der Vertrag verweist ausdrücklich auf Art. 51 der UN-Charta. Zudem stellt Art. 7 des NATO-Vertrages klar, dass der Begriff des bewaffneten Angriffs in Art. 5 NATO-Vertrag nicht abweichend von Art. 51 UN-Charta interpretiert werden darf. Hierzu verpflichtet auch Art. 103 UN-Charta, in der die Mitglieder der Vereinten Nationen der Charta Vorrang vor allen anderen völkerrechtlichen Verträgen eingeräumt haben. Der Beschluss des NATO-Rates, dass der sog. Bündnisfall vorliegt, hat daher bloß feststellenden Charakter. Ob er rechtmäßigerweise gefasst wurde, bemisst sich nach den allgemeinen Regeln über das Selbstverteidigungsrecht. Der NATO-Vertrag verpflichtet im Bündnisfall die Mitglieder nicht zu einer bestimmten Form der Hilfeleistung. Letztlich ist jedes Mitglied frei, seinen eigenen Beitrag zu bestimmen.

> **Nordatlantikvertrag (NATO) vom 4.4.1949:**
>
> Art. 5 Die Parteien vereinbaren, daß ein Angriff gegen eine oder mehrere von ihnen in Europa oder Nordamerika als ein Angriff gegen sie alle angesehen wird; sie vereinbaren daher, daß im Falle eines solchen bewaffneten Angriffs jede von ihnen in Ausübung des in Artikel 51 der Satzung der Vereinten Nationen anerkannten Rechts der individuellen oder kollektiven Selbstverteidigung der Partei oder den Parteien, die angegriffen werden, Beistand leistet, indem jede von ihnen unverzüglich für sich und im Zusammenwirken mit den anderen Parteien die Maßnahmen, einschließlich der Anwendung von Waffengewalt trifft, die sie für erforderlich erachtet, um die Sicherheit des nordatlantischen Gebiets wiederherzustellen und zu erhalten.
>
> Von jedem bewaffneten Angriff und allen daraufhin getroffenen Maßnahmen ist unverzüglich dem Sicherheitsrat Mitteilung zu machen. Die Maßnahmen sind einzustellen, sobald der Sicherheitsrat diejenigen Schritte unternommen hat, die notwendig sind, um den internationalen Frieden und die internationale Sicherheit wiederherzustellen und zu erhalten.
>
> Art. 7 Dieser Vertrag berührt weder die Rechte und Pflichten, welche sich für die Parteien, die Mitglieder der Vereinten Nationen sind, aus deren Satzung ergeben, oder die in erster Linie bestehende Verantwortlichkeit des Sicherheitsrats für die Erhaltung des internationalen Friedens und der internationalen Sicherheit, noch kann er in solcher Weise ausgelegt werden.

6   Die Rolle der Vereinten Nationen

Über die Möglichkeiten der Vereinten Nationen ist an anderer Stelle gesprochen worden, insbesondere darüber, dass nach Art. 41 und 42 UN-Charta der Sicherheitsrat die Möglichkeit hat, wirtschaftliche oder militärische Sanktionen gegen einen Staat anzuordnen, der sich an terroristischen Aktivitäten beteiligt. Derartige Beschlüsse des Sicherheitsrats sind für alle Mitglieder der Vereinten Nationen gemäß Art. 25 UN-Charta verbindlich. Dabei genügt es, wenn der Sicherheitsrat eine Friedensgefährdung im Sinne von Art. 39 UN-Charta feststellt; an das Vorliegen eines bewaffneten Angriffs ist er nicht gebunden. Damit sind die Vereinten Nationen ein Stück weit jene zentrale Rechtsetzungsinstanz, die dem allgemeinen Völkerrecht fehlt und die es in der Hand hat, auf neue Situationen schnell und rechtsverbindlich zu reagieren.

Nach Beendigung der Feindseligkeiten kommen in Afghanistan insbesondere Beobachtungs- und friedenserhaltende Maßnahmen durch Einsätze von UN-Friedenstruppen, sog. Blauhelm-Truppen (*Observer-/Peace-Keeping- Forces*) in Betracht. Diese Möglichkeit wird aus der Befugnis des Sicherheitsrates zur Schaffung von Hilfsorganen (Art. 39) und zur Untersuchung (Art. 36) gefolgert. Da der Sicherheitsrat der Vereinten Nationen die Befugnis zu friedenssichernden Einsätzen nach Art. 42 und 43 UN-Charta besitzt, wird zudem im Rückschluss argumentiert, der Sicherheitsrat habe erst recht die Kompetenz zur Aufstellung und zum Einsatz von UN-Friedenstruppen.

Eine weitere Aufgabe der Vereinten Nationen ist nach Abschluss der Kampfhandlungen in Afghanistan die Sicherstellung humanitärer Hilfe. Die Vereinten Nationen waren schon zuvor mit Hilfsmaßnahmen insbesondere des Hochkommissars der Vereinten Nationen für Flüchtlingsfragen (UNHCR) und des Kinderhilfswerks (UNICEF) in Afghanistan präsent. Humanitäre Hilfsmaßnahmen und Katastrophenhilfe bilden einen Schwerpunkt der Arbeit der Vereinten Nationen in Krisengebieten unabhängig von kurzfristigem internationalem Interesse und bereits im Vorfeld schwerer Notlagen. Auch im Aufbau einer funktionierenden Infrastruktur, v.a. in den Bereichen Verwaltung, Rechtsordnung, Bildung, liegt eine wichtige Aufgabe, der sich die Vereinten Nationen mit ihren Mitgliedern annehmen kann. Langfristig ist in diesen Maßnahmen ein wichtiger Beitrag zur Bekämpfung der Ursachen des internationalen Terrorismus zu sehen.

Mit dem Sturz der Taliban ist das Problem des internationalen Terrorismus längst nicht beseitigt. Die Vereinten Nationen haben die Aufgabe, aufbauend auf der Sicherheitsrats-Resolution 1373 (2001) vom 28. September einen umfassenden Vertrag zur Bekämpfung des Terrorismus zu initiieren und für dessen effektive Umsetzung weltweit zu sorgen – auch unter Einsatz von wirksamen Druckmitteln. Dass Staaten gegen den internationalen Terrorismus zur Selbstverteidigung greifen, sollte wegen der oben gezeigten rechtlichen Schwierigkeiten künftig vermieden werden. Aus Art. 51 der UN-Charta ergibt sich bereits, dass das Selbstverteidigungsrecht nur unter dem Vorbehalt garantiert wird, dass der Sicherheitsrat die erforderlichen Maßnahmen nicht selbst trifft. Eine funktionierende Weltfriedensordnung sollte daher den Rückgriff auf das Selbstverteidigungsrecht so weit als möglich überflüssig machen.

7 Völkerstrafrecht

Eingangs galt das Augenmerk völkervertraglichen Verpflichtungen von Staaten, ihre nationale Strafgewalt auf bestimmte terroristische Handlungen zu erstrecken und sie auszuüben. Diese Erstreckung des innerstaatlichen Strafrechts auf Taten mit Auslandsbezug nennt man internationales Strafrecht. Von ihm ist das Völkerstrafrecht zu unterscheiden, wonach die Strafbarkeit von Individuen unmittelbar aus einer Völkerrechtsnorm folgt. Über viele Jahre hinweg blieben die Urteile der Internationalen Militärtribunale von Nürnberg und Tokio ab 1945 die einzigen Beispiele der Anwendung von Völkerstrafrecht. Dies änderte sich mit der Schaffung internationaler Strafgerichtshöfe für die (Bürger-)Kriegsverbrechen im ehemaligen Jugoslawien[10] und in Ruanda[11].

Das auf der Konferenz von Rom 1998 abgefasste Statut eines Internationalen Strafgerichtshofs[12] stellt den ersten konkreten Ansatz zu einem umfassenden, nicht auf einen Konflikt beschränkten internationalen Strafgerichtshof dar. Das Übereinkommen hält für bestimmte Straftaten – Völkermord, Verbrechen gegen die Menschlichkeit, Kriegsverbrechen und das Führen von Angriffskriegen (*aggression*) – Definitionen bereit und erstreckt seine Strafgewalt auf diese Taten. Neu ist dabei nicht die Normierung der Strafbarkeit von Kriegsverbrechen. Diese unter Strafe zu stellen, verlangen bereits die Zusatzprotokolle von 1977 zu den Genfer Rotkreuz-Konventionen. Neu ist die Strafbarkeit von Kriegsverbrechen direkt aus dem Völkerrecht. In der Regel richtet sich das Völkerrecht zunächst an Staaten, der Mensch wird durch das Völkerrecht nicht unmittelbar berechtigt oder verpflichtet, man spricht von einer *Mediatisierung* des Individuums. Dieser Grundsatz hat nach und nach im Menschenrechtsschutz und im humanitären Völkerrecht Ausnahmen erfahren. Eine solche Ausnahme ist auch die unmittelbare Strafbarkeit aus völkerstrafrechtlichen Vorschriften.

Das Statut über den Internationalen Strafgerichtshof umfasst bisher keine allgemeine Strafbarkeit wegen Terrorismus. Hier bleibt abzuwarten, inwieweit sich eine Ergänzung des Statuts wegen der oben beschriebenen Schwierigkeiten der Verurteilung oder Auslieferung von Straftätern im Bereich terroristischer Taten anbietet. Die größte Herausforderung läge auch hier in einer konsensfähigen Definition des Terrorismus, die diesen von Befreiungskämpfen und anderen Erscheinungsformen politisch motivierter Gewaltanwendung abgrenzt. Die Verübung von Taten gegen zivile Ziele im Ausland könnte hierfür zumindest als Nukleus dienen.

Literatur

Dinstein, Yoram (2001): War, Aggression and Self-Defence, 3. Auflage. Cambridge: Cambridge University Press.
Higgins, Rosalyn; Flory, Maurice (Hrsg.) (1997): Terrorism and International Law. London: Routledge.
Ipsen, Knut (Hrsg.) (2000): Völkerrecht. Ein Studienbuch, 4. Auflage. München: C.H.Beck.

---

10   Zu den Verfahren vor dem International Criminal Tribunal for the former Yugoslavia in Den Haag, vgl. http://www.un.org/icty/.
11   Zu den Verfahren vor dem International Criminal Tribunal for Rwanda in Arusha, Tansania, vgl. http://www.ictr.org/.
12   Rome Statute of the International Criminal Court, July 17, 1998, UN Doc. A/CONF.183/9, bisher von 37 von 60 für das Inkrafttreten erforderlichen Staaten ratifiziert (Stand 2001); Originaltext unter: http://www.un.org/law/icc/ statute/romefra. htm.

Randelzhofer, Albrecht (Hrsg.) (1999): Völkerrechtliche Verträge, 8. Auflage. Nördlingen: dtv/C.H.Beck.

Simma, Bruno (Hrsg.) (1991): Charta der Vereinten Nationen. Kommentar. München: C.H.Beck; 2. Auflage der englischen Fassung erscheint 2002 (darin insbesondere Kommentierung zu Art. 2 Nr. 4 und Art. 51 von Albrecht Randelzhofer).

Stein, Torsten (1992): International Measures against Terrorism and Sanctions by and against Third States. In: Archiv des Völkerrechts 30, S. 38-55.

UN Office of Legal Affairs (Hrsg.) (2001): International instruments related to the prevention and suppression of international terrorism. New York: United Nations.

Der 11. September und der öffentliche Diskurs

Klaus H. Grabowski

Die Stimmen der Intellektuellen und ihr Echo

Am Samstag, dem 10. November 2001, also mehr als sieben Wochen nach dem Terroranschlag vom 11. September, traf sich der Bundeskanzler mit einer Gruppe von Intellektuellen zum Abendessen, um über die aktuelle Situation zu sprechen. Das war eine Woche vor der Abstimmung im Deutschen Bundestag über die Bereitstellung deutscher Soldaten für den Einsatz in der Terrorbekämpfung. Der Tübinger Literaturwissenschaftler Walter Jens, der dabei gewesen war, sagte hinterher, es sei *„höflich, sachbezogen und – Gott sei Dank – kontrovers"* zugegangen. *„Auf der einen Seite sprach der Bürger Grass, und auf der anderen Seite sprach der Bürger Schröder. Ein Gespräch zwischen entschiedenen Citoyens."* Mehr konnte die interessierte Öffentlichkeit, also alle anderen Citoyens, über die Tischgespräche zunächst nicht erfahren, da über die Inhalte Vertraulichkeit vereinbart worden war.

Denkbar ist, dass die Bürger Grass und Schröder eher aneinander vorbei als miteinander geredet haben: Am Dienstag danach verknüpfte der Bürger Schröder in seiner Eigenschaft als Bundeskanzler im Deutschen Bundestag die Sachfrage mit der Vertrauensfrage, und die Bürger Grass und Jens gehören zu den rund 170 Unterzeichnern eines Aufrufs von Klaus Staeck und Johanno Strasser, in denen diese ihre *„riesengroße Enttäuschung"* über die Politik der rot-grünen Koalition äußern, vor dem Weg in die Barbarei warnen und einen Totalitarismus neuer Art befürchten, wenn die ökonomischen Kriterien des globalisierten Kapitals zu den Leitwerten der Gesellschaft werden. Gleichzeitig forderte der Verband deutscher Schriftsteller Berlin/Brandenburg von den Bundestagsabgeordneten ein Nein zum Einsatz deutscher Soldaten. Die Abendrunde beim Kanzler scheint also nicht sehr wirkungsvoll gewesen zu sein – außer dass die Differenzen nun auch öffentlich geäußert werden.

Die sechzig Tage davor waren allerdings nicht gerade durch einen intensiven Diskurs der Intellektuellen mit der Politik und der weiteren Öffentlichkeit gekennzeichnet.

Zunächst waren die Massenmedien mit der Beschreibung des Geschehens durch Journalisten und persönlich Betroffene beschäftigt. Die zum Teil sehr anrührenden, zum Teil erstaunlich nüchternen Schilderungen von Zufallszeugen und die Stellungnahmen der Politik, teils forsch und teils leer und von Hilflosigkeit geprägt, bestimmten das Bild.

1 Erste Stellungnahmen

Der amerikanische Schriftsteller Paul Auster, dessen Tochter dem schrecklichen Geschehen entging, schildert in der ZEIT vom 13. September sein Erleben. Dass die Folgen schrecklich sein werden, ist sein nicht weiter reflektiertes Resümee. Colum McCann (in der Frankfurter Allgemeinen Zeitung vom 17. September) nimmt die verschmutzten Schuhe seines Schwiegervaters, der sich aus dem World Trade Center retten konnte, zum Anlass, darüber nachzudenken, wie man persönlich, in der Familie und mit den Kindern das Geschehen verarbeiten kann. Mit seinen eigenen Erinnerungen an den deutschen Einmarsch in Polen 1939 und die Niederschlagung des Warschauer Ghetto-Aufstands im Jahre 1944 vergleicht Louis Begley Attentate und Krieg und spricht von *„Mördern, ob in Uniform oder Zivil"*.

Ganz bemerkenswert ist die Stimme des israelischen Schriftstellers Amon Oz, der bereits unmittelbar nach dem Attentat zur Besonnenheit aufruft. In einem Artikel, der schon am 13. September in der Süddeutschen Zeitung (in der Übersetzung von Anna Held) erscheint, warnt er vor rassistischen Klischees über *„muslimische Mentalität"* oder *„arabischen Charakter"*. Für ihn ist das Verbrechen *„eine deutliche Erinnerung daran, dass dies weder ein Krieg zwischen Religionen ist noch zwischen Nationen ... dies ist der Kampf zwischen Fanatikern"*. Er erinnert: *„Weder der Westen noch der Islam oder die Araber sind der 'Große Satan'. Der 'Große Satan' sind Hass und Fanatismus. Diese beiden alten Geisteskrankheiten bedrohen uns noch immer."*

Die Frankfurter Allgemeine Zeitung bringt am 15. und 28. September zwei Stimmen, die dezidiert über die Äußerung von Betroffenheit hinausgehen und dem Unisono der politischen Äußerungen entschieden widersprechen. Zunächst kommt Die amerikanische Publizistin Susan Sonntag in einem Beitrag, der für den New Yorker geschrieben war, mit einer harschen Kritik am Missverhältnis der Ereignisse und ihrer Verarbeitung durch Politik und Medien zu Wort. Von selbstgerechtem Blödsinn und einer dreisten Kampagne von Politik und Fernsehkommentatoren zur weiteren Verdum-

mung der Öffentlichkeit spricht sie, und von einer frömmlerischen realitäts-
verzerrenden Rhetorik, die einer Demokratie unwürdig sei. Nicht der Anschlag sei feige gewesen, da ja die Attentäter ihr Leben eingesetzt hätten.
Feige sei es vielmehr, aus dem Himmel Vergeltungsschläge zu führen. Am
28. September veröffentlicht die FAZ einen Beitrag der indischen Autorin
Arundhati Roy, den sie für das indische Magazin Outlook geschrieben hatte.
Wie Susan Sonntag sieht sie die Anschläge auch als Konsequenz der Außen-
und Entwicklungspolitik der USA. Den amerikanischen Präsidenten George
W. Bush und den mutmaßlichen Drahtzieher der Anschläge, Usama bin Ladin, bezeichnet sie als Zwillinge, deren Denkstrukturen verwandt seien. Beide könnten nur in Gewaltkategorien denken – eine Parallele, die Roy im
ZEIT-Gespräch am 15. November erläutert. Den 6.000 Toten von New York
stellt sie die 500.000 irakischen Kinder entgegen, die aufgrund der US-
Sanktionen gegen den Irak gestorben sind. Und mit Blick auf die 16.000 Menschen, die bei der Chemie-Katastrophe von Bhopal umgekommen sind, stellt
sie die Frage, ob die USA denn den Chef von Union Carbide, Warren Ander-
son, ausliefern würden, der die Verantwortung für die Katastrophe trägt.

Selbst diese so kontrovers zu den allgemeinen Betroffenheits- und Soli-
daritätsadressen liegenden Äußerungen erzeugen kaum ein nennenswertes
Echo in der deutschen Öffentlichkeit. Ganz anders ist die Reaktion, als der
Tagesthemen-Moderator Ulrich Wickert in einem Beitrag für das Hamburger
Lifestyle Magazin Max – also nicht im Fernsehen – Roys Äußerungen vom
verwandten Denken Bushs und bin Ladins paraphrasiert. Nicht nur CSU-
Politiker und die BILD-Zeitung schreien auf, auch die ARD-Intendanten
müssen sich damit befassen und geraten unter Druck, Wickert vom Bild-
schirm zu verbannen. Die klare Haltung des ARD-Vorsitzenden Fritz Pleit-
gen verhindert das. Wickert muss dagegen in den Tagesthemen die Äußerungen zurücknehmen, die er dort gar nicht getan hat – die Zuschauer können
nur ahnen, worum es geht.

Am 21. September konstatiert Stewart O'Nan in der Süddeutschen Zeitung, dass die amerikanische Öffentlichkeit nicht bereit ist, Rechenschaft
darüber abzugeben, warum die Vereinigten Staaten erbitterte Feinde haben,
und dass selbst die Intellektuellen Probleme damit haben, die Tat als politische Aktion zu sehen. Martin Amis deutet am gleichen Tag in der Frankfurter
Allgemeinen die Botschaft des Terrors: Man müsse „den Feind begreifen".
Begreifen, in welchem Ausmaß gehasst wird „und zwar auf eine von der
Vernunft durchaus nachvollziehbare Weise". Er erinnert, dass die Alliierten
im Irak fünf Prozent der Bevölkerung getötet haben und schlägt vor, diesen
Anteil auf die Bevölkerung der USA umzurechnen: 14 Millionen Amerikaner
wären das. Sein Fazit ist einfach: Der Terror von oben werde das Reservoir
des Terrors von unten wieder anschwellen lassen.

2. Beginn der deutschen Debatte

Es scheint zunächst, als wollten die deutschen Intellektuellen die Diskussion auch weiterhin der Politik oder den ausländischen Kollegen und Kolleginnen überlassen. Der Komponist Karlheinz Stockhausen, dessen Werke ein Schwerpunkt des Hamburger Musikfestes sein sollten, bezeichnet in einer Pressekonferenz kurz nach dem Attentat die Planung, Vorbereitung und Ausführung der Terroranschläge von New York und Washington mit ihrer *„luziferischen Perfektion"* als *„größtes Kunstwerk"*, weil Kunst immer auch hohes zerstörerisches Potenzial habe. Angesichts der erschreckten Reaktion der Journalisten nimmt er diese Äußerung sofort zurück, was ihm jedoch nichts nützt – die Veranstalter streichen alle vier Konzerte mit seinen Werken aus dem Programm. Der Komponisten-Kollege Györgi Ligeti fordert gar, Stockhausen *„in eine psychiatrische Anstalt einzusperren"*. Ihm gefiele wohl eher die Reaktion des Malers Jörg Immendorf, der erklärte: *„Mit trotziger Trauer den Opfern gedenkend, greife ich wieder den Pinsel."* Dass Künstler auch ohne aktuelle Äußerungen betroffen sein können, berichtet der Komponist Pierre Boulez. Er war nach einer Premiere in Basel am frühen Morgen des 2. Novembers von drei Polizisten geweckt worden, die seinen Pass verlangten und diesen beschlagnahmten. Das geschah, weil im Polizeicomputer gespeichert war, dass Boulez vor gut 30 Jahren ironisch verlangt hatte, man sollte *„die Opernhäuser in die Luft sprengen"*. Offensichtlich traut man dem inzwischen 76-Jährigen noch immer terroristisches Potenzial zu.

Am 20. September meldet sich dann die deutsch-amerikanische Schriftstellerin Irene Dische in der ZEIT zu Wort (übersetzt von Michael Naumann). Die in New York lebende Schriftstellerin zitiert vereinzelte Reaktionen, die den *„nationalen Charakterzug"* der Amerikaner als *„unbedarft, verwöhnt, habgierig, einfältig"* bezeichnen, der Amerikas Außenpolitik präge, und der dafür verantwortlich gemacht wird, den Zorn der Selbstmordattentäter provoziert zu haben. Freundlichkeit und Solidarität, die sie kurz nach dem Anschlag in New York bemerkt habe, verschwinden nach ihrer Beobachtung, als die Medien und die Politiker wieder die Diskussionsführung übernehmen. *„... Meinungen ändern sich, wenn die Heuchelei über das Land wie im Sturm fegt, wenn die Fahne flattert und alle Fragen im Heulen des Windes verstummen"*. Sie äußert die Vermutung, dass die Medien nur eine gut geschmierte Propaganda-Maschine sind, *„die sich jetzt für Bush und die religiöse Rechte stark macht. Der Ruf nach Vergeltung stammt nicht aus New York, sondern aus den Fernseh-Studios"*. Sie geht so weit, in den Vertrauenserklärungen ehemaliger Präsidenten und Oppositionspolitiker für den amtierenden Präsidenten Parallelen zu Deutschland im Jahre 1933 zu sehen.

Anfang November beklagt Susan Sonntag das amerikanische Meinungsklima, in dem es unpatriotisch sei, irgendetwas zu sagen, außer *„ich stehe* *hinter meinem Präsidenten"* –so eine Meldung der Deutschen Presse Agentur vom 7. November, die die Frankfurter Rundschau am 8. November bringt.

Währenddessen nimmt Karlheinz Bohrer im MERKUR, der „deutschen Zeitschrift für europäisches Denken" – nicht gerade ein Massenmedium –, nicht nur energisch für eine deutsche Beteiligung an Kampfeinsätzen gegen den Terrorismus Stellung und polemisiert gegen den „*politischen Provinzialismus der Deutschen*", sondern er identifiziert auch gleich, gemeinsam mit anderen Autoren des Novemberhefts, „den Islam" als Gegner. Bohrer sieht die Gelegenheit für einen Wechsel der politischen Moral und der Mentalitäten und möchte in der Auseinandersetzung mit dem Islam, den er nur als Islamismus versteht, „*virtuelle Medien- und Missiles-Kriege wieder durch konkrete Kampfeinheiten*" ersetzen. Im Tagesspiegel vom 1. November kommentiert dessen Feuilletonchef Peter von Becker das als geistiges Sprengbömbchen, das doch nur ein Knallfrosch sei. Mehr Wirkung ist in der Tat auch zunächst nicht festzustellen. Erst am 20. November sieht sich Rolf Schneider in der WELT zu der Frage veranlasst, ob wir vor einem Paradigmenwechsel stehen, oder ob dies ein vereinzeltes Beispiel einer neuen hurrapatriotischen Hochliteratur bleibe.

Günter Grass, in politischen Stellungnahmen nicht ungeübt, hatte bereits am 27. Oktober in der FAZ das Kanzlerwort von der „uneingeschränkten Solidarität" kritisiert. Wer mit einem Freund solidarisch sei, müsse auch in der Lage sein, ihm in den Arm zu fallen, wenn er etwas falsch macht. Das „*Schlagetotwort 'Antiamerikanismus'*", das selbst der Innenminister ins Spiel bringt, sei töricht. Er sieht darin den Versuch „*demokratische Grundrechte einzuschränken, Maulkörbe verpassen zu wollen, ... vom Ergebnis her jedesmal ein Triumph der Terroristen*". Bundesinnenminister Schily bietet hierzu schnelles Echo. Er klassifiziert diese Äußerung als Torheit, die „*sich auch ein Nobelpreisträger im höheren Alter nicht leisten sollte*". Umso interessanter hätte die anfangs erwähnte Diskussion sein können, zu der Kanzler Schröder am 10. November eingeladen hatte, zumal auch Innenminister Schily daran teilnahm. Das Gespräch, das von dem Journalisten Manfred Bissinger von der Zeitung Die Woche moderiert wurde, dauerte vier Stunden. Grass soll dabei seine Kritik, wie schon unmittelbar davor in der Leipziger Volkszeitung, wiederholt haben; auch Walter Jens kritisierte das Wort von der „uneingeschränkten Solidarität". Das sei ein „*fatales Wort*", äußerte er gegenüber der Deutschen Presseagentur. Im „Kriegstagebuch" der Berliner tageszeitung, das seit dem 9. Oktober wechselseitig von Wiglaf Droste, Carola Rönneburg und Roger Willemsen (ab dem 23. November auch von Sibylle Berg) geführt wird, polemisiert am 15. November Droste gegen die „*bemühte Sitzsackriege*": „*So ist er, der deutsche Intellektuelle: In kritischer Tünche mitlaufen und mittragen, das ist sein Leben und sein Glück.*" Sarkastisch schreibt auch die Frankfurter Allgemeine (am 14. November) unter der Überschrift „*Bankett bei Hofe*": „*... einfacher als mit so einem Abendessen kann man die PR-Maschine für die Hauptabteilung Kulturnation nicht bedienen*", und schlägt vor, sämtliche „*samstäglichen Mitesser*" mit dem Titel „*Staats-schriftsteller beim Bundeskanzler für die Angelegenheiten der Kultur und der Medien*" zu versehen: „*Pensionsberechtigung Ehrensache, Schweigegelübde fakultativ*".

Soweit erkennbar, war damit die Debatte über die Rolle der Intellektuel-len im Zusammenhang mit dem 11. September annähernd zu einer öffentli-chen Debatte geworden. Dazu hatte auch beigetragen, dass der SPIEGEL (Nr. 46 vom 12. November) die vorab eingeholten Stellungnahmen einiger der Beteiligten abgedruckt hatte.

Im STERN hatte Anfang November der Chefredakteur Thomas Oster-korn in seinem Editorial unter der Überschrift „*Stoppt diesen Wahnsinn*" eine vehemente Aufforderung gegen den Krieg in Afghanistan veröffentlicht, den er als „*ein einziges Abenteuer, schmutzig und mörderisch*" bezeichnet, und dabei die Hoffnung geäußert, dass das Parlament und die Regierungsparteien dem Bundeskanzler „*die Gefolgschaft verweigern, wenn er deutsche Soldaten in Richtung Afghanistan schicken will*". Kritik von rechts erhält er heftig (in der WELT vom 9. November), in der ihm vorgehalten wird, der Text passe besser zu einem „*Leitartikler einer linken Studentenzeitschrift der Hambur-ger 'Tu-was!-Liste',*" dessen Artikel „*auf den Mensatischen unter Tabletts mit zu lange Warmgehaltenem verschwinden*". Als er in der folgenden Ausgabe rund 50 Prominente mit ihren Aufrufen zum Stopp des Krieges zu Wort kommen lässt, stimmt nicht nur der Tagesspiegel in den Chor der Kritiker ein. „*Grotesk – und unfreiwillig komisch*" nennt Peter von Becker diese „*po-litisch korrekte(n) Fehlanzeiger*" und den Ton dieser und anderer kritischer Stimmen als „*selbstgerecht und zugleich naiv anmaßend*". Die tageszeitung dagegen spießt auf, dass die Grünen-Vorsitzende Claudia Roth, eine der im STERN (bevor die Taliban aus Kabul abgezogen waren) zu Wort Gekomme-nen, nur eine Aussetzung des Bombardements und ein Nein zu Streubomben fordert. Die taz erzeugt mit ihrem täglichen „Kriegstagebuch", das der ameri-kanischen Reaktion gegen Afghanistan sehr kritisch begegnet, kein merkba-res Echo – weder in den veröffentlichten Leserzuschriften des eigenen Blat-tes, noch in anderen Medien.

Hatte noch am 5. November Rudolf Augstein im SPIEGEL als sicher be-zeichnet: „*Wer so vorgeht, wie jetzt die Amerikaner in Afghanistan, der sorgt nicht für eine Eindämmung von Terror – sondern fördert seine Ausbreitung*", so beklagt zwei Wochen später (am 19. November) Cord Schnibben an glei-cher Stelle das schwierige Geschäft Weltanschauung für die Intellektuellen. Das Attentat sei ein Angriff auf unser Denken; unter den Trümmern des World Trade Center liegen neue Wahrheiten und Fragen. „*Doch statt Ant-worten suchen wir Gesinnungsfreunde.*" Wenn der Bundeskanzler Macht und Geist zusammenbringen wolle, könne das nur gelingen, „*wenn deutsche In-tellektuelle wie Weltbürger denken und deutsche Politiker nicht aus uneinge-schränkter Solidarität die Hacken zusammenschlagen*". Eher wie ein Hak-kenzusammenschlagen klingt allerdings die Erklärung von 13 deutschen

Autoren – von Peter Schneider über Wolf Biermann bis zu Nicolaus Sombart – vom 15. November: *„Wir unterstützen die feste Haltung der Bundesregierung im Afghanistan-Konflikt."* Sie wenden sich gegen die „selbst ernannten Friedenskämpfer": *„Die Entwicklung in Afghanistan hat die meisten ihrer Befürchtungen schon jetzt gegenstandslos gemacht."* Zwei der Unterzeichner erhalten danach medialen Raum, ihre post-festum-Kritik an den Kriegseinsatz-Kritikern auszubreiten. Richard Herzinger im politischen Feuilleton des DeutschlandRadio Berlin polemisiert gegen *„selbstgefällige deutsche Intellektuelle"*, die er als *„seltsame Moralisten"*, *„gewohnheitsmäßige Moralprediger"*, *„Gelegenheitsmoralisten"*, *„blamierte Kommentatoren"* und *„verbitterte Oberlehrer"* abkanzelt. Peter Schneider erhält in der Folge als einer der Initiatoren des Aufrufs, der die Bundesregierung unterstützt, Raum in einem längeren Interview mit der WELT vom 21. November und für einen Vierspalter in der ZEIT vom 22. November. Hier spricht er von *einem „Riesenchor von Prominenten, der den USA die Leviten las"*, von Besserwisserei, anklägerischem Tremolo, einem Trompetenton der Belehrung und: *„Ein schwer zu ertragender Tonfall von moralischer Überlegenheit herrscht vor."* Der Schriftsteller Hans Christoph Buch, der in Westafrika, der Karibik und in Lateinamerika gelebt hat, erklärt in der WELT vom 17. November, dass er sich den Protesten der Intellektuellen gegen den Krieg nicht anschließen könne. Durch seine persönlichen Erfahrungen – beim Anschlag von Terroristen auf die amerikanische Botschaft in Nairobi hat er geholfen, Verletzte und Tote zu bergen – fühlt er sich legitimiert, UNO- und NATO-Soldaten als Vorboten des Endes der Schrecken zu begrüßen.

Als Bundesminister Otto Schily klagt, dass bei Intellektuellen die notwendige geistige Widerstands- und Offensivkraft in der Auseinandersetzung mit dem Terrorismus fehle, wirft ihm der Philosoph Peter Sloterdijk vor, er verwechsle das Amt eines Innenministers mit dem eines Propagandaministers. Vorher hatte Sloterdijk am 17. November in einem Essay in der Frankfurter Rundschau den Beginn des modernen Terrorismus auf den 22. April 1915 festgelegt, als deutsche Truppen auf einem sechs Kilometer langen Frontabschnitt bei Ypern einen Angriff mit Chlorgas auf die französischen Stellungen starteten. Damit sei *„der Terrorismus als Element des staatlichen Normalkrieges eingeführt worden und hat seither nicht aufgehört, in der Kriegführung von Staaten eine zentrale Rolle zu spielen"*. Auch wenn der ideologisch oder religiös motivierte Banden- oder Sektenterrorismus heute übergroß im Zentrum der Aufmerksamkeit stehe, sei er doch gegenüber dem staatlichen *„seit jeher eine marginale Erscheinung geblieben"*. Terrorismus sei eine Kampfmethode, kein Personenkreis, *„deswegen ist die allgegenwärtige Politiker-Formel vom 'Kampf gegen den Terrorismus' ein Nonsense-Ausdruck"*. Mit einer ausführlichen Analyse der Merkmale modernen Terrorismus plädiert er für die *„Enthysterisierung"*.

Das Etikett des *„Propagandaministers"* lässt der Innenminister nicht auf sich sitzen; im ZDF nennt er diesen Vergleich *„eine ziemlich unanständige*

Bemerkung", weil sie unterschwellig bedeute, ihn mit Goebbels zu vergleichen, und er setzt noch eins drauf, indem er fordert, *„ein Menschenbild zur
Geltung zu bringen, das solche Verirrungen* (gemeint ist der Terrorismus)
verhindert".

3 Stimmen aus Frankreich

Im benachbarten Frankreich war die öffentliche Debatte langsam in Gang gekommen. Mitte Oktober veröffentlichen 113 Intellektuelle einen Aufruf gegen den Krieg in Afghanistan: *„Dieser Krieg ist nicht unser Krieg ... Jede
abgeworfene Bombe bringt nur neue Terroristen hervor."* Claude Lanzmann
und Liliane Kandel von der Zeitschrift Les Temps Modernes kritisieren, dass
im Aufruf das Mitgefühl mit den Opfern von New York und Washington zu
kurz komme. Die große Provokation vollbringt dann Jean Baudrillard Anfang
November in Le Monde. Auch er spricht, wie schon Stockhausen unmittelbar
nach den Attentaten, vom *„Selbstmord als Kunstwerk"*. Er meint dabei aber
nicht den Selbstmord der Attentäter, sondern den Anschlag als Selbstmord
der Supermacht. *„Denn sie selbst hat durch ihre unerträgliche Übermacht
nicht nur diese ganze Gewalt geschürt, von der die Welt erfüllt ist, sondern
auch – ohne das selbst zu wissen – die terroristische Phantasie, die in uns
allen ist"* (nach der Übersetzung von Matthias Grässlin der Süddeutschen
Zeitung vom 12. November). Die innere Schwäche und Zerbrechlichkeit des
Systems habe dem primären Akt des Terrorismus Vorschub geleistet. Es sei
die globale Welt selbst, die sich der Globalisierung widersetzt. Der unmorali-
sche Terrorismus, der das World Trade Center zum Einsturz brachte, entspre-
che einer Globalisierung, die selbst unmoralisch ist. Zugleich kritisiert er die
Instrumentalisierung der Opfer: *„Wenn das freiwillige Martyrium von Kami-
kaze-Tätern nichts beweist, dann ist auch mit dem unfreiwilligen Martyrium
der Attentatsopfer nichts bewiesen, und es hat etwas Unanständiges und Fri-
voles, daraus ein moralisches Argument zu machen (ohne damit ihr Leid und
ihren Tod in Frage stellen zu wollen)."* Es gebe keine Lösung für diese extreme Situation, vor allem nicht den Krieg: *„Der Krieg als die Abwesenheit
von Politik mit anderen Mitteln."*
    Die damit losgetretene Welle wütendster Reaktionen wird von Roman
Luckscheiter in der Frankfurter Rundschau schon am 8. November, später
auch von Josef Hanimann in der FAZ vom 17. November und von Sonja Asal
in der Süddeutschen Zeitung vom 17./18. November nachgezeichnet. Als geistiger Mittäter des Terrors erscheint Baudrillard nun. Alain Minc spricht in
Le Monde von Baudrillards *„krankhafte(r) Faszination für die Terroristen"*,
von seinem Antihumanismus. Minc erinnert daran, dass die Demokratie absolut überlegen sei und dass Demokratie sich auf Amerika reime. Ähnlich

scharf greift Jacques Julliard in der Zeitung Libération Baudrillard, die 113 Unterzeichner des Aufrufs, aber auch Arundhati Roy an. Sie alle setzt er gleich mit den Intellektuellen, die im vergangenen Jahrhundert mit „*Faschismus und Nazismus, Stalinismus und Maoismus paktiert haben*". Dem tritt Jean-Marc Adolphe, Chefredakteur der Mouvement entgegen, der am 15. November an die Intellektuellen erinnert, die sich im Namen der Freiheit in der Résistance engagierten und daran, dass Amerikas Krieg in Vietnam auch nicht gerade ein „*demokratischer Orgasmus*" gewesen sei. Bei einem Symposium über Globalisierung erklärt Franz Olivier Giesbert, er sei am 11. September Amerikaner geworden, seit den Bomben auf Afghanistan aber wieder Afghane. Bernard Kouchner, Arzt bei Médecins sans frontières und Gesundheitsminister, repliziert zustimmend, das einzig glaubwürdige Leitprinzip könne sein, immer mit den Opfern zu sein. Das jedoch scheint den meisten französischen Intellektuellen nicht zu genügen. Jean-François Revel zweifelt im Magazin Le Point nicht nur am Sachverstand der Kritiker, sondern auch an ihrer psychischen Gesundheit. Für ihn sind sie die geistigen Kriegsopfer. Danach wird in der französischen Öffentlichkeit vor allem über die ideologischen Standpunkte debattiert.

Der Soziologe Pierre Bourdieu weigert sich in einem Interview mit der Frankfurter Rundschau vom 21. November, die Amerikaner dazu aufzufordern, ihre Macht zu teilen. Es genüge vielmehr „*bereits zu erkennen, dass die Logik der königlichen Willkür ... in dieser Welt nicht mehr gelten kann, wo die Schwächsten in völlige Verzweiflung und damit zum Äußersten getrieben werden und gleichzeitig fast unbegrenzten Zugriff auf viele Arten von Waffen haben. Ihre übermächtigen Gegner, die selbst keinerlei Grenzen anerkennen, befinden sich also in einer denkbar schlechten Position, um die Schwächsten aufzufordern, ihrer ohnehin schon geringen Macht nochmals Grenzen zu setzen.*" Für ihn ist der islamische Fundamentalismus eine extreme, aber verständliche Reaktion auf die Lage der arabischen und islamischen Staaten und Völker. Der Kampf der arabischen Intellektuellen gegen die Verfechter der Massenverdummung im eigenen Land sei durch die Politik des Messens mit zweierlei Maß, wie sie der Westen praktiziert, zum Scheitern verurteilt. Das israelisch-palästinensische Problem liegt für Bourdieu im Herzen dieser Erfahrung einer skandalösen Ungerechtigkeit.

4   Stimmen aus dem arabischen Raum

Die Aufforderung von Martin Amis vom 21. September, „*den Feind (zu) begreifen*", findet ihre Spiegelung in einem Artikel, den der libanesische Dichter Abbas Baydoun als Feuilleton-Chef der Beiruter Zeitung As-Safir Anfang November in seinem Blatt veröffentlicht. Der Newsletter der Deutsch-

Arabischen Gesellschaft verbreitet ihn am 9. November in deutscher Übersetzung von Stefan Weidner (am gleichen Tag erscheint er auch in der Frankfurter Allgemeinen Zeitung). Unter der Überschrift *„Die Krise arabischer
Intellektueller"* – die Frankfurter Allgemeine titelt *„Unser Wahn"* – schreibt
er, zu den Symptomen der Paranoia zähle, *„dass der Betroffene nicht in der
Lage ist, sich an die Stelle eines anderen zu versetzen. Es ist sehr wahrscheinlich, dass diejenigen, die nach dem 11. September lediglich die unmittelbare Reaktion der Amerikaner gegen die Araber und die Muslime sehen,
nicht in der Lage sind, sich an die Stelle des anderen zu versetzen oder seine
Reaktion in ihrem Kontext zu sehen"*. Baydoun würdigt, dass die Anfeindun-
gen, denen Araber, Muslime und der Islam nach den Anschlägen ausgesetzt
worden sind, auch Widerstand hervorgerufen haben und dass die Gefahr erkannt worden sei, die den Grundlagen der Demokratie droht, wenn Minderheiten bedroht werden. Hier äußere sich eine Werteordnung und ein moralisches Bewusstsein, *„die für glaubwürdig zu halten uns gut anstehen würde"*.
Sein Aufsatz mündet in eine ätzende Kritik des Versagens der arabischen Intellektuellen: *„Statt also Rechenschaft von den anderen zu fordern, wäre es
unsere größte Pflicht, unsere Kultur von der ihr eigenen Dünkelhaftigkeit zu
befreien. Mag unser Vorwurf, dass Amerika unser Leid und unsere Unge-
schicklichkeit ausbeutet, nicht falsch sein, so bringen wir doch keine Anstrengung auf, um unsere eigene Verantwortung für die Gründe dieses Leids
zu erkennen. Es ist eine Verantwortung, die Tag für Tag größere Ausmaße
annimmt."* Womöglich seien für viele der Rassismus des Westens und die
amerikanische Paranoia die Ausrede, nicht in den Spiegel zu sehen. *„Zweifellos sind Araber und Muslime ungerechter Behandlung ausgesetzt. Wenn
wir aber nur dies sehen, so bedeutet das, dass wir vom Anderen noch gar
nichts gelernt haben."*

Eine innerarabische Debatte hat sich aus dieser harschen Selbstkritik
nicht ergeben, konstatiert die Nahost-Korrespondentin Andrea Nüsse (in der
Stuttgarter Zeitung vom 24. November, ähnlich in der Frankfurter Rundschau
und dem Tagesspiegel vom 27. November): *„So kommen die kritischen Anmerkungen in erster Linie von arabischen Intellektuellen, die im westlichen
Ausland leben: Dem marokkanischen Schriftsteller Tahar Ben Jelloun, der in
Paris lebt, dem Literaturwissenschaftler Edward Said, der palästinensischen
Ursprungs ist und in den USA lebt."* Das sei kein Zufall, denn der Freiraum
zwischen strikter Zensur autoritärer Regime und den islamischen Oppositio-
nen sei denkbar gering.

Dass dieser Freiraum durch die Attentate vom 11. September auch im
Westen erheblich eingeschränkt wurde, beschreibt Elias Khoury, einer der
bedeutendsten Gegenwartsautoren des Libanon. Er gibt auch die Literatur-
beilage der libanesischen Tageszeitung An-Nahar heraus. Nachdem er Anfang Oktober bei einer Konferenz in Aix-en-Provence morgens um halb sieben in seinem Hotelzimmer von vier Polizisten in Zivil geweckt wurde, weil
er durch Telefongespräche auf Arabisch und ein arabisches Telefax aufge-

fallen war, schildert er (in der ZEIT vom 15. November nach der Übersetzung von Leila Chammaa): *„Anfangs versuchst du noch Angaben zu korrigieren, bemühst dich um einen vernünftigen Dialog, doch vergebens. Es wird deutlich, dass die vorherrschende Sprache, in der über Araber und Muslime geredet wird, just die Sprache bin Ladins ist. Es ist die Sprache des Krieges. Und im Krieg werden Klischees, Stereotypen, vor allem Mythen herangezogen. Du sagst sogar, dass ihre Sprache die von Usama bin Ladin ist und noch mehr Hass und Krieg säen wird – doch vergebens."* Dies sei der Moment, wo man selber töricht werde: *„Hass und rassistische Aggression ... drängen dich in eine ungewollte Position: zu Standpunkten, gegen die du seit Jahren kämpfst. Sie entfremden dich von dir selbst."*

Nach einer gründlichen Analyse der geistigen Beziehung zwischen West und Ost erinnert sich der syrische Lyriker Adonis, der gerade Fellow am Wissenschaftskolleg in Berlin ist, in einem Artikel der in London erscheinenden arabischen Zeitung Al-Hayat, den die ZEIT am 29. November in der Übersetzung von Monique Bellan nachdruckt, *„... dass bin Ladin in seinem Krieg gegen die USA nicht auf die menschliche und kulturelle Kraft zurückgegriffen hat, sondern auf die barbarische. Er hat praktisch Tausende von Arabern und Muslime mit in die Barbarei gezogen und theoretisch vielleicht die Gefühle von Millionen. Genauso machen es die USA und mit ihnen der Westen. Sie bekämpfen bin Ladin nicht mit ihrer menschlichen und kulturellen Kraft, sondern mit ihrer barbarischsten. Sie haben praktisch Millionen von Menschen mit in die Barbarei gerissen und theoretisch die Gefühle von Millionen. Barbarei, das heißt Rache und Vergeltung, eine neue Primitivität. In einem Krieg wie diesem siegt niemand, man wird besiegt und unterworfen".* Zwischen den Intellektuellen des Westens und denen des Ostens sieht er enge Bande in einer gemeinsamen Zivilisation. *„Abgesehen von ihren unterschiedlichen Krankheitsbildern, verursacht durch die technologische Moderne, sind in dieser Zivilisation viele leuchtende Elemente zu erkennen, die die schöpferischen Kräfte stärken. Einzigartige menschliche und kulturelle Dimensionen sind auch im Islam verwurzelt, der heute unter Anklage steht."*

Gegen diese Anklage, wie sie von oft selbst ernannten Experten vorgetragen wird, wendet sich der syrische Schriftsteller Rafik Schami, der seit dreißig Jahren in Deutschland lebt. In einem Interview mit Katja Dorothea Buck, das die Stuttgarter Zeitung am 17. November druckt, meint er, die Elite *„könnte sich ruhig einmal eingestehen, dass sie nichts zu einem Thema weiß. Statt dessen geben sich alle als Experten aus, öffnen die Schublade ihrer Vorurteile und zitieren daraus".* Als Beispiel führt er Hans Magnus Enzensberger an: *„Der weiß in Sachen Islam so viel wie ein Abiturient. Anstatt wirklich nachzudenken, wie wir die jetzige Krise bewältigen können, veröffentlicht er in der Frankfurter Allgemeinen wenige Tage nach den Attentaten ein Essay mit seinen alten eurozentristischen Vorurteilen."* Die Meinungsmacher hätten viel zu lange auf einer Matratze der Klischees geschlafen. Das habe viel mit Denkfaulheit zu tun. Weil kaum jemand bestehende Denkstrukturen in Frage stelle, gleiche das Bild der Muslime in den Köpfen der „Experten" einer Karikatur.

Tatsächlich hatten Hans Magnus Enzensberger wie auch Botho Strauß die Attentate zum Anlass genommen, ältere Vorstellungen zu recyceln. Enzensberger wendet seine These von der Inhaltslosigkeit der Gewalt, die er 1986 über den politischen Terrorismus verbreitet hatte („*Die Leere im Zentrum des Terrors*"), jetzt schlicht auf den religiösen Terrorismus an. Und Botho Strauß hatte 1993 („*Anschwellender Bocksgesang*") den Nationalismus als Grund für immerwährende Kriege gekennzeichnet. Jetzt benennt er mit ähnlicher Argumentation die Religion.

5 Von den Grenzen der Diskussion in den USA

In England hatte der Dramatiker Harold Pinter ohne große Resonanz schon im September gefordert, den Kampf gegen die Terroristen nicht mit Bomben und Kugeln zu führen. Als ihm am 18. November im Berliner Ensemble die Hermann-Kesten-Medaille verliehen wurde, die das Deutsche P.E.N.-Zentrum für besondere Verdienste um verfolgte Schriftsteller und Journalisten gestiftet hatte – sie ist zusätzlich mit einem Preisgeld von 20.000 Mark des Landes Hessen dotiert –, ließ er seinem Zorn gegen den Krieg in Afghanistan freien Lauf: Die Sprache der Politik sei korrupt, und die Liste von 40 bis 50 Ländern, die der amerikanische Präsident als weitere Ziele für Militäraktionen gegen den Terrorismus erwähnt hat, sei Anlass, sehr aufzupassen, weil die USA ein „*sehr gefährliches, aber auch sehr mächtiges Tier*" seien. Die anwesenden Politiker wurden unruhig, berichteten Augenzeugen. Der Präsident des Deutschen P.E.N., der in München lebende iranische Lyriker Said, dankte für die klaren Worte „*ohne Rücksicht auf das Protokoll oder gar den guten Ton*".

Solchen Dank hätte Pinter in den Vereinigten Staaten nach dem 11. September nicht zu erwarten gehabt. Waren dort schon unmittelbar nach den Anschlägen Kommentatoren und Moderatoren, die sich differenziert und nachdenklich zu den Ursachen geäußert hatten, von den Bildschirmen verbannt worden, so verschärfte sich das Klima in den nächsten zwei Monaten noch erheblich. Patriotismus stellt dort die Grundlage des unabhängigen Journalismus auf den Kopf. „*Tote und Verwundete in der Zivilbevölkerung haben grundsätzlich keinen Nachrichtenwert*", stellt eine Journalistenrunde im „Brit Hume Report" fest, einer sehr populären Sendung des Fox News Channel. Und als der Nachrichtenchef von ABC, David Westin, in einem Vortrag an der Columbia University an Objektivität als journalistisches Prinzip erinnert, wird er von der öffentlichen Meinung wie von seinen Vorgesetzten genötigt, diese Äußerung als akademische Entgleisung zu bedauern. Danach könnte man den Eindruck haben, Arundhati Roy habe Recht mit ihrer Feststellung in der Frankfurter Rundschau vom 26. November, *„dass zusammen mit den Twin Towers auch die Meinungsfreiheit einstürzte"*. Schließlich kursieren in den Vereinigten Staaten wieder „Schwarze Listen", die aus der McCarthy-Ära berüchtigt sind. In einem Bericht *„Wie unsere Universitäten Amerika im Stich lassen und was wir dagegen tun können"* führt der American Council of Trustees and Alumni 117 Fälle auf, in denen Akademiker sich unpatriotisch geäußert haben. Kritiker der amerikanischen Außenpolitik an den Universitäten von New York, Austin/Texas, North Carolina und vom M.I.T. wurden bedroht und angegriffen. Hinweise, Amerika solle nicht nur Mauern und Bomben bauen, sondern auch Brücken und Beziehungen (Jesse Jackson an der Harvard Law School), Usama bin Ladin solle vor ein internationales Gericht gestellt werden (Joel Beinin von der Stanford University) oder die schlichte Feststellung, dass Hass durch Ignoranz entstehe (Wasina Alikhan von der Islamic Academy of Las Vegas), werden so als unpatriotisch und daher unzulässig gebrandmarkt.

6   Vom Aushalten widersprüchlicher Zusammenhänge

„Zum Charakteristikum der deutschen Diskussion gehörte allerdings, dass sie auf merkwürdige Weise um sich selbst kreist: Es wurde nicht einfach reagiert, es wurde auf Reaktionen reagiert, auf wirkliche, vorweggenommene oder unterstellte", resümiert Jan Ross schon in der ZEIT vom 31. Oktober: *„Insgesamt zählt dieses ganze Hin und Her zwischen Abbürsten und Aufmukken zu den unerfreulichen und unfruchtbaren Elementen der Diskussion, wie sie sich seit dem 11. September in Deutschland entwickelt hat."*
Nun muss ja nicht jede heftig geführte Diskussion gleich unerfreulich und unfruchtbar bleiben – deutliche Worte dienen auch der Verdeutlichung der Standpunkte. Problematischer scheint es dagegen, wenn in schnellen intellektuellen Reaktionen zugleich schnelle Kochrezepte kommuniziert werden. Es hat den Anschein, als ob die Intellektuellen nicht miteinander diskutieren, sondern jeder die Ereignisse in der Weise deutet, dass seine Grundauffassungen bestätigt werden. Ein Abwägen oder gar Aufnehmen abweichender Standpunkte und Argumentationen anderer findet nicht statt. Und Prognosen von der Qualität, dass alles nach dem 11. September nicht mehr so sein wird wie es davor war, dass mit dem Zusammenbruch des World Trade Centers eine neue Ära angebrochen sei oder gar apokalyptisches Geschehen seinen Anfang genommen habe, werden nicht nur durch die Zeit widerlegt. Sie gaukeln auch eine Gewissheit vor, die schlechterdings nirgendwo erkennbar ist.
Bei einer Tagung der Evangelischen Akademie Hofgeismar warnt am 25. November denn auch der Kurator der documenta 11, der aus Nigeria stam-

mende Kunsthistoriker Okwui Enwezor, davor, den 11. September 2001 zu
überschätzen. Er habe keinen nachhaltigen Einfluss auf unser Denken, und es
sei töricht, mit Reflexen auf ein singuläres Ereignis zu reagieren. Was in einer solchen Situation gefordert sei, sei Geduld: „*A great deal of patience*".
Von dieser ist allerdings nicht nur in der Politik wenig zu spüren, die nicht
mehr in Legislaturperioden rechnet, sondern nur noch bis zur nächsten Wahl
(und auf irgendeiner Ebene stehen immer Wahlen bevor). Auch in der intellektuellen Diskussion, die eigentlich von solcher Kurzatmigkeit frei sein
könnte, sind Stimmen selten, die Geduld als Tugend anpreisen. Darauf weist
auch Rolf Paasch in seinem Artikel „*Ohnmacht – Afghanistan als Aporie*" in
der Frankfurter Rundschau vom 13. November hin: „*So leitet sich aus dem
schrägen Showdown im desolatesten Land der Erde eine neue Herausforderung für die Politik ab. Nicht mehr die Reduktion der Komplexität, sondern
das Aushalten der widersprüchlichen Zusammenhänge ist gefragt. Die bisher
so beruhigende Psychologisierung der Politik ... wäre durch ein mutiges Bekenntnis zur eigenen Unsicherheit zu ersetzen. An die Stelle westlicher
Selbstgerechtigkeit müsste eine friedensbewegte wie militärische Demut treten, für deren Ausdruck es aber an geeigneten Worten und Gesten fehlt.*"
     Als bei dem großen Erdbeben vor einigen Jahren in Kobe/Japan die
mehrstöckigen Stadtautobahnen zusammenbrachen, erklärte ein deutscher
Professor und Ingenieur, das hätte nicht passieren können, wenn die Straßen
dort nach Standards gebaut worden wären, die an der Universität Karlsruhe
entwickelt worden sind. Als die Türme des World Trade Center nach den
Anschlägen in sich zusammenbrachen, erklärte ein anderer deutscher Professor und Ingenieur, nach deutschen Standards gebaute Hochhäuser würden
auch bei einem solchen Anschlag nicht so zusammenbrechen.
     Vielleicht ist das Verlangen nach Demut von Intellektuellen kaum ein-
zulösen, aber auch vom Aushalten widersprüchlicher Zusammenhänge scheinen wir noch weit entfernt.

Literatur

Dienstag 11. September 2001 (2001): Reinbek b. Hamburg: Rowohlt
Mohsen Makhmalbaf: „Die Tragödie Afghanistans". In: Lettre International, Heft 55, IV.
     2001, S. 29-45
Hilmar Hoffmann, Wilfried F. Schoeller (Hrsg.) (2001): Wendepunkt 11. September. Ter-
     ror, Islam und Demokratie. Köln: Dumont

Murad Wilfried Hofmann

Die Situation nach dem 11. September aus der Sicht eines deutschen Muslims

Als ich die Anschläge in New York und Washington im Fernsehen sah, war ich stumm vor Entsetzen über das, was Menschen einander antun können. Zunächst vermutete ich, dass sich japanische Terroristen mit einem Kamikaze-Anschlag für die Tötung von 274.000 unschuldigen Menschen in Nagasaki und Hiroshima durch die Vereinigten Staaten gerächt hätten. Doch schon bald hatte ich Anlass zu dem Stoßgebet: *„Allah, schütze Deine Muslime!"* Denn als arabische Namen ins Spiel kamen, wurde klar, dass es zu einer Verteufelung der Religion des Islam und einer kollektiven Verdächtigung aller Muslime kommen könnte. In der Tat klingelte mein Telefon nach dem 11. September häufig: Medienvertreter, selbst aus Singapur, baten um „Stellungnahmen". Die ersten Anfragen lehnte ich mit der Begründung ab, ich sähe zwischen Mordanschlägen und dem Islam keinen Zusammenhang und wollte ihn auch nicht herstellen. Werden deutsche Katholiken angesprochen, wenn in Nordirland oder Spanien Bomben explodieren? Außerdem fügte ich meinen Absagen hinzu, der Koran verbiete Gewaltanwendung in Glaubensangelegenheiten (2: 256), lehne den Selbstmord unbedingt ab (4: 29) und betrachte den Mörder eines Unschuldigen wie jemand, der die ganze Menschheit umbringt (5: 32). Von Anfang an sah ich die schrecklichen Ereignisse nicht in einem religiösen, sondern in einem politischen Zusammenhang.

Bringen intelligente und gebildete junge Männer sich um, ohne dass ihr Leben von schweren Erlebnissen überschattet wurde? Wählen sie symbolische Ziele in den USA aus, wenn sie diese negativen Eindrücke nicht Amerikanern anlasten? Ich vermutete, dass die Motivation der Attentäter mit den Geschehnissen in Palästina, Kaschmir, Tschetschenien, Algerien, Bosnien, dem Kosovo und am arabischen Golf zu tun hätten. Damit verband ich die Hoffnung, die Regierung in Washington möge endlich begreifen, wie gefährlich die unausgewogene Nahostpolitik der USA für den Weltfrieden ist, und dass man sich endlich dazu durchringen werde, Resolutionen des Weltsicherheitsrates auch dann durchzusetzen, wenn dies zugunsten muslimischer Länder wäre. Die Muslime kennen nur den umgekehrten Fall: dass solche Reso-

lutionen – wie gegenüber Israel und Indien – wirkungslos bleiben oder – wie
gegenüber Russland - nicht zustande kommen.

Dabei erinnerte ich mich an eine prophetische Rede, die Paul Findley,
ehemaliger republikanischer Abgeordneter aus Illinois im amerikanischen
Repräsentantenhaus, auf der 33. Jahrestagung der Islamic Society of North
America (ISNA) am 2. September 2001 in Chicago gehalten hatte. Dort ver-
las er einen offenen Brief an US-Präsident George W. Bush, in dem er darauf
hinwies, dass sich die Vereinigten Staaten aus Sicht der arabischen Welt
schon lange in einem unerklärten Krieg befänden („*at war*"). Er forderte
Bush dringend auf, die bedingungslose politische, militärische und finanzielle
Unterstützung Israels durch eine der Gerechtigkeit dienende, ausgewogene
Nahostpolitik abzulösen: „*Es kann doch nicht sein, dass ein Land wie die
Vereinigten Staaten, das seine Freiheit gegen eine Kolonialmacht erkämpft
hat, jetzt im Nahen Osten eine moderne Kolonialmacht darin unterstützt, ei-
nem Volk seine Freiheit vorzuenthalten.*"

Meine Erwartungen waren angesichts der Fürchterlichkeit des 11. Septembers überspannt. Die amerikanische Öffentlichkeit war weniger an einer
Analyse als an Rache („*tit for tat*") interessiert. So fragte man im amerikanischen Fernsehen kaum nach Ursache und Ziel der Anschläge. So wie jüdi-
scherseits die Aufdeckung der historischen Wurzeln des Holocaust missbil-
ligt wird, weil „alles verstehen, alles verzeihen" heiße, reduzierte sich die
amerikanische Diskussion meist auf die Feststellung, dass die Anschläge feige, sinnlos und unsäglich böse gewesen seien. Wie nach Pearl Harbor erklärte man dem Bösen den Krieg. Ein nicht ungern gesehenes Abfallprodukt
dieser patriotischen Vorgehensweise war es, dass in den USA kaum ein kau-
saler Faden zum amerikanischen Verhalten gegenüber der muslimischen Welt
gezogen wurde. Glücklicherweise haben einige – wenn auch wenige – anglo-
amerikanische Publizisten wie Robert Fisk, Seumas Milne, Jonathan Power
und Norman Salomon das Still-Schweigen der Wahrheit gebrochen und mit
dem Finger auf die amerikanische Nahostpolitik gezeigt. Für sie sind die Anschläge zwar monströs, aber gleichwohl – ohne Rechtfertigungsversuch –
politisch deutbar, als konsequente Auswüchse unserer krisengeschüttelten
Welt.

1   Die Entwicklung seit dem Ereignis

Die Sicht der Dinge nach dem 11. September 2001 veränderte sich mit den
Fernsehauftritten Usama Bin Ladins im qatarischen Sender al-Dschazira. Der
Eindruck war ambivalent. Einerseits überzeugte Bin Ladin zumindest von
seiner Schreibtischtäterschaft, da er unverhüllt zum Angriff auf alles Amerikanische aufrief. Andererseits hob er sich äußerlich von Menschenverächtern

wie Hitler, Mussolini, Stalin, Castro und Milosevic ab – mit ruhiger Stimme, schönen Händen, milden Gesten und beseelten Augen. Schließlich benutzte er eine authentisch islamische Diktion. Daher stellte Fatih Güllapoğlu in einer Istanbuler Zeitung fest, dass die Türken in ihrer Mehrheit vom Charisma Bin Ladins positiv beeindruckt seien. In der Tat erinnert er nicht nur mit seiner Diktion, sondern auch mit seinem Sendungsbewusstsein, seinem grenzenlosen Gottvertrauen und seiner unbegrenzten Opferbereitschaft an Tugenden, die dem echten Muslim eigen sind und die Gefährten des Propheten (der Friede sei mit ihm) ausgezeichnet hatten, die ebenfalls einen Gegenpol gegen die Konsumgesellschaft ihrer Zeit, die mekkanische, dargestellt hatten. Seither ist es nicht mehr möglich zu leugnen, dass Bin Ladin – wenn gleich irregeleitet – der *Umma* atmosphärisch zuzurechnen ist, so peinlich ihr dies sein mag. Daher gilt es, Bin Ladin und Al-Qa'ida als Teil eines Phänomens zu verstehen, von dem der Islam – wie alle Religionen – periodisch heimgesucht wird.

Obwohl der Koran die Muslime als eine allem Extremen abholde „Gemeinschaft der Mitte" (*ummah wassatiyyah*) sieht und jede „Übertreibung im Glauben" verbietet (4: 171), hat es in der islamischen Geschichte immer Extremisten gegeben. Ihnen fielen schon drei der ersten vier Kalifen zum Opfer. ʿAli beschrieb die Khawaridsch, die religiösen Sezessionisten seiner Zeit, als „*törichte Leute, mit schönen Reden auf den Lippen, deren Glaube aber nicht weiter als ihre Kehle reicht; sie legen Verse des Qurʾans, die sich auf Ungläubige beziehen, so aus, als gälten sie für Mitgläubige*". Solche Leute beteten und fasteten zwar, verließen aber ihre Religion „*wie ein Pfeil*". Ähnlich religiös motiviert und doch mörderisch waren die so genannten Assassinen, die in den Wirren der Kreuzzugs- und Mongolenzeit auftraten und unter Haschischeinfluss als Selbstmordattentäter auf muslimische Führer-Persönlichkeiten wie Nizam al-Mulk und Salah ad-Din al-Ayubi losgelassen wurden.

Dieses Phänomen gibt es indessen nicht wegen, sondern trotz des Islams als Weltreligion von hoher Spiritualität. Aber es rächt sich nun, dass sich moderate Muslime nach den Anschlägen auf die amerikanischen Botschaften in Ostafrika von Usama Bin Ladin nicht öffentlich distanziert haben. Es ist zwar sympathisch, dass Muslime ihrer Ethik entsprechend andere Muslime ungern öffentlich kritisieren. Das hätte sie jedoch nicht daran hindern dürfen, Bin Ladins pauschale Aufrufe zum Töten als unislamisch zu brandmarken.

Gleichwohl ist es zur befürchteten Anschuldigung aller Muslime im Sinne einer Kollektivschuld- und -haftung nicht gekommen. Zwar mussten die amerikanischen Behörden 21 in den USA arbeitende und studierende saudische Bürger des Namens „Bin Ladin" in Schutzhaft nehmen und geschlossen repatriieren. Im Westen kam es zu einer Welle von Anschlägen auf Moscheen und individuelle Muslime. Doch bald bemühten sich westliche Politiker, einen Trennstrich zwischen Islam und Terror und zwischen „*braven Muslimen*" und „*bösen Islamisten*" zu ziehen. Präsident Bush besuchte schon am 17. September die größte der Washingtoner Moscheen. Vorbildlich war auch die Bemerkung des britischen Premierministers Tony Blair, der sich am 27. September verbat, als Christ für in Nordirland begangene Verbrechen verantwortlich gemacht zu werden. Wichtig für die Bundesrepublik war die Initiative der Mannheimer Muslime, ihre alljährliche Islam-Woche unter das Motto *„Terror hat keine Religion"* zu stellen. Ein Übriges tat der deutsche Bundeskanzler Gerhard Schröder, der bis dahin mit dem Islam nichts zu tun hatte, indem er Dr. Nadim Elyas, den Vorsitzenden des Zentralrats der Muslime in Deutschland, gemeinsam mit Kardinal Lehmann und Präses Kock zu sich nach Berlin einlud und damit die wichtigste Dachorganisation der Muslime in Deutschland erstmals protokollarisch auf die Ebene der Amtskirchen hob. Pate all dieser Gesten war Prof. Dr. Samuel Huntington, dessen „*Clash of Civilizations*" viele nun gekommen sahen. Sein Buch hatte geholfen zu verhindern, was es beschworen hatte: Blutige Grenzen zur islamischen Welt.

Als Informationsdirektor der NATO von 1983 bis 1987 lernte ich, dass gute Nachrichten keine Nachrichten sind („*good news is no news*"), dass aber schlechte Nachrichten gute Nachrichten sind („*bad news is good news*"). Genau dies bewahrheitete sich nach dem 11. September. Anstelle der befürchteten Verteufelung des Islam trat ein einmaliges Interesse an dieser Religion ein. Innerhalb von Tagen war alle verfügbare Literatur über den Islam in den deutschen, englischen und amerikanischen Buchläden vergriffen. Die Nachfrage nach Koran-Übersetzungen stieg um das Tausendfache. Auch die meisten meiner Bücher wurden neu aufgelegt, selbst Titel, die 2001 bereits eine Neuauflage gehabt hatten. Am „Tag der Offenen Moschee" (3. Oktober) kamen in diesem Jahr mehr als doppelt so viele Interessenten wie üblich. Noch Ende November konnte man keine Zeitung aufschlagen, ohne auf mehrere Artikel mit islamischen Themen zu stoßen. Selbst das Entwicklungsministerium (BMZ) fand sich jetzt „*auf dem islamischen Auge blind*", und die Hessische Stiftung Friedens- und Konfliktforschung nahm sich vor, tolerante islamische Moscheen finanziell zu unterstützen.

Selbst konservative Bundesländer wie der Freistaat Bayern, die sich über Jahrzehnte der vom Grundgesetz geforderten Einführung des islamischen Religionsunterrichts entzogen hatten, meldeten sich freiwillig. In westlichen Talkshows zerbrachen sich atheistisch gestimmte Gesprächspartner den Kopf der Muslime, was der Fastenmonat Ramadan in einer Kriegssituation bedeute. So treibt die Terrorangst die seltsamsten Blüten. Ängstliches Interesse ist indessen nicht Sympathie, kann aber dazu werden. Immerhin lässt sich bilanzieren, auch wenn dies absurd scheinen mag, dass der 11. September der Anerkennung des Islam als auf Dauer angelegte zweite Religion in Europa einen Schub versetzt hat.

Wie viele Bundestagsabgeordneten der SPD, Grünen und PDS glauben auch die meisten Muslime nicht, dass man einen Krieg gegen Terrorismus auf dem Schlachtfeld gewinnen kann, und schon gar nicht mit politisch kontraproduktiven Raketen gegen Lehmhütten. Als Märtyrer wäre Bin Ladin noch mehr zu fürchten. Langfristig mag es sich als destabilisierend erweisen, dass sich eine Reihe muslimischer und pseudo-muslimischer Regierungen in die Nähe eines Militärbündnisses mit den USA und Großbritannien gegen ein muslimisches Land gebracht haben; denn das Zusammengehörigkeitsgefühl der *Umma* ist eine politische Realität, vor der sich Herrscher in der muslimischen Welt in Acht nehmen müssen. Nicht alles, was politisch korrekt ist, ist auch politisch klug.

Gerade die wirtschaftlichen Folgen der Terroranschläge zeigen, dass Terror die Waffe des Armen und Schwachen und daher unglaublich kosteneffizient und auf keinen Fördererstaat angewiesen ist. Je mehr sichtbaren Aufwand die Anti-Terror-Koalition bei der Bekämpfung des Terrorismus treibt, umso mehr betreibt sie das Geschäft der Terroristen, auf billige Weise Angst zu verbreiten. Jeder zusätzliche Polizist erinnert den Bürger daran, Anlass zum Fürchten zu haben.

Im Laufe der Geschichte hat es häufig religiös motivierte Gewalt- und Untaten gegeben. Die Doktrin *„Extra ecclesiam nulla salus"*, die mörderische Bekehrung der Heiden im Sachsenland, die Kreuzzüge, die Reconquista und die Missionierung Mittelamerikas sind abschreckende Beispiele. Der letzte Religionskrieg in unserer Ära war der serbische. Mit orthodoxem Pathos sollte er der Eliminierung des letzten muslimischen Zipfels in Mitteleuropa dienen. Die Reaktion darauf beweist, dass die Wurzeln von Terror heute nicht mehr genuin religiös sein können, da sich die gesamte Welt spätestens seit der Aufklärung von der gewaltsamen Verbreitung von Religionen gründlich distanziert hat.

Auch die Muslime verstehen heute *Dschihad* nicht mehr in erster Linie als Verpflichtung zum bewaffneten Kampf, sondern als Kampf gegen die niedrigen Instinkte, und halten Gewalt nur zur Verteidigung zulässig, sei es gegenüber einem Angriff von außen, sei es gegen ein Unrechtsregime von innen. An dieser Sachlage ändert nichts, dass Terroristen sich bei ihrer Rechtfertigung der eigenen kulturellen Umwelt und deren Ideologien bedienen. Dies war bei der Baader-Meinhof- Gruppe, der Brigade Rossi, der Action Directe und Timothy McVeigh so, und ist bei den korsischen und japanischen Terroristen nicht anders.

Die Wurzeln des Terrorismus findet man entweder in grober Ungerechtigkeit oder in bitterer Armut. Armutsbekämpfung in der Dritten Welt ist daher eine der wichtigsten Vorbeugungsmaßnahmen. 1,3 Milliarden Menschen müssen derzeit mit weniger als einem Dollar täglich auskommen. 20 Prozent der Weltbevölkerung verfügen über 85 Prozent des Welteinkommens. Was ein Norweger dank Petroleumrente jährlich für seine Katze ausgeben kann, ist doppelt so viel wie das jährliche Einkommen eines Menschen in Schwarzafrika. Daher wird kein Krieg gegen den Terrorismus gewonnen werden, solange die Dritte Welt – der nicht nur die Mehrheit aller Muslime, sondern auch die Mehrheit der aktiven Christen angehört – wirtschaftlich darbt.

Die Mehrheit der muslimischen Jugend weltweit sieht den Westen nicht als Hort der Freiheit und der Menschenrechte an, da er auf Ablösung despotischer Regierungen abzielende, demokratisch legitimierte Bewegungen in der muslimischen Welt regelmäßig bekämpft. Dies geschieht aus Furcht vor Instabilität und islamischer Radikalität und zur Sicherung von Rohstoffquellen. Deshalb verlaufen Revolutionen in Haiti anders als in Algerien. Zynisch fragen manche Drittwelt-Muslime, ob die Menschrechte blond und blauäugig seien? Eine vernichtende Frage.

2   Die Lage in der muslimischen Welt – Verletzung der Menschenrechte durch Drittstaaten

Es ist zu fürchten, dass künftig jeder Staat, der es mit Freiheitskämpfern zu tun hat, diesen die Etikette „Terroristen" verpasst, seine aufmüpfige Minderheit liquidiert, ohne dafür vor den Kadi der Weltöffentlichkeit gezogen zu werden. Die Tschetschenen werden als Erste diese Zeche zu zahlen haben. Die Nächsten sind die Kaschmiris. Diese haben ihre Waffen quasi als ihre letzte Chance ergriffen, nachdem sich Indien weigert, in einer zu 90 Prozent muslimischen Region eine faire Abstimmung über die Zugehörigkeit zu Pakistan oder Indien durchzuführen. Es trifft zu, dass Usama Bin Ladin zahlreiche Vorwürfe nicht nur gegen die USA, sondern auch gegen die Regierung des Königreichs Saudi-Arabien erhoben hat. Die Zukunft des Terrorismus wird aber, wenn überhaupt, in Palästina besiegelt. Wenn es dort nicht endlich zu einer gerechten Lösung kommt, die den Palästinensern Ost-Jerusalem zurückgibt, das Rückkehrrecht der vertriebenen Palästinenser im Prinzip einräumt, illegale Siedlungen liquidiert, die täglichen Demütigungen der Palästinenser beendet und die Eigenstaatlichkeit Palästinas bejaht, wird es weiterhin Terrorismus geben.

Wir Deutschen sollten uns in diesem Zusammenhang stets bewusst sein, dass man den Palästinensern zumutet, einen Teil der deutschen Zeche für den Holocaust zu zahlen, an dem sie keinerlei Schuld haben. Wir haben auf die „Ostgebiete" nach langen Kämpfen verzichtet – doch trieb uns ein Schuldgefühl dazu. Ein Palästinenser, der an seiner Heimat festhält, hat zu Recht kein Schuldgefühl und empfindet jeden der 50.000 illegalen israelischen Siedler als moderne Kreuzfahrer. Wir können den Palästinensern nicht zumuten, auf eine Stadt wie al-Quds zu verzichten, auf die im Koran Bezug genommen wird und die eines der drei Heiligtümer des Islam beherbergt.

Wer sich also um die Bekämpfung eines aus Verzweiflung über monumentale Ungerechtigkeit erwachsenden muslimisch-arabischen Terrorismus verdient machen will, muss dort einwirken, wo der Schlüssel zur Lösung des Israel-Problems liegt: in Washington und Tel Aviv. Die amerikanische Regierung ist durch vorheriges Tun zum Handeln verpflichtet. Man kann nicht ein Land jährlich mit 4,1 Milliarden US-Dollar subventionieren und mit Waffen beliefern und anschließend die Hände in den Schoß legen.

Den im Okzident lebenden Muslimen, vor allem den acht Millionen amerikanischer Staatsangehörigkeit, ist misslich klar, dass es in der muslimischen Staatenwelt kein Modell für einen wahrhaft islamischen Staat gibt – weder nach der Staats-, noch nach der Wirtschaftsordnung und schon gar nicht bezüglich der Rechtsstaatlichkeit. Westliche Islamgelehrte haben längst nachgewiesen, dass der Kern der Menschenrechte im Koran verankert ist und der Islam nach Koran und Sunna des Propheten (der Friede Allahs sei auf ihm) einen gewaltenteiligen, demokratischen, republikanischen Rechtsstaat verlangt. Diese Vorarbeit ist in den muslimischen Stammlanden bisher zu wenig rezipiert worden. Der sich auf die muslimische Staatenwelt entfaltende Druck, im Interesse der Terroristenbekämpfung rechtsstaatliche Verhältnisse herzustellen, könnte den Durchbruch in diese Richtung bewirken, wenn auch noch lange mit dem Selbstbehauptungswillen demokratisch nicht legitimierter Herrscher zu rechnen ist.

3 Die Lage im Westen

Viele westliche Muslime befürchten, dass es doch noch zu einem *backlash* gegen sie kommt. Der britische Runneymede Trust hatte schon vor vier Jahren ein Anwachsen der *„Islamophobie"* diagnostiziert. Schließlich ist nur der anti-jüdische, nicht aber der anti-arabische Antisemitismus tabuisiert worden. Die anti-islamischen Kampagnen evangelikaler Kreise könnten neuen Schwung bekommen und Muslime künftig nicht nur durch die Anti-Terror-Gesetzgebung, sondern auch durch diskriminierende Verwaltungspraktiken zum Opfer eines neuen Anti-Islamismus werden.

Abschreckendes Vorbild dafür waren schon vor dem 11. September 2001 die empörenden amerikanischen Praktiken des *„Passenger Profiling"* und der jahrelangen Inhaftnahme (ohne Gerichtsurteil) von muslimischen Immigranten aufgrund von *„Secret Evidence"* – wie bei dem früheren FIS-Vertreter in den USA, Haddam. Ein Bart genügt heute, um einen Passagier am Fliegen zu hindern. Schon jetzt gibt es für Muslime praktisch ein Berufsverbot für sicherheitsrelevante Tätigkeiten als Flughafenpersonal: Eine klare Benachteiligung aufgrund von Religionszugehörigkeit, wie sie nach allen internationalen und europäischen Menschenrechtskodizes und dem Grundgesetz verboten ist!

Der hessen-nassauische Kirchenpräsident Peter Steinacker trug im Fernsehen die These vor, dass die Muslime *„einen anderen Gott"* als die Christen hätten. Nicht ein anderes Gottesbild, sondern einen anderen Gott, im Zweifel also einen Götzen. Schon gibt es Stimmen, die behaupten, die Religionsparagraphen des Grundgesetzes bzw. der Weimarer Republik seien niemals auf Muslime gemünzt gewesen. Kardinal Karl Lehmann, Erzbischof von Mainz, ließ im deutschen Fernsehen zwar verlauten, Terror dürfe dem Islam nicht angelastet werden, aber der Islam habe halt doch seine Aufklärung verpasst. In einem anderen Fernsehauftritt ließ sich der Kardinal im November 2001 sogar dazu hinreißen, angesichts der Diskriminierung von Christen in Saudi-Arabien, *„Reziprozität"* einzufordern. Sollte das nicht heißen: Solange Christen dort keine Kirchen bauen dürfen, sollte man den hiesigen, also auch den deutschbürtigen, Muslimen keinen Moscheebau gestatten? Eine Relativierung von Menschenrechten im Zeitgeist des 11. Septembers. Selbst im liberalen Musterland Dänemark weht jetzt ein illiberaler Wind. Ministerpräsident Rasmussen sagte kürzlich, aktive islamische Fundamentalisten seien wie Ratten, die stets aus neuen Löchern hervorkröchen, und forderte, Muslimen (und wohl auch Ratten?) das Gebet am Arbeitsplatz zu verbieten.

Beunruhigend ist auch, dass seit dem 11. September von deutschen Muslimen erwartet wir, dass sie sich nicht nur gesetzestreu in die westliche Gesellschaft *integrieren*, sondern sich *assimilieren*, indem sie ihre säkularen Werte nicht nur respektieren, sondern verinnerlichen. Sollte sich diese Tendenz konkretisieren, wäre dies eine Absage an das bisherige Konzept einer multikulturellen Gesellschaft und für Muslime nichts weniger als ein Aufruf zum Abfall vom Glauben.

Der 11. September wird noch lange mit uns sein.

Literatur

Der Koran, aus dem Arabischen von Max Henning, überarbeitet und herausgegeben von Murad Wilfried Hofmann, 3. Aufl. 2001, München: Hugendubel (Diederichs).

´Alwani, Taha Jabir, Ijtihad (1993), Herndon, VA: I.I.I.T.

Asad, Muhammad (1961), The Principles of State and Government in Islam, 2. Aufl. 1980, Gibraltar: Dar al-Andalus.

Bukhari, al-, Sahih al-Bukhari (1976-1979), 9 Bde., Übers. ins Englische von Muh. Khan, Chicago: Kazi Publications.

Chapra, M. Umer (2000), The Future of Economics, An Islamic Perspective, Markfield, LE, UK: The Islamic Foundation.

Ghannouchi, Rashid al- (1996), Towards Inclusive Strategies for Human Rights Enforcement in the Muslim Word. In: Encounters, Jg. 2, Nr. 2, S. 190ff.

Hashemi, Nader (1996), How dangerous are the Islamists? In: The Middle East Affairs Journal, Jg. 2, Nr. 4, S. 12ff.

Hibri, Aziza al- (1992), Islamic Constitutionalism and the Concept of Democracy. In: Case Western Reserve Journal of International Law, Jg. 24, Nr.1, S. 1ff.

Huntington, Samuel (1993), The Clash of Civilizations. In: Foreign Affairs, Jg. 75, Nr. 6, S. 28ff.

Izetbegovic, Alija (1989), Islam between East and West, 2. Aufl., Indianapolis, American Trust.

Krämer, Gudrun (1997), Der „Gottesstaat" als Republik. In: Hafez, Kai, Hrsg., Der Islam und der Westen, Frankfurt: Fischer, S. 44ff.

Lang, Jeffrey (1995), Even Angels Ask, 2. Aufl., Beltsville, MD: amana publications.

Manzoor, Parwez (1994), Human Rights: Secular Trancendentalism or Cultural Imperialism. In: The Muslim World Book Review, Jg. 7, Nr. 2, S. 1ff.

Osman, Fathi (1996), The Children of Adam – An Islamic Perspective on Pluralism, Washington. D.C.: Georgetown University Press.

Qaradawi, Yusuf al- (1987), Islamic Awakening between Rejection and Extremism, Herndon, VA: I.I.I.T.

Rahman, Fazlur (1964), Islamic Methodology in History, Islamabad: Islamic Research Institute.

Runnymede Trust (1997). Islamophobia in Britain. In: The Muslim Politics Report, Jg. 15, S. 2f.

Tamimi, Azzam (1997), Democracy in Islamic Political Thought. In: Encounters, Jg. 3, Nr. 1, S. 21ff.

Turabi, Hasan al- (1993), Islam, Democracy, the State and the West. In: Arthur Lowrie, Hrsg., A Round Table with Dr. Hasan Turabi, Tampa, FL: The World and Islam Studies Enterprise.

Links zum Islam (deutschsprachig)

www.iid.alraid.de
(Islamischer Informationsdienst – bemüht sich durch Buchveröffentlichungen, den interkulturellen Dialog zu stärken)

www.vikz.de
(Verband der Islamischen Kulturzentren)

www.islamische-zeitung.de
(deutschsprachige Internetseite der Islamischen Zeitung)

www.fro.at
(Radio Fro sendet jeden Samstag von 18 bis 19 Uhr auf 105 Mhz die Sendung „Islam im Gespräch")

www.islamische-foederation.de
(Berichte über Muslime in Berlin)

www.gmsg.de
(Gesellschaft für muslimische Geistes- und Sozialwissenschaftler)
www.islam.de
(Internetseiten des Zentralrats der Muslime in Deutschland)

Isabella Heuser

Die Auswirkungen schwerer traumatischer Erlebnisse nach Attentaten

Frau Prof. Heuser, es ist viel die Rede davon, dass nach dem 11. September nichts mehr so sein wird wie es war. Wie ist Ihre Einschätzung als Psychiaterin und Psychologin dazu?

Heuser: In den USA werden die Flugzeugattentate die *„kollektive Seele"* noch lange bewegen. Dort ist die Verunsicherung groß, da die Amerikaner lange keinen Krieg auf eigenem Boden erlebt haben. Zudem war und ist die Presseberichterstattung sehr viel ausgeprägter als in Deutschland. Es wird meines Erachtens auch sehr davon abhängen, ob die amerikanische Wirtschaft wirklich eine entscheidende Rezession erlebt. Auf jeden Fall wird sich das für die USA so typische Gefühl des *„anything goes"* verändern. Ich denke, man kann den 11. September 2001 mit der Erschütterung nach der Ermordung John F. Kennedys vergleichen.

Inwieweit sich in der deutschen kollektiven Seele dauerhaft etwas wandelt, wird davon abhängen, was mit deutschen Soldaten in Afghanistan passiert. In meiner eigenen Welt hat sich *„äußerlich"* nicht viel verändert, aber in meinem Lebensgefühl schon. Und es ist doch bezeichnend, dass sich jeder genau daran erinnern kann, was er am 11. September gemacht hat. Der 11. September hat uns emotional bewegt – und schließlich sind es die Gefühle, die uns antreiben.

Was geht in einem Attentäter vor, der ein Flugzeug in das World Trade Center steuert und dabei den eigenen Tod vor Augen hat?

Heuser: Ob ein in westlichen Traditionen erzogener Mensch nachvollziehen kann, was in einem zutiefst religiösen Menschen vorgeht, der bereit ist, für seinen Glauben zu sterben, bleibt für mich die Frage. Die Attentäter vom 11. September haben sich geopfert, ihr Leben fortgeworfen. Das Täterprofil war für uns überraschend. Denn die Attentäter waren gebildete junge Männer Anfang Dreißig, die in der *„westlichen Zivilisation"* seit mindestens acht Jahren gelebt und sie kennen gelernt haben. Dennoch haben sie sich nicht von der in unseren Augen „guten" Lebensweise infizieren lassen. Vielmehr scheinen sie ihre eigene tiefe, wenngleich fehlgeleitete religiöse Überzeugung über alle westlichen Einflüsse gestellt zu haben. Der Brief des Attentäters Atta weist aber auch eine sehr starke narzistische Komponente auf. Die Attentäter wollten wohl – wie andere Märtyrer auch – durch ihr Verhalten „gott-gleich" bzw. „allah-ähnlich" werden!

Sind Selbstmordattentäter psychisch krank oder religiös fanatisch?

Heuser: Religiös fanatisch sind sie sicher, aber ich wehre mich dagegen, alles Unverständliche und Schreckliche zu pathologisieren. Das wäre viel zu einfach. Fanatismus fällt nicht unter die Definition der Weltgesundheitsorganisation für psychische Erkrankungen und wir sollten uns davor hüten, das Verhalten der Selbstmordattentäter zu psycho-pathologisieren.

Kann eine Gesellschaft sich auf terroristische Attacken vorbereiten?

Heuser: Ich denke, eine Gesellschaft kann auf so etwas nicht eingerichtet sein. Sehen Sie sich den Skandal um den angeblichen Milzbrandbrief in Deutschland an, der neun Tage irgendwo lagerte. Auf eine Bio-Attacke können Sie sich nicht vorbereiten. Auch die Amerikaner waren dagegen nicht gerüstet. Wir kannten bislang ja keine terroristischen Flugzeug- oder Bioattacken.

Haben Sie bei Ihren Patientinnen und Patienten gemerkt, dass sich die Verunsicherung durch die Attentate und die Milzbrandbriefe ausgewirkt hat?

Heuser: Bei psychiatrischen Patienten, die eine Wahnerkrankung haben, „entwickelt" sich der Wahn grundsätzlich im soziokulturellen Umfeld des Patienten. Das beschreiben schon Ärzte im Altertum und im Mittelalter. Nach dem Fall der Mauer entwickelten viele Patienten eine Angst vor der Stasi. Ende der 80er Jahre, auf dem Höhepunkt der AIDS-Angst, beobachteten Psychiater auf der ganzen Welt einen Aids-Wahn. In meiner zwanzigjährigen psychiatrischen Tätigkeit habe ich aber bisher noch keinen Patienten gehabt, der Angst vor einer Bakterienverseuchung des Trinkwassers hatte und sich deshalb per Brief an Regierungsstellen gewandt hat. In der letzten Zeit hatte ich immerhin zwei derartige Fälle. Nach dem 11. September haben wir in der Klinik in „Patientenrunden" darüber gesprochen. Das ist bei psychiatrischen Patienten nötig, die oft unter Ängsten leiden.

Unter welchen Störungen können Augenzeugen von Terrorattacken leiden und Menschen, die dabei Familienangehörige oder Freunde verloren haben?

Heuser: Eine New Yorker Kollegin berichtete mir, dass viele Augenzeugen Symptome einer Posttraumatischen Störung haben. Zunächst wollen die

Menschen das Geschehen nicht wahrhaben, können sich auf nichts mehr konzentrieren und laufen ziellos in der Gegend herum. Dieser Zustand dauert in der Regel mehrere Stunden bis Tage, wir nennen es „akutes Stress-Syndrom". Dann kommt die Phase der intensiven, fast zwanghaften Verleugnung. In Interviews erzählten Hinterbliebene, sie würden spüren, dass ihr Mann, Freund oder ihre Frau noch lebt. Das ist eine fokussierte Bewusstseins-Einengung. Im Gespräch mit professionellen Helfern werden die Hinterbliebenen an die Realität herangeführt. Dann setzt die Trauerarbeit ein, der Umgang damit, dass der geliebte Mensch nicht mehr ist. Ich finde, dass der New Yorker Bürgermeister Guliani, der von Psychiatern beraten wurde, hervorragend reagiert hat. Nach drei Wochen wies er die Feuerwehrleute an, mit schweren Geräten die Aufräumarbeiten fortzusetzen und an den Wiederaufbau zu denken. Damit hat er das Verleugnen der Feuerwehrleute beendet. Er hat gewissermaßen von oben den scheinbar grausamen Schritt „nach vorne" verordnet. Für die New Yorker Hinterbliebenen war es natürlich besonders schlimm, da sie ihre Verstorbenen nicht richtig beerdigen konnten, nicht die so wichtigen, da tröstenden Rituale des Abschiednehmens durchleben konnten.

Wie kann man helfen?

Heuser: Manche Augenzeugen und Hinterbliebene, aber besonders viele Helfer leiden unter einer Posttraumatischen Belastungsstörung. In der psychiatrischen Klinik der Freien Universität sind wir auf Stress-Syndrome, z.B. Angststörungen, Depressionen und eben auch Posttraumatische Belastungsstörungen, spezialisiert. Meiner Erfahrung nach braucht jeder, der ein traumatisches Erlebnis durchlitten hat, präventiv sofort eine so genannte Kurzintervention. Dabei verstehen wir unter Trauma ein Erlebnis potenziell tödlicher Bedrohung oder aber zu beobachten, wie jemand unerwartet oder auf grässliche Weise zu Tode kommt beziehungsweise erheblich bedroht wird. Menschen, denen so etwas passiert, haben ein hohes Risiko, Posttraumatische Belastungsstörungen zu entwickeln. Denken Sie nur an die Überlebenden des Bahnunglücks von Eschede oder, vor ca. 10 Jahren, die Flugzeugkatastrophe von Rammstein.

Wie sieht eine Kurzintervention aus?

Heuser: In meiner Abteilung sind wir derzeit mit dem Erstellen eines so genannten *Manuals* für Kurzinterventionen beschäftigt, das wir gemeinsam mit der Kriseninterventions-Station des Universitätsklinikum Benjamin Franklin (UKBF) und S.I.G.N.A.L. entwickeln. Damit wollen wir beispielsweise vergewaltigten Frauen oder U-Bahnfahrern, die einen Menschen überfahren haben, helfen. Eine Kurzintervention dauert in der Regel vier Stunden. Zwei Stunden wird dabei Psycho-Edukation betrieben. Das heißt, wir erklären dem

Klienten genau, was körperlich und seelisch nach einem Trauma mit ihm passiert. In der Regel können die Menschen schlecht schlafen, sich nicht konzentrieren und nicht denken. Kurz nach dem Trauma ist es wenig sinnvoll, den Klienten über das Erlebnis sofort erzählen zu lassen. Erst in der dritten und vierten Stunde sollte über das Geschehene gesprochen werden.

Was passiert mit traumatisierten Menschen, die keine Kurzintervention erhalten?

Heuser: Rund 20 bis 25 Prozent entwickeln eine Posttraumatische Belastungsstörung (PTSD) – das ist ein hoher Prozentsatz. Die Belastungsstörung setzt nach sechs bis acht Wochen oder aber erst nach einem halben Jahr ein. Die Patienten sind schlechter Stimmung, das heißt, sie sind verzweifelt oder niedergeschlagen und empfinden ein Gefühl der inneren Leere. Außerdem kommt es zu ausgeprägten Schlafstörungen, Schweißausbrüchen, Herzklopfen und Ängsten. Die Patienten können sich gegen so genannte gedankliche Intrusionen nicht wehren und gehen in Gedanken immer wieder das schreckliche Erlebnis durch, vor allem wenn sie sich in einer ruhigen Situation befinden. In der neuro-biologischen Forschung gehen wir von einem hypermnestischen Zustand aus, bei dem man sich besonders gut an das Geschehene erinnert. Die Patienten können sich bis in das kleinste Detail an das schreckliche Erleben erinnern, das wissen wir gut von den Hinterbliebenen von Ramstein. Das ständige Sich-erinnern-Müssen ist furchtbar quälend. Einige ertränken ihren Kummer dann in Alkohol. Es passiert nicht selten, dass Patienten mit einer Posttraumatischen Belastungsstörung von Alkohol oder Beruhigungsmitteln abhängig werden.

Für die Behandlung einer Posttraumatischen Belastungsstörung gibt es inzwischen gute Richtlinien. Zum einen werden Patienten mit Medikamenten, zum anderen mit einer Verhaltenstherapie behandelt. Die Patienten werden in der Regel sechs Wochen stationär aufgenommen, denn einige müssen von den Benzozeptinen und dem Alkohol langsam entwöhnt werden. Dann erfolgt eine ambulante Therapie. Die Behandlung dauert in der Regel sechs Monate, die Heilungschancen sind gut.

Was geht in den Trittbrettfahrern vor, was wollen sie erreichen?

Heuser: Trittbrettfahrer sind Menschen mit einer Persönlichkeitsstörung. Die meisten haben bislang ein wenig erfolgreiches Leben gelebt und sind nach dem gängigen gesellschaftlichen Wertesystem am unteren Ende. Diese Menschen sehen keine andere Möglichkeit beachtet zu werden, als durch eine solche Tat. Sie wollen, dass Chaos ausbricht. Durch eine einzelne Aktion wollen sie Millionen beeindrucken.

Wie soll man mit Trittbrettfahrer verfahren?

Heuser: Bei allem „Verständnis": Trittbrettfahrer müssen bestraft werden, denn sie sind in aller Regel nicht im forensischen Sinne „schuldunfähig", sie können durchaus das Unrecht ihrer Tat einsehen! Trittbrettfahrer bedürfen aber auch der psychotherapeutischen Hilfe. Die Therapie von Persönlichkeitsstörungen dauert in der Regel lange und gestaltet sich schwierig.

Isabella Heuser im Gespräch mit Felicitas von Aretin und Bernd Wannenmacher

Chronologie

Anschläge auf amerikanische Einrichtungen seit 1983

18. April 1983
In West-Beirut zerstört eine LKW-Bombe Teile der amerikanischen Botschaft. Unter den 66 Toten sind 17 amerikanische Staatsbürger. Die USA macht die von dem Iran unterstützte Schiiten-Organisation *„Heiliger Krieg"* verantwortlich

23. Oktober 1983
241 amerikanische Marine-Soldaten sterben bei einem Sprengstoff-Attentat in der Nähe des Beiruter Flughafens

24. September 1984
Die Terrorgruppe „Heiliger Krieg" verübt einen Autobomben-Anschlag auf die amerikanische Botschaft in Beirut. 23 Menschen sterben

21. Dezember 1988
Eine PanAm-Boeing 747 stürzt über dem schottischen Ort Lockerbie ab. 270 Menschen sterben. Die amerikanische Regierung macht den libyschen Geheimdienst verantwortlich

26. Februar 1993
Bei einem Anschlag auf das World Trade Center in New York kommen sechs Menschen ums Leben, über 1000 werden verletzt. Der mutmaßliche Täter, Ramzi Ahmed Yousef wird 1998 zu 240 Jahren Gefängnis verurteilt

19. April 1995
Ein Gebäude in Oklahoma City wird bei einem Bombenattentat in die Luft gesprengt. 168 Menschen sterben, Tausende sind verletzt. Als Täter wird der amerikanische Rechtsradikale Timothy McVeigh 1997 hingerichtet

7. August 1998
Fast gleichzeitig werden die amerikanischen Botschaften in Nairobi und Daressalam Ziel eines Bombenanschlags. 224 Menschen werden getötet, über 4500 verletzt. Hinter dem Anschlag wird Usama bin Laden vermutet

12. Oktober 2000
Das amerikanische Kriegsschiff „USS-Cole" wird vor der Küste der südjeminitischen Anden von einem mit Sprengstoff gefüllten Festmacherboot gerammt. 17. Soldaten sterben. Wieder wird bin Laden hinter den Anschlägen vermutet

2001 – Die Vorboten des 11. September

19. Januar
Der UN-Sicherheitsrat verabschiedet die Resolution 1333 und verhängt Sanktionen und ein Waffenembargo gegen die Taliban

26. Februar
Der Führer der Taliban, Mullah Mohammed Omar, kündigt die Zerstörung zweier 1800 Jahre alter Buddhastatuen an

10. März
Die Taliban sprengen trotz internationaler Proteste die beiden rund 1800 Jahre alten Buddhastatuen von Bamian gesprengt

4. April
Ahmed Schah Masud, Führer der Nordallianz, trifft sich mit europäischen Politikern

16. April
Mullah Mohammed Rabbani, nach Mullah Omar der zweit wichtigste Vertreter der Taliban stirbt in einem pakistanischen Krankenhaus

19. Mai
Die Taliban schließen ein italienisches Krankenhaus in Kabul

21. Mai
Die Taliban verbieten eine UN-Impfaktion gegen Polio bei Kindern

22. Mai
Die rund 1700 Hindus und Sikhs in Afghanistan müssen ab sofort ein gelbes Abzeichen an ihrer Kleidung tragen

31. Mai
Die Taliban untersagen Mitarbeiterinnen von Hilfsorganisationen das Autofahren

1. Juni
Die Taliban beginnen ihre Sommeroffensive

13. Juli
Internetnutzung ist in Afghanistan verboten

31. Juli
Der UN-Sicherheitsrat beschließt in seiner Resolution 1363 ein Beobachterteam an der afghanischen Grenze zu stationieren, um etwaige Verstöße Pakistans gegen das Waffenembargo zu kontrollieren

5. August
Die Taliban verhaften acht Ausländer, darunter vier Deutsche und 16 Afghanen der Hilfsorganisation „Shelter Now International"

4. September
Vor dem Obersten Gerichtshof in Kabul beginnt Prozess gegen die Verhafteten

9. September
Als Journalisten verkleidete Taliban ermorden den Führer der Nordallianz, Ahmed Schah Masud

Die Vereinigten Staaten am 11. September

8 Uhr 45
Eine Boing 767 mit 92 Passagieren an Bord rast in die obersten Stockwerke eines der Twin-Towers des World Trade Centers in New York

9 Uhr 03
Eine zweite Maschine, ebenfalls eine Boing 767 aus Boston, fliegt in einem großen Bogen mit 65 Menschen an Bord in den Südturm des World Trade Centers

9 Uhr 05
Der amerikanische Präsident George W. Bush spricht von einer *nationalen Tragödie* für die Vereinigten Staaten

9 Uhr 21
Die New Yorker Hafenverwaltung läßt alle Brücken und Tunnel in der New Yorker City sperren

9 Uhr 40
Ein Flugzeug stürzt auf einem Hubschrauberlandeplatz nahe dem Pentagon ab, dessen Westflügel zerstört wird. Das Weiße Haus wird nach einer Terrordrohung evakuiert

9 Uhr 49
Die Flugsicherheitsbehörde streicht alle Starts in den Vereinigten Staaten. Das südliche Manhattan wird evakuiert, über eine Million Menschen sind von dieser Maßnahme betroffen

10 Uhr
Nach einer gewaltigen Explosion stürzt einer der Türme des World Trade Centers ein, innerhalb der nächsten halben Stunde bricht der zweite Turm in sich zusammen. Alle wichtigen Regierungsgebäude werden evakuiert

10 Uhr 34
Die Fluglinie American Airlines gibt bekannt, dass eine große Verkehrsmaschine im Westen des amerikanischen Bundesstaates Pennsylvania abgestürzt ist. Offensichtlich wurden Flugpiraten von Passagieren und dem Bordpersonal überwältigt

Die Welt nach dem 11. September

12. September
- Der amerikanische Präsident verurteilt die Attacken auf das Schärfste und kündigt an, er werde keinen Unterschied zwischen den Attentätern und Ländern, die sie beherbergt haben, machen
- Die USA planen ein weltweites Bündnis mit der NATO und moslemischen Staaten
- Der Flughafen der afghanischen Hauptstadt Kabul wird von der Nordallianz bombadiert
- Der Flugverkehr bleibt in den USA bis auf wenige Ausnahmen gesperrt
- Die amerikanische Aktienmärkte bleibt bis auf weiteres geschlossen
- Bergungstruppen suchen in den Trümmermassen ohne Unterbrechung nach Überlebenden. Mehr als 300 Feuerwehrleute und 80 Polizisten werden vermisst
- Ein 54 Stockwerke hohes Gebäude in der Nähe des World Trade Center stürzt ein
- Bürgermeister Ralph Giuliani kündigt an, dass Welthandelszentrum werde wieder aufgebaut

- In einer Regierungserklärung bezeichnet Bundeskanzler Gerhard Schröder die Anschläge als *„Kriegserklärung an die gesamte zivilisierte Welt"*
- In Frankfurt und München gedenken Tausende der Opfer

13. September
- Der Generalbundesanwalt Kay Nehm gibt bekannt, dass drei der Entführer Mitglieder einer islamistischen Vereinigung in Hamburg sind
- Hunderttausende Beschäftigte in deutschen Behörden und Unternehmen legen für zehn Minuten die Arbeit nieder
- Der amerikanische Außenminister Colin Powell bezeichnet Bin Laden als Hauptverdächtigen
- Justizminister John Ashcroft erklärt, dass an der Entführung der vier Flugzeuge mindestens 18 Luftpiraten beteiligt waren
- Präsident Bush beantragt 20 Milliarden Dollar Dringlichkeitsmittel für Militärschläge beim Kongress.
- Der amerikanische Luftraum wird für den internationalen Flugverkehr freigegeben
- Schulen und Geschäfte in Manhattan öffnen wieder
- Die arabischen Einwohner Kabuls verlassen die Stadt
- Die Taliban lehnen die Auslieferung Bin Ladens ab

14. September
- Der US-Senat autorisiert den amerikanischen Präsidenten, alle möglichen Gewaltmittel anzuwenden
- Der US-Senat stimmt einem Notmittelpaket von 40 Milliarden Dollar zur Bekämpfung des Terrorismus und für Aufräumungsarbeiten zu
- Der pakistanische Regierungschef Pervez Musharraf sichert den USA Unterstützung im Kampf gegen den Terrorismus zu. Proteste von radikal-islamischen Moslems

17. September
An der New Yorker Wallstreet öffnet der Handel wieder

18. September
Die Taliban sperren den afghanischen Luftraum

19. September
- Die Vereinigten Staaten verlegen mehr als 100 Militärfahrzeuge in die Golfregion
- Die Bundesregierung beschließt ein Antiterrorpaket, das verschiedene Maßnahmen zur inneren und äußeren Sicherheit umfasst

20. September
Afghanische Geistliche fordern Bin Laden auf, das Land freiwillig zu verlassen

22. September
George Bush hebt die US-Sanktionen gegen Indien und Pakistan auf

24. September
Das Vermögen von Bin Laden und seiner Organisation Al Kaida wird eingefroren.
Der russische Präsident Wladimir Putin sagt der Nordallianz Waffenhilfe zu

25. September
Saudi-Arabien bricht als vorletztes arabisches Land seine diplomatischen Beziehungen zur Taliban-Regierung ab
Kirgisistan und Turkmenistan bieten den USA Hilfe bei der Militäropposition an

27. September
Die US-Bundespolizei FBI veröffentlicht erstmals Fotos und Namen der vermutlichen Attentäter

30. September
Die Taliban erklären, sie hielten Bin Laden zu seinem eigenen Schutz fest

2. Oktober
Die Nato ruft den Bündnisfall aus

5. Oktober
Ein Fotoredakteur der Boulevardzeitung „*The Sun*" im Bundesstaat Florida stirbt an Milzbrand. Zwei Kollegen sind ebenfalls infiziert

7. Oktober
Die USA und Großbritanien starten ihre Luftangriffe auf Afghanistan

8. Oktober
Bundeskanzler Gerhard Schröder wiederholt seine „*uneingeschränkte Solidarität*" mit den USA und sichert der US-Regierung Unterstützung im Krieg „*ohne Vorbehalte*" zu

9. Oktober
Air Force und Navy fliegen jetzt auch bei Tageslicht. Über Kabul geraten sie in ein Luftabwehrgefecht mit den Taliban. Gleichzeitig werfen US-Flugzeuge Lebensmittel für die Zivilbevölkerung Afghanistans ab

11. Oktober
Bundeskanzler Gerhard Schröder spricht im Bundestag von einer neuen Verantwortung Deutschlands, die eine Beteiligung an internationalen Militäraktionen einschlösse

12. Oktober
- Zwei Mitarbeiterinnen von NBC erkranken an Hautmilzbrand
- USA und Großbritanien intensivieren ihre Angriffe
- Proteste in Pakistan, Malaysia und Indonesien

13. Oktober
In der ganzen Welt protestieren Menschen gegen Angriffe auf Afghanistan

15. Oktober
- Tom Daschle, Mehrheitsführer im Senat in Washington, erhält einen Brief mit Milzbranderregern. Zwei Tage später wird das Kapitol in Washington geschlossen, nachdem bei 31 Personen der Test auf Milzbrand positiv ausgefallen ist
- Bundesinnenminister Otto Schily legt einen Entwurf zum „Gesetz zur Bekämpfung des internationalen Terrorismus" vor

18. Oktober
Eine Postangestellte in New Jersey und eine Mitarbeiterin bei CBS haben sich mit Milzbrand infiziert

19. Oktober
- Eine weitere Postangestellte und eine Redakteurin bei „The New York Post" sind
  ebenfalls von Milzbrand befallen
- Pentagon bestätigt Einsatz von US-Bodentruppen in Afghanistan

20. Oktober
Im Büro des Repräsentantenhauses werden Spuren des Milzbranderregers gefunden

22. Oktober
US-Streitkräfte bombadieren erstmals Frontlinie der Taliban im Norden

23. Oktober
In der Poststelle des Weißen Hauses werden Anthrax-Sporen entdeckt, drei Tage später
finden sich Milzbranderreger in den Postverteilungsstellen des Außenministeriums und des
Geheimdienstes CIA

26. Oktober
- Die Taliban nehmen den afghanischen Oppositionsführer Abdul Haq gefangen und
  lassen ihn hinrichten. Haq sollte im Süden eine Streitmacht aufbauen, um die Taliban
  zu bekämpfen
- Die Engländer schicken 200-Mann-Elite-Truppen nach Afghanistan
- Die USA beschließen ein neues Anti-Terror-Gesetz, das neue Vollmachten für Polizei
  und Geheimdienste vorsieht
- 40.000 Menschen protestieren in Karachi gegen den Krieg in Afghanistan
- Das Internationale Komitee vom Roten Kreuz protestiert, dass zum zweiten Mal ein
  Warenlager der Hilfsorganisation in Afghanistan getroffen wurde

30. Oktober
Das Kinderhilfswerk UNICEF gibt bekannt, dass 100.000 afghanische Kinder verhungern
würden, wenn keine Hilfslieferungen kämen

31. Oktober
- In den USA sind 17 Personen insgesamt mit Milzbrand infiziert
- UN-Generalsekretär Kofi Annan bekräftigt den Wunsch nach einem Ende des Bom-
  benkriegs

6. November
Bundeskanzler Gerhard Schröder teilt mit, dass Deutschland 3900 Soldaten für den Anti-
Terror-Kampf in Afghanistan zur Verfügung stellen möchte

9. November
Die Nordallianz vertreibt die Taliban aus Masar-i-Scharif und aus drei weiteren nördlichen
Provinzen, dabei wurde sie vom Dauerbombardement der US-Luftwaffe unterstützt

11. November
- Bin Laden droht mit atomaren und chemischen Waffen
- US-Präsident warnt die Nordallianz vor einem Vormarsch auf Kabul

12. November
- Eine Airbus-Maschine 300 der Fluglinie American Airlines mit 260 Insassen auf dem Flug von New York nach Santo Domingo stürzt in New Yorker Stadtteil Queens ab. Unglücksursache ist wahrscheinlich ein technischer Defekt
- Die Taliban töten drei Journalisten, darunter einen Mitarbeiter des Nachrichtenmagazins „*Stern*"

13. November
Die Nordallianz nimmt die afghanische Hauptstadt Kabul ein. Zuvor waren die Taliban aus Kabul geflohen. Die USA wollten ursprünglich vor einer Besetzung der Hauptstadt die künftige Machtverteilung in Afghanistan klären

15. November
- Die acht Mitglieder der deutschen Hilfsorganisation *Shelter Now* sind aus der Haft in Afghanistan entlassen worden
- UN-Sicherheitsrat bestätigt den 5-Punkte-Plan für Afghanistan

16. November
- Der deutsche Bundestag hat Kanzler Gerhard Schröder (SPD) das Vertrauen ausgesprochen und den mit der Vertrauensfrage verbundenen Einsatz deutscher Soldaten in Afghanistan genehmigt. Vier Grüne Abgeordnete stimmten mit „nein". Eine SPD-Abgeordnete trat aus ihrer Partei aus.
- Die USA setzen ihre militärischen Schläge trotz Beginn des Ramadans weiter fort
- Bei den Angriffen soll einer der wichtigsten Männer des Al-Qaida-Netzwerks, Mohammed Atef, getötet worden sein

17. November
Rabbani kehrt als legitimer Präsident Afghanistans nach Kabul zurück

18. November
- Lakhdar Brahimi bemüht sich alle Fraktionen des Landes Afghanistan zur Regierungsbildung an einen Tisch zu holen
- Kundus befindet sich kurz vor der Kapitulation; Dauerbombardement der Amerikaner; Taliban in Kundus eingeschlossen
- Mehrere Journalisten werden in Afghanistan getötet

22. November
Kapitulation der Talibankämpfer in Kundus

23. November
Das IKRK birgt bis zu 600 Leichen in Masar-i-Scharif

24. November
Hoher Taliban, Hadschi Mullah Khaksar, läuft zur Nordallianz über

26. November
Die Aufforderung von US-Präsident Bush, der Irak solle sein Land für Rüstungskontrolleure öffnen, sorgt für Kriegsspekulationen

27. November
- Rund 400 ausländische Taliban-Kämpfer werden bei einem Gefängnisaufstand in der Festung Kalai Dschanghi von Kriegern der Nordallianz getötet
- Der schwedische Kameramann Ulf Strömberg wurde bei einem Raubüberfall im Norden Afghanistans erschossen

28. November
- In Bonn auf dem Petersberg öffnet die unter dem Schutz der Vereinten Nationen stehende Afghanistan-Konferenz
- In Takteh Pol soll es zu Massenhinrichtungen an Taliban-Kämpfern gekommen sein

29. November
- USA verstärken Bombenangriffe auf Kandahar

5. Dezember
- Die afghanischen Delegationen einigen sich auf dem Petersberg in Bon auf eine Interimsregierung unter dem Paschtunenführer Hamid Karsai an der Spitze.
- Die Taliban geben die letzte Bastion Kandahar auf und beginnen damit, ihre Waffen abzugeben. Ein paschtunischer Stammesrat übernimmt die Kontrolle der Stadt. Der Taliban-Anführer Mullah Mohammed Omar konnte flüchten

12. Dezember
Bundesinnenminister Otto Schily (SPD) verbietet auf der Grundlage de neuen Anti-Terrorgesetze einen extremistisch-islamischen Verein. Betroffen sind die islamische Vereinigung „Kalifatsstaat", sowie die dazugehörige Stiftung „Diener des Islam" und 19 Teilorganisationen

13. Dezember
- Die USA veröffentlichen ein Video, in dem sich der Al-Qaida-Chef Usama bin Laden als Mitverantwortlicher für die Anschläge am 11. September erklärt, der Aufenthaltsort von bin Laden ist weiterhin unklar.
- Nach mehrtägigen Luftangriffen gaben die Al-Qaida-Kämpfer auch die Bergfestung Tora Bora auf, obgleich zwei Ultimaten zur bedingungslosen Kapitulation verstrichen

14. Dezember
Auf dem EU-Gipfel in Brüssel herrscht Einigkeit, dass sich alle Länder an der UN-Friedenstruppe für Afghanistan beteiligen. Großbritannien soll die Leitung der Truppe übernehmen. Das deutsche Verteidigungsministerium sieht vor, 1500 Soldaten nach Afghanistan zu entsenden

20. Dezember
Der UN-Sicherheitsrat beschließt, ein Mandat für eine Friedenstruppe in Afghanistan zu erteilen

21. Dezember
Das Bundeskabinett beschließt, 1200 deutsche Soldaten nach Afghanistan zu entsenden, die unter britischer Führung die Hauptstadt Kabul und die Umgebung sowie die neue Übergangsregierung sichern sollen

Autoren

Dr. Andreas von Arnauld, Fachbereich Rechtswissenschaft, Freie Universität Berlin

Dr. Manfred Berg, John-F.-Kennedy-Institut, Freie Universität Berlin

Prof. Dr. Michael Bongardt, Seminar für Katholische Theologie, Freie Universität Berlin

Dr. Tilman Brück, Deutsches Institut für Wirtschaftsforschung, DIW Berlin

Prof. Dr. Friedemann Büttner, Otto-Suhr-Institut für Politikwissenschaft, Freie Universität Berlin

Dr. Markus Daechsel, Department of History, School for Oriental and African Studies, University of London

Dr. Andreas Etges, John-F.-Kennedy-Institut, Freie Universität Berlin

Prof. Dr. Hannes Federrath, Institut für Mathematik und Informatik, Freie Universität Berlin

Dr. Klaus Grabowski, Presse und Forschungsinformation, Universität Hohenheim

Amr Hamzawy, Arbeitsstelle Politik des Vorderen Orients, Freie Universität Berlin

Dr. Murad Wilfried Hofmann, Beirat im Zentralrat der Muslime in Deutschland

Prof. Dr. med. Dipl.-Psych. Isabella Heuser, Universitätsklinikum Benjamin Franklin, Fachbereich Humanmedizin, Psychiatrische Klinik und Poliklinik

Ulf Marzik, Institut für Staatslehre, Staats- und Verwaltungsrecht, Freie Universität Berlin

Dr. Stephan Rosiny, Institut für Islamwissenschaft, Freie Universität Berlin

Prof. Dr. Fred Scholz, Zentrum für Entwicklungsländer-Forschung (ZELF), Freie Universität Berlin

Dr. Guido Steinberg, Institut für Islamwissenschaft, Freie Universität Berlin

Prof. Dr. Klaus F. Zimmermann, Deutsches Institut für Wirtschaftsforschung, DIW, Berlin und Honorarprofessor der Freien Universität Berlin

MIX
Papier aus verantwortungsvollen Quellen
Paper from responsible sources
FSC® C105338

If you have any concerns about our products,
you can contact us on
ProductSafety@springernature.com

In case Publisher is established outside the EU,
the EU authorized representative is:
**Springer Nature Customer Service Center GmbH
Europaplatz 3, 69115 Heidelberg, Germany**

Printed by Libri Plureos GmbH
in Hamburg, Germany